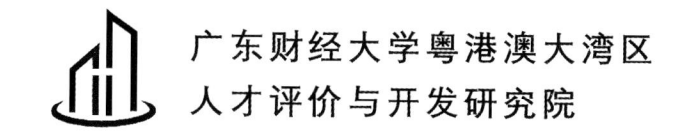

广东财经大学粤港澳大湾区
人才评价与开发研究院

粤港澳大湾区
人才战略与创新发展研究
2021

萧鸣政 主编

中国社会科学出版社

图书在版编目（CIP）数据

粤港澳大湾区人才战略与创新发展研究.2021／萧鸣政主编.—北京：中国社会科学出版社，2022.3
ISBN 978－7－5227－0064－9

Ⅰ.①粤… Ⅱ.①萧… Ⅲ.①人才—发展战略—研究—广东、香港、澳门—2021 Ⅳ.①C964.2

中国版本图书馆 CIP 数据核字（2022）第 063752 号

出 版 人	赵剑英
责任编辑	许　琳
责任校对	谈龙亮
责任印制	郝美娜

出　　版	中国社会科学出版社
社　　址	北京鼓楼西大街甲 158 号
邮　　编	100720
网　　址	http://www.csspw.cn
发 行 部	010－84083685
门 市 部	010－84029450
经　　销	新华书店及其他书店

印刷装订	北京君升印刷有限公司
版　　次	2022 年 3 月第 1 版
印　　次	2022 年 3 月第 1 次印刷

开　　本	710×1000　1/16
印　　张	23
插　　页	2
字　　数	362 千字
定　　价	138.00 元

凡购买中国社会科学出版社图书，如有质量问题请与本社营销中心联系调换
电话：010－84083683
版权所有　侵权必究

序

  2019 年，中共中央、国务院印发了《粤港澳大湾区发展规划纲要》。2020 年，党的十九届五中全会发布了《中共中央关于制定国民经济和社会发展第十四个五年规划和二〇三五年远景目标的建议》，其中三处提及粤港澳大湾区的建设问题，明确要求高质量建设粤港澳大湾区。习近平总书记曾深刻指出"人才是第一资源""人才是实现民族振兴、赢得国际竞争主动的战略资源"。在 2021 年 9 月召开的中央人才工作会议上，习近平总书记明确指出，要加快建设粤港澳大湾区高水平的人才高地。

  人才不仅是粤港澳大湾区高质量发展的战略支撑，也是其核心要素和内生动力。为了更好地推动《粤港澳大湾区发展规划纲要》中提出的创造更具吸引力的引进人才环境，实行更积极、更开放、更有效的人才引进政策，加快粤港澳人才合作示范区建设的重大战略规划，中国人力资源开发研究会人才测评专业委员会与广东财经大学组织相关机构，于 2021 年 3 月 27 日—28 日，在广东财经大学联合举办了"粤港澳人才战略与创新发展论坛"。邀请政界、学界与海内外有识之士聚集一堂，为粤港澳大湾区人才战略谋划献策，为大湾区企事业单位人才创新提供智慧，为学界研究湾区人才的开发与创新问题提供新思路。本次论坛具有层次高、范围广、成果丰的特点。发言嘉宾既有国家和省市有关领导，也有国内外相关研究领域的专家学者，其中国家一级学会就有三位"一把手"与会分享了各自观点。嘉宾背景政学企研俱全，覆盖了港澳台与全国大部分省市。来自北京大学、中国人民大学、复旦大学、上海交通大学、澳门大学等985、211"双一流"大学，以及中国人事科学研究院、中国劳动科学研究院、中国科学院顶级科研机构学者云集，在线与会人员20余万，在全国产生了广泛和重要的影响。本次论坛收集了学术论文43篇，其中20篇经组织专家评选为优秀，23篇评选为论坛录选论文。与会专家学者从"粤港澳大湾区人才战略""粤港澳大湾区人才评价""粤港澳大湾区人才机制""粤港澳大湾区人才创新"等主题多维度、多方面聚焦粤港澳大湾区人才开发与研究的重点难点深入探讨，为推动粤港澳大湾区科技创新与社会经济一体化发展积极建言献策，彰显了高端智库的引领性、高端性和特色化，是一次思想学术盛宴。

本论文集以"粤港澳发展，创新战略，人才评价"为主题，精选了此次论坛20篇领导嘉宾的致辞和20篇精彩学术论文。论文的作者都是我国人才研究领域的骨干，内容主要分为5大板块：现状与决策；探索与启示；评价与开发；机制与体系；培训与教育等方面。该论文集既有理论探索也有实证研究，有的论文理论性很强，发人深省，如粤港澳大湾区背景下港澳地区人才现状和未来发展研究、粤港澳大湾区人才引进问题及政策思考等论文，都是思维缜密之作；有的论文实践性很强，给人启迪，如统筹吸引利用各类海外人才政策与做法——基于长三角地区与粤港澳大湾区视角、粤港澳大湾区人才吸引力评价、人才核心能力体系构建与提升策略研究等论文，都是具有重要决策咨询价值的理论与实践紧密结合的佳作。

希望本书的出版发行，对践行习近平同志关于人才工作的系列重要思想，完善粤港澳大湾区人才发展体制机制，进一步推进粤港澳人才开发与政策创新，让各类人才的创造活力竞相迸发、聪明才智充分涌流。进一步推动粤港澳大湾区创新融合发展，早日建成粤港澳大湾区高水平人才高地，发挥积极的促进作用。

本书的出版，要特别感谢中国人才研究会何宪会长、中国人力资源开发研究会会长李朴民、广东财经大学党委书记郑贤操与校长于海峰、副校长邹新月等领导的大力支持,感谢中国人事科学院研究院绩效管理研究室任文硕主任、人才测评专业委员会以及大会秘书处等相关编辑人员的大力帮助与支持!

萧鸣政

中国人才研究会副会长

中国人力资源开发研究会人才测评专业委员会会长

北京大学人力资源开发与管理研究中心主任

广东财经大学粤港澳大湾区人才评价与开发研究院院长

人力资源学院院长

2021年10月

目　　录

嘉宾致辞

为粤港澳大湾区人才高地建设贡献广财智慧 …………… 郑贤操（3）
积极谋划粤港澳大湾区人才发展战略 …………………… 劳帜红（6）
持续强化创新引领高质量发展的人才支撑 ……………… 李朴民（8）
关于创新科研体制机制的思考 …………………………… 何　宪（12）
"两个建设好"与大湾区人才新高地建设 ………………… 刘任辉（21）
对粤港澳编辑学人才队伍建设的初步思考 ……………… 郝振省（23）
新时代人力资源服务业高质量发展的挑战与启示 ……… 李祥伟（28）
关于粤港澳大湾区专业人才评价一体化的思考 ………… 魏建文（36）
关于粤港澳大湾区人才战略的思考 ……………………… 萧鸣政（41）
有效市场和有为政府相结合之人才发展的思考 ………… 刘旭涛（46）
清晰区分是管理的前提 …………………………………… 谢克海（51）
粤港澳大湾区战略人才的价值实现与创新发展 ………… 王建民（55）
全球创新策源地的人才生态建设及其启示 ……………… 陈丽君（59）
基于大湾区创新科技人才一体化的思考 ………………… 刘　颖（65）
大湾区建设中人才队伍发展的国际经验 ………………… 姚　凯（70）
文化多元对大湾区人才创新发展的意义 ………………… 刘廷扬（76）
人才一体化与大湾区高质量发展 ………………………… 刘帮成（81）
澳门企业融入大湾区人才发展战略 ……………………… 潘　艳（85）
数字化人才供应链管理助力大湾区人才发展 …………… 许　峰（91）
粤港澳大湾区建设中澳门的优势与机遇 ………………… 叶桂平（95）

现状与决策

粤港澳大湾区背景下港澳地区人才现状和未来发展研究
　　……………………………………………………… 殷路阳　康　杰（101）
粤港澳大湾区人才引进问题及政策思考 ……… 吴智育　苏佳荫（114）
粤港澳大湾区一体化中的人才开发政策研究
　　——以南沙新区为例 ………………………… 马秀玲、刘晓霜（123）

探索与启示

粤港澳大湾区创新驱动发展中的人才战略与开发研究
　　………………………………………………… 孙利虎　张雅蓉（139）
创业社会认可度对粤港澳大湾区大学生创业意愿的影响
　　……………………………………………………… 刘　楼　陈冰妮（149）
区域协调发展背景下的中国科技人才集聚度评价
　　………………………………………………… 吴　凡　陈凯丽（166）
统筹吸引利用各类海外人才政策与做法
　　——基于长三角地区与粤港澳大湾区视角 ………… 杨国庆（181）

评价与开发

对于粤港澳大湾区企业员工创新能力建设的建议
　　——基于企业领导风格、企业文化与员工创新能力的
　　关联研究 ……………………………………… 刘廷扬　向　炜（193）
粤港澳大湾区创新发展中企业家测评技术的应用研究
　　——以无领导小组讨论为例 ……………………………… 时　浩（210）
粤港澳大湾区人才开发战略及评价体系 ……………………… 伊　聪（222）
粤港澳大湾区人才吸引力评价、人才核心能力体系构建与
　　提升策略研究 …………… 张　行　张光静　金　鑫　肖　丹（236）
基于表情分析的人才测评技术 ……………………………… 石红霞（249）

机制与体系

粤港澳大湾区人才优化配置体系与相关策略探析
.... 李中斌　黄诗琦（263）
辱虐管理对员工主动性行为的影响研究 .... 朱　婧　顾文静（275）

培训与教育

粤港澳大湾区建设背景下交通运输类人才队伍建设研究
.... 康　杰（291）
面向2035，粤港澳大湾区高技能人才内涵式培养基本
　问题思考 .... 伍俊华（300）
基于SWOT分析的澳门应用型公共行政博士学位课程发展研究
　——以澳门高等教育发展为探讨方向
　　　　................... 陈建新　李丽君　张　锐（309）
粤港澳大湾区背景下的人力资源管理一流专业建设思考
.... 刘　进（321）
粤港澳大湾区背景下创新型法治人才培养探索 .... 胡黎莉（334）
粤港澳大湾区中的澳门职业教育和培训发展研究
　　　　........... 李梦洁　林海恩　陈建新　张苑儿（342）

嘉宾致辞

为粤港澳大湾区人才高地
建设贡献广财智慧[*]

郑贤操

尊敬的各位领导、各位专家、各位来宾,老师们、同学们,大家上午好!良辰春色好,美丽又动人。在这个美好的季节,云山之下,繁花娇艳、生机盎然,珠水之畔,共谋发展。今天的广东财经大学人特别激动,今天的广东财经大学贵宾云门,蓬荜生辉,200余名专家学者汇聚于此,共话粤港澳人才战略与创新发展,在此我谨代表广东财经大学向参加本次论坛的领导、专家、企业界人士表示热烈的欢迎和诚挚的感谢!

2018年全国"两会"期间,习近平总书记在参加广东代表团审议时指出:发展是第一要务,人才是第一资源,创新是第一动力,党的十九大报告提出,人才是实现民族振兴、赢得国际竞争主动的战略资源,要聚天下英才而用之,加快建设人才强国。当前新冠肺炎疫情持续影响,国际政治与经济发展格局呈现深刻变革与调整,面对世界百年未有之大变局,中国人民在以习近平同志为核心的党中央坚强领导下,坚定信心、同舟共济、乘风破浪、砥砺前行,取得了抗击新冠肺炎疫情与脱贫攻坚的伟大胜利,实现了全面建成小康社会的宏伟目标,站在新的历史起点,在开启全面建设社会主义现代化国家新征程中更要紧紧依靠人才。

当前以湾区经济为代表的城市群竞争与发展已成为世界经济发展的新动力和区域经济发展的新模式,粤港澳大湾区拥有先进的港口群、完备的产业群、发达的城市群,并形成了优质的资源要素栖息地和创新生

---

[*] 广东财经大学党委书记郑贤操的致辞发言。收录时略有修改。

态网，具备成为世界一流经济湾区的发展优势，是区域经济增长的重要引擎也是我国对外开放的门户，发挥着引领创新、聚集财富、辐射核心功能的巨大作用。2019年2月中共中央国务院印发《粤港澳大湾区规划发展纲要》，2021年3月12日《中华人民共和国国民经济和社会发展第十四个五年规划和二〇三五年远景目标纲要》正式印发，文件提出：要积极稳妥推进粤港澳大湾区建设，面对如此重大之发展机遇，今天我们在这里召开粤港澳大湾区人才战略与创新发展论坛，这是进一步推进粤港澳大湾区人才开发与政策创新，进一步推动粤港澳大湾区融合发展，积极建言献策的重要行动，相信此次论坛的召开一定能够进一步汇聚顶尖智慧、集聚要素资源，共同推进粤港澳大湾区创新发展。

广东财经大学是广东省博士学位授权建设单位，是广东和华南地区重要的经管法人才培养，科学研究和社会服务基地，学校坚持经济学、管理学、法学为主体，三法学科交叉融合，经管法文等多学科协同发展，拥有四个省级重点学科，八个博士学位授权学科点和13个硕士专业学位授权点，现有59个重特专业，其中13个专业为国家级一流本科建设点，现有广州和佛山两个校区全日制的本科生、硕士生约2.8万人，工商管理是我校四大省级重点学科之一，人力资源管理专业是省级一流本科专业建设点，省级专业综合改革试点。为进一步加强我校工商管理学科建设，更好地服务粤港澳大湾区人才创新发展，我校引进萧鸣政教授等多名知名教授，成立了粤港澳大湾区人才评价与开发研究院等机构，牢记建设大湾区一流财政大学目标，建设一流的师资队伍、一流的科研和社会服务体系，努力为粤港澳大湾区建设贡献广东财经大学的智慧和力量。

萧教授领衔的粤港澳大湾区人才评价与开发研究院主要围绕区域人才规划、人才评价、人才开发与政策研究、人才教育培养培训、人才国际交流合作以及人才大数据建设等，为宏观人才工作决策提供咨询与建议，努力加强成为国内顶尖、世界一流的智库，研究院立足大湾区、服务大湾区，聚焦粤港澳大湾区人才开发与研究的重点难点，为推动粤港澳大湾区科技创新与社会经济一体化发展提供高质量的人才支持与治理策略，推进粤港澳大湾区人才服务现代化建设。

我相信在粤港澳大湾区发展战略的大背景下广东财经大学一定能够进一步发挥服务经济社会发展的能力，并以此次论坛为契机，不断提升核心竞争力，扩大社会影响力，为粤港澳大湾区发展作出应有的贡献。

最后，请各位领导、专家、学者、深入研讨、真诚交流、分享成果，共谋发展，相信本次论坛一定会硕果累累，成为推进粤港澳大湾区人才开发与政策创新的一次重要盛会，祝论坛取得圆满成功，祝各位领导、各位专家身体健康、工作顺利、万事如意，谢谢大家！

积极谋划粤港澳大湾区
人才发展战略[*]

劳帜红

"致天下之治者在人才。"习近平总书记深刻指出，综合国力竞争归根到底是人才竞争。2020年新冠肺炎疫情肆虐全球，不仅对世界各国人民生命安全造成重大威胁，也深刻影响着世界政治格局和经济格局。面对世界百年未有之大变局，要善于在危机中育先机，于变局中开新局，就要调动一切积极因素，其中人才是我们需要调动和依靠的第一资源。

当前，湾区经济作为重要的滨海经济形态，是当今国际经济版图的突出亮点。在2017年3月5日召开的十二届全国人大五次会议上，李克强总理在政府工作报告中首次提出，要推动内地与港澳深化合作，研究制定粤港澳大湾区城市群发展规划，发挥港澳独特优势，提升在国家经济发展和对外开放中的地位与功能。2019年2月，中共中央国务院印发了《粤港澳大湾区发展规划纲要》，2020年10月，十九届五中全会发布了《中共中央关于制定国民经济和社会发展第十四个五年规划和二〇三五年远景目标的建议》，其中三处提及粤港澳大湾区的建设问题，明确要求高质量建设粤港澳大湾区。

习近平总书记、党中央作出建设粤港澳大湾区的重大战略部署，赋予广东重大历史使命。基础设施互联互通水平显著提升，港珠澳大桥、广深港高铁等标志性工程建成通车，新横琴口岸、莲塘/香园围口岸正式开通。国际科技创新中心建设进展顺利，广深港澳科技创新走廊加快形成，光明科学城、松山湖科学城综合性国家科学中心先行启动区建设稳

---

[*] 广东省科学技术厅副厅长劳帜红的致辞发言，收录时略有修改。

步推进。科技创新能力大幅跃升,现代产业体系优化升级。"十三五"期间,全省研发经费支出从1800亿元增加到3410亿元,占地区生产总值比重从2.4%提高到3.14%,区域创新综合能力连续四年保持全国第一,有效发明专利量、PCT国际专利申请量保持全国首位。国家级高新区增加到14家,高新技术企业达5.3万家。在粤两院院士达102人。产业转型升级步伐加快,形成电子信息、绿色石化、智能家电、先进材料等7个万亿级产业集群,我省进入世界500强企业从7家增加到14家,规模以上工业企业超过5.5万家。国家质量考核连续5年获得A级。展望未来,粤港澳大湾区的发展前景无比光明。

习近平总书记指出,国家科技创新力的根本源泉在于人,谁拥有了一流创新人才、拥有了一流科学家,谁就能在科技创新中占据优势。在此背景下,我们今天在这里共同举办"粤港澳大湾区人才战略与创新发展论坛",全面深入研讨粤港澳大湾区建设中的人才战略和创新发展问题可谓正逢其时,必将在粤港澳大湾区人力资源开发建设史上写下浓墨重彩的一笔。

今天与会的嘉宾既有来自中央和地方的党政领导,又有内地和港澳地区理论深厚的专家学者,还有来自实践一线经验丰富的企业家,可谓群贤毕至、济济一堂。希望大家真诚交流、亲密合作,碰撞出智慧的火花,结出丰硕的成果,为粤港澳大湾区的人才建设和经济社会发展作出新的更大的贡献。

持续强化创新引领高质量发展的人才支撑[*]

李朴民

去年下半年以来，中央先后召开了十九届五中全会、中央经济工作会议等一系列重要会议，在科学判断形势的基础上，提出了"十四五"时期的主题主线、主要目标、大政方针。明确要求，要更好地把握新发展阶段、贯彻新发展理念、构建新发展格局，实现更高质量、更有效率、更加公平、更可持续、更为安全的发展。突出强调，要加快构建以国内大循环为主体、国内国际双循环相互促进的新发展格局。

构建新发展格局，既是我国发展战略的又一次重大转变，也是"十四五"乃至未来一个时期中国经济发展与改革的最主要战略。构建新发展格局，关键在于解决各类"卡脖子"和瓶颈问题，全面提升供给体系的创新力和关联性，实现经济循环的畅通无阻。本质要求是全面加强科技创新尤其是要突出自主创新，加强创新链和产业链有效对接，推进产业基础高级化、产业链现代化，实现中国经济高水平的自立自强。这里还需要指出的是，构建新发展格局要在对外开放进一步深化、国际合作进一步加深的前提下推进，是基于全国统一大市场的国内大循环，更加开放的国内国际双循环，而不是搞封闭的国内单循环，更不是一隅一地的小循环。只有这样，才能体现我国进入新发展阶段的新要求，顺应国际产业链全球化、国际产业分工的大趋势。

创新在中国经济社会发展全局中居核心地位，创新发展是构建新发

---

[*] 中国人力资源开发研究会会长、国家发展改革委原秘书长李朴民的致辞发言，收录时略有删节。

展格局的必然选择,创新的引领作用在构建新发展格局中又具有更加深刻而丰富的内涵。一是创新引领高质量发展,创造高品质生活。在百年未有之大变局中,科技创新是关键变量,创新将为形成新发展格局提供源源不断的新增长点,吸引各类生产要素更多用于新的行业和领域,不断形成新技术、新业态、新模式,不断创造新需求、新场景、新体验,促进供给结构的优化和经济的高质量发展。只有把科技创新作为推动高质量发展的逻辑起点、工作着力点,才能走出一条从人才强、科技强到产业强、经济强、国家强的现代化路子。二是创新催生产业变革,提升产业层级。创新的突破意味着产业层次的提升、产业应用层面的突破。当前,以新一代信息技术为引领,人工智能、新材料、先进制造、基因工程为主要方向的新一轮科技革命和产业变革日新月异、迅速迭代。抓住用好这一重大机遇,更好地发挥创新的引领作用,将进一步促进新技术、新产业、新业态、新模式迅猛发展,产业层次和技术含量快速提升,产业发展加快步入中高端水平。三是创新决定产业技术基础,决定产业链自主可控水平。近年来,我国创新能力有了大幅度跃升,特别是党的十八大以来,我国科技创新事业取得历史性成就、发生历史性变革,重大创新成果竞相涌现,一些前沿领域开始进入并跑、领跑阶段,科技实力正在从量的积累迈向质的飞跃,从点的突破迈向系统能力的提升。世界知识产权组织发布的全球创新指数(GII)报告显示,我国位列全球创新指数排名第 14 位,是前 30 名中唯一的中等收入经济体,在衡量高质量科研产出的自然指数(NatureIndex)排名中,我国位居世界第二位,是全球科技创新的重要贡献者。但是,与世界科技创新先进水平相比,与国家经济社会发展特别是完善现代化产业体系、实现产业发展中高端水平的要求相比,还有较大差距。突出表现在,基础研究仍然薄弱,重大原创性成果缺乏,产业化水平有待进一步提高,尤其是关键核心技术"卡脖子"问题仍比较突出。当前和未来一个时期,我国经济循环特别是产业循环的水平能否大幅提升,取决于创新能否在重要领域、薄弱环节、关键节点上发挥引领作用,能否形成更加完整且自主可控的产业链条。所以,我们要充分用好新科技浪潮的"科技红利",全方位提升科技创新能力,以创新催生新发展动能,以创新引领新发展格局的前进方向。

增强创新能力、提升创新水平，至关重要的是激发人才的创新活力，构筑形成新发展格局、实现创新引领发展的强大人才支撑。首先，要在贯彻落实好党管人才重要原则的前提下，进一步完善人才政策，深化人才发展体制机制改革，持续改善人才发展的软硬条件，优化人才汇聚与发展的生态环境。第二，进一步实现思想引导与利益激励的更好结合，最大程度地调动人才创新的积极性主动性。全面加强人才队伍的政治引领和思想武装，大力弘扬科学精神，引导广大科技工作者秉持国家利益和人民利益至上，肩负新历史时期的科技创新重任。与此同时，健全用好符合社会主义市场经济要求的人才激励机制，调动激发各类人才的主动性创造性。完善充分体现知识、技术等创新要素价值的收益分配机制。大力推进人才评价制度改革，尤其是加快确立以质量、贡献、绩效为核心的评价导向。第三，进一步加强产教研用的融合衔接，深化人力资源供给侧结构性改革。强化企业的主体地位，突出人才的主导作用。把深化职普融通、产教融合、校企合作作为人力资源供给侧结构性改革的重点环节，加强创新型、应用型、技能型人才培养；积极推进科技创新与素质教育的有机结合，构建学生务实技能和科研创新训练体系；深化产科教深度融合，促进科研院所、高校、企业科研力量优化配置和资源共享。第四，进一步壮大人才规模优化人才结构，持续推动人才队伍的高质量发展。一方面，大幅增加人才数量、扩大人才规模，造就一支宏大的、世界一流的支撑实现第二个百年目标的人才队伍。另一方面，优化提升人才结构，推动人才发展与经济高质量发展的紧密结合，尤为重要的是提升人才与产业创新发展的匹配度，形成人才引领产业、产业集聚人才的良性循环。

粤港澳大湾区是我国开放程度最高、经济活力最强的区域之一，在国家发展大局中具有重要战略地位，在科技创新方面的地位与作用显得更为突出，广东省的研发投入已达到或超过世界科技强国水平，国内生产总值和创新指数均位居全国第一。粤港澳大湾区的发展前景广阔、创新潜力巨大。国家"十四五"规划进一步明确，支持北京、上海、粤港澳大湾区形成国际科技创新中心，还将布局建设综合性国家科学中心和区域性创新高地。我们完全有理由相信：通过发挥粤港澳大湾区的特色优势，进一步汇聚人才激发活力，开展全方位的区域协同创新，做强广深港澳科技创新走廊，一定会有力推动粤港澳大湾区国际科技创新中心建设。通过聚焦人工智能、区块链、量子科技、生命健康、种子科学等前沿领域，加快培育未来产业，特别是着力实施关键核心技术"卡脖子"问题的攻关工程，加强创新链与产业链的有效对接，一定会将大湾区打造成为全球科技创新高地、中国经济实现高水平自立自强的重要支柱。通过优化创新制度和政策环境，完善以企业为主体的产学研一体化创新机制，支持粤港澳企业、高校、科研院所共建高水平的协同创新平台，着力提升科技成果转化能力，一定会把大湾区建设成为世界新兴产业的重要策源地，并在大湾区形成以创新为主要支撑的发展模式。我们期待着粤港澳大湾区在科技创新方面取得更大成就，继续走在全国的前列，当好"排头兵"和策源地。

中国人力资源开发研究会是具有30多年历史的国家一级学会，长期以来，在人力资源开发与管理界发挥了重要的桥梁纽带作用，在全国学术界、企业界具有广泛的社会基础，联系着众多业内和跨界的知名专家，比如，适应人力资源理论与实践的发展需要，研究会先后成立了若干个由领军专家、知名企业家担任主要领导的分会，人才测评专委会就是研究会的重要分会；研究会举办的一系列全国性论坛、研讨会等活动，在社会上产生了广泛的影响，收到了良好效果，为人力资源学科的理论研究和实践创新发挥了重要作用。新时代、新起点、新要求，呼唤中国人力资源开发理论与实践的与时俱进、创新发展。我们将继续遵循开放、创新、融合的基本要求，把握"人力资源+"的学科特色，弘扬理论联系实际的科学方法，正确处理继承与创新、引进借鉴与消化吸收、中国特色与国际视野、学科发展与深化融合等重要关系，不断结出理论上的丰硕成果，解决实践中的突出难题。我们将一如既往地支持人才测评专委会的工作，也希望人才测评专委会再接再厉，在社会各有关方面的大力支持和积极配合下，为推动人力资源开发特别是人才测评的理论研究与实践创新发挥更大作用，做出更大贡献！

关于创新科研体制机制的思考[*]

何 宪

珠江三角洲地区为什么经济发展比其他地区快？一个是对外开放的区域优势，另一个是有勤劳致富的优良传统。我在广西工作时，广西曾做一个研究，研究是什么造成了广东和广西有这么大的经济发展差距，研究发现，每当国家封闭时期，广东和广西差距不大，或者说没有什么差距；每当国家开放时，广东就把广西远远拉下，近代和现代都是如此。研究表明开放与否是广西与广东差距的重要原因，因此，广西下决心加大开放力度，这就有了后来的东盟博览会，有了北海、防城港作为西南出海通道的战略规划，有了边境口岸的大发展。

现在国家从战略的高度把粤港澳的发展和合作放在重要位置，十四五规划要求高质量建设大湾区。那么大湾区的未来发展的优势是什么？除了继续保持和扩大开放及深度合作外，最主要的是要形成这一地区的高科技优势。目前的竞争，最核心的就是科技竞争，传统的地域、开放、勤劳等优势逐步让位于科技优势，谁掌握了科技的主动权，谁就取得了竞争决胜权。

3月16日出版的《求实》杂志发表习近平总书记的重要文章《努力成为世界主要科学中心和创新高地》，文章指出，科学技术从来没有像今天这样深刻影响着国家前途命运，从来没有像今天这样深刻影响着人民生活福祉。

习近平总书记认为，我国科技领域仍然存在一些亟待解决的突出问

---

[*] 中国人才研究会会长、国家人力资源和社会保障部原副部长何宪的主旨演讲，收录时略有删节。

题，特别是同党的十九大提出的新任务新要求相比，我国科技在视野格局、创新能力、资源配置、体制政策等方面存在诸多不适应的地方。我国基础科学研究短板依然突出，企业对基础研究重视不够，重大原创性成果缺乏，底层基础技术、基础工艺能力不足，工业母机、高端芯片、基础软硬件、开发平台、基本算法、基础元器件、基础材料等瓶颈仍然突出，关键核心技术受制于人的局面没有得到根本性改变。

怎么办？总书记提出了提高对科技创新是第一动力的认识、坚定自主创新的能力和信心、全面深化科技体制改革、深度参与全球科技治理、牢固确立人才引领发展的战略地位等五个重大举措。结合学习总书记的重要文章，我对科技体制和人才管理体制改革，谈点不成熟的看法。希望能对大湾区科技发展和科技人才队伍建设有一点启示。

1. 事业体制的科研机构，缺少优胜劣汰的机制

目前的科研体制的基础是计划经济时期打下的，是以苏联为榜样逐步建立起来的。改革开放以来，计划经济体制逐步退出了历史舞台，取而代之的是社会主义市场经济。把握在计划经济条件下形成的科研机构和科研体制，简单地搬到市场经济中来，是行不通的。

计划经济体制下形成的科研机构，与市场经济体制最不协调、最不吻合的就是缺少优胜劣汰的机制。在市场经济下，符合基本的条件（有的国家基本不设条件），就可以申办企业，做得好企业就不断扩大，做得不好就破产倒闭。优秀企业在竞争中发展壮大，劣等企业在竞争中逐步淘汰。优胜劣汰，这就是市场经济的活力所在。但反观作为事业单位的研究机构，要申请建立一个科研单位难度很大，反复审核，很难审批，资金、编制、人员、级别，每一项都不是一个简单的问题。我考察北京量子信息科学研究院时，专家和我说，我们国家的超导研究很不够，美国有3000多人在从事超导研究，我国仅有350人从事超导研究。要增加机构人员，谈何容易。建立一个机构很难，撤销一个机构更难。一个科研机构要撤销，光是人员的安置问题，就会让人望而止步：人往哪里安，身份怎么办，级别怎么办。弄得不好还会发生上访，影响稳定。这种有需要却很难建立，建立后就无法撤销的性质和特点，与市场经济要求的活力和竞争，是格格不入的。这也是发达国家的国家重点实验室制度我们很难真正用起来的重要原因。国家重点实验室要求人员有机组合，自

由流动，灵活而适应性强，我们的事业单位科研体制很难做到这一点。独立于企业之外的科研机构过多，是中国科研机构结构不合理的一个集中反映。中国研究开发人员在科研机构、高等院校和企业三个部门的分布大约是37%、43%和20%；而美国的分布是6%、14%和80%，日本的分布是5%、35%和57%。同时，中国的研究开发经费在科研机构、高校和企业的分布是43%、2%和43%，大部分也是在科研机构；而美国的分布是10%、14%和76%，日本的分布是9%、20%和65%，大部分在企业。中国科技人员和科研经费分布不合理的状况，导致研究开发工作市场导向不强，成果转化少，产业化程度低。

针对科研机构事业体制存在的问题，早在2000年国务院就提出了《关于深化科研机构管理体制改革的实施意见》，意见要求，技术开发类科研机构实行企业化转制，与原部门脱钩；承担军事科研任务的科研机构，原则上也要向企业化转制；公益类研究和应用开发并存的科研机构，有面向市场能力的（占总数一半以上）要向企业化转制；以提供公益性服务为主的科研机构，有面向市场能力的也要向企业化转制；主要从事应用基础研究或提供公共服务科研机构，其中具有面向市场能力的部分，也要向企业化转制并逐步与原科研机构分离。

2000年7月，国家在继10个工业局所属的242家科研机构转制的基础上，又推出了建设部等11个部门（单位）所属134家科研机构转制方案出台，总体上看转制是很成功的，很多院所在转制后仍然作为国家队，起到了行业技术进步领头羊和推动者的作用，有的成为上市公司，经济实力科技实力大幅度加强。后来国家又推出了一些单位的改制，但进展不太顺利。企业化有利于改变中国当前科研机构结构不合理的状况，强化研究开发工作的市场导向。2015年9月中共中央办公厅、国务院办公厅印发了《深化科技体制改革实施方案》，提出要"坚持技术开发类科研机构企业化转制方向"，2018年国务院《关于优化科研管理提升科研绩效若干措施的通知》要求开展科研机构分类支持试点"对从事基础前沿研究、公益性研究、应用技术研究开发等不同类型的科研机构实施差别化的经费保障机制"，这是促进技术开发类科研机构走向市场的重要措施。

科研机构改革仍然在路上，并没有完成。现有的科研机构未来要走三条道路，一是继续把技术开发型的机构推向市场，改制为企业，二是把一部分公益性研究机构改为非营利机构，让他们建立法人治理结构，形成自我约束能力，同时具有充分的自主权，以灵活的机制从事科研。三是少数基础理论研究和国家战略性的研究，由国家办国家管，按国家要求完成国家交办的任务。只有面向市场的科研机构转制搞活，减少了国家财政支持的科研机构数量和人员，国家才有足够的力量确保那些国家应该承担的机构所需的资金，确保需要由国家来办的科研机构的科研人员工资水平。除了技术开发类科研单位转制外，其他科研机构也需要深化改革，要使各类科研机构都活起来，落实科研事业单位在编制管理、人员聘用、职称评定、绩效工资分配等方面的自主权，根据其特点和定位，逐步向不同的方向发展，真正形成符合科研规律，适合科研发展的体制机制。

2. 现行绩效考核制度，导致科研工作的短期行为

2006年事业单位建立岗位绩效工资后，绩效工资在科研人员的工资收入中比例越来越大，绩效考核结果对科研人员来说越来越重要。应当说，科研人员的绩效考核结果与其工资收入挂起钩来对调动科研人员的积极性，鼓励多出成果起到了重要的推动作用。但是也要看到，我们实行的绩效考核，是一种为绩效工资服务的、非常有局限的制度，绩效工资必须每年确定一次，绩效考核就必须按年度进行。这种制度不符合科研发展的规律。很多科研工作是无法按年度考核的。一位农业科学家告诉我，要从头开始一项新产品的研究，草本植物需要20年，木本植物需要30年。一位药物学家告诉我，从头创新一个新药至少需要10年。这种考核制度下，怎么可能潜心进行这些需要长期投入的研究。年度绩效考核压力过大，导致了学术研究的短视性和短期行为。科研人员多出成果、快出成果的想法相当普遍，重应用项目、轻基础研究的行为趋向明显，功利化和利益驱动的科研活动越来越多，影响了科研机构的使命和国家战略的完成。同时，这种严格的绩效考核制度，与科研工作"容错"机制也不吻合，部分科研单位在考核的"指挥棒"的影响下，害怕研究失败对个人考核结果产生不利影响，不愿意承担高难度研究，影响了科研创新。

其实真正的科学研究绝不是考核出来的，我们不知道对牛顿实行了

什么样的考核制度产生了万有引力定律，不知道对艾迪生进行了什么样的考核发明了电灯，不知道对陈景润进行了什么样的考核使他在如此艰苦和简陋的条件下突破了世界性的数学难题。没有，这些重大的研究成果都与考核无关。一旦对研究进行考核，那么研究就只能跟着考核的指挥棒走，你考核什么他做什么，研究的功利性、短期行为不可避免。这样的考核对一些技术开发研究是可以的，但对真正的科学研究是毁灭性的。怎么在坚持绩效考核的前提下，合理区分短期项目、中期项目、长期项目的考核办法和考核指标，遵循科研规律，建立容错机制，在这个基础上实施的绩效工资制度，才是符合科研工作特点的绩效工资制度。

3. 缺少独立法人治理结构，用管理行政的方式管理科研机构

科研工作有其独特的规律性，科研机构必须尊重科研的规律，服从科研的规律。但是在计划经济下形成的科研单位，都隶属于一个行政主管部门，而行政主管部门大都按一般管理下属单位的办法，来管理所属的科研机构。无论在业务发展上、人员管理上、审计巡视上，都把科研单位视同一个普通的下属单位。基本不考虑科研单位的特殊性。虽然从90年代开始进行了事业法人登记，但是部门所属的科研机构还只是一个形式上的法人，仍然是主管部门的附属机构。为了进一步推进事业单位改革，国家提出了建立事业单位法人法理结构的想法，并在一些地区开始试点，但从试点情况看，也并没有摆脱行政的干预，成为独立的法人。值得注意的是，近年来，一些新型研发机构在独立法人治理方面取得了积极的进展，值得肯定。2019年科技部下发了《关于促进新型研发机构发展的指导意见》，鼓励建立与传统事业单位体制不一样的科研机构。但从我调研的情况看，就是这类机构也还不能说是形成了健全的法人治理结构。对绝大部分事业单位性质的科研单位来说，管理的体制机制基本没有大的变化。依据科研规律，给科研单位充分的自主权，形成健全的治理结构的问题，仍然任重道远。

传统的事业单位管理方式，政府直接把科研单位微观的事管了，包括科研单位研究什么，怎么研究，需要多少人，工资发多少，工资怎么发等国家都要制定文件，科研单位只能按这些要求去落实。建立法人治理结构的目的，就是要让科研单位成为一个真正的独立法人，科研单位内各种的管理事务，全部交给科研单位自己去处理。建立事业单位法人

治理结构是很早就提出来的命题，2011年，中办国办发布了《关于建立和完善事业单位法人治理结构的意见》，事业单位构建法人治理结构的基本治理要求主要有四方面。一是法定规则，其治理架构与决策方式、管理制度和监督机制、管理机制和组织目标等都是法定的。二是分权制衡，体现事业单位各权益相关者之间的权力分配与制衡关系。三是运作独立，法人自主管理、自主办理有关法定的业务，独立开展经营业务，独立承担法律责任。四是公开透明，保证事业单位接受社会监督。为什么原来国家什么都管，建立法人治理结构后就可以把单位的内部事务交给单位了呢？最主要的是建立法人治理结构，有了各方利益的代表，形成了单位内部的相互制约机制。

这些年来，事业单位法人法理结构建设试点取得了积极的成效，特别是新型研发机构的探索，走出了一条与传统事业单位改革不同的路子，构建内部制约机制建设有明显进步。从事业单位法人治理结构的试点看，做得比较好的有以下几个方面：一是法人通过章程确定单位的运作要求，二是把决策和日常管理相分离，三是理事会的定期召开确定重大事项。但是最大的问题是理事的责任不明确，理事的设置和作用的发挥，是法人治理结构的关键，没有实质性的理事和理事会，就形不成各方利益的相互制约，形不成实际的决策和监督机制。从试点的情况看，理事会刚成立时，理事会成员重视一些，参加理事会积极一些，发表意见认真一些。但时间一久，理事会就会逐步流于形式，事业单位又回到了向主管部门或举办单位负实际责任的状况。为什么会出现这样的情况呢？

事业单位法人治理结构与企业法人治理结构有一定区别，但是企业法人治理结构有许多可借鉴的地方。企业的董事分为执行董事和外部董事，执行董事是在企业高管任职的董事，外部董事是不在企业日常管理中任职的董事。外部董事分为股东董事和独立董事，股东董事由股东选出，独立董事由企业聘任。董事有领取薪酬的，也有不领取薪酬的；有在派出单位领取薪酬的，也有在公司领取薪酬的。无论谁派出，谁付薪酬。《中华人民共和国公司法》规定，董事、监事、高级管理人员对公司负有忠实义务和勤勉义务，执行公司职务时违反法律、行政法规或者公司章程的规定，给公司造成损失的，应当承担赔偿责任。《中华人民共和国刑法》还对上市公司的董事、监事、高级管理人员违背对公司的忠实义务，利用职务便利，致使上市公司利益遭受重大损失的处罚做出了相应规定。这些规定对企业的董事提出了明确要求，责任是什么，没有承担相应责任怎么办，相关的法律都做出了明确的要求和处罚的规定。

目前事业单位法人法理结构建设最核心的问题，是理事会成员的责任不明确。要使事业单位法人法理结构真正发挥作用，必须借鉴公司法人治理结构建设的经验，像公司治理结构一样，对理事（董事）明确提出任职要求，用法律形式明确事业单位理事会成员的法律地位和法律责任，让理事会成员，有职有权，代表各个方面的利益，切实负起理事（董事）的法律责任。代表各方派出的理事，必须向派出单位和该法人单位负责。派出单位要把理事的履职情况作为干部考察的重要内容，如果没有代表派出单位认真履行相关职责，派出单位要追究责任。如果该法人单位出现重大决策失误和违反国家法规重大管理问题，属于理事责任的，应当追究理事会成员的责任。彻底改变把理事作为一种摆设、作为一种荣誉的做法，真正建立起法人单位的内部制约机制。

4. 工资奖金的资金来源不顺，导致大单位做小课题

从制度上来讲，目前事业单位的工资奖金所需要的经费，是由国家财政统一划拨。这就是科研事业单位预算中的所谓人头费，即按人员数量和工资标准划拨的工资奖金费用。但实际上，人头费是远远不够的，科研单位的工资奖金的资金来源是很复杂的情况。

目前大多数公益性科研事业单位的工资奖金经费靠三个方面。一是来自国家财政按预算划拨的人头经费，二是来自国家下达的科研项目中按规定可提取的间接经费，三是来自面向市场的横向课题或服务取得的经费。我们常常看到相当多的科研事业单位面临的情况是，国家人头费不够，间接经费放不开，横向经费很勉强。

所谓人头费不够，是指国家按目前的基本工资和绩效工资标准，拨给科研单位的财政经费低于科研人员的实际工资水平。

所谓间接经费放不开，是指科研单位承担的国家科研项目，按规定只能有30%作为间接经费可以用于发放劳务。国外的课题经费怎么用，是科研单位的事，下达任务的部门只管是不是达到签订合同时提出的各种要求。硬性规定人工经费的做法是很不科学的，因为不同的项目，需要的设备和试验用品和用于人工费用的比例是不一样的。因此，我们要

改变规定比例用于人工经费的做法，就必须细化科研项目合同的内容，加强科研成果的评估，增强科研项目管理的科学性，同时也放开科研单位对研究经费的约束。

所谓横向经费很勉强，是指：不做呢，工资奖金经费不够，做呢，很多课题和科研院所的层次、水平、方向不吻合。这就出现了大科研单位做小科研课题的现象，为了挣钱发奖金，浪费资源，浪费人才。

随着科研单位改革的推进，根据工资奖金的资金来源不同，可以把科研单位分为三类。一类是推向市场的单位，完全从向市场服务中获得资金。第二类是从国家的项目经费中得到资金的单位，在提高项目资金水平的基础上，国家不再划拨人头经费预算，项目经费使用完全放开，不设限制。这类单位要加强竞争，优胜劣汰，研究项目的资金要充足，研究成果的检验要严格。如同保送上研究生的道理一样，有的国家项目也可以不必招标投标，直接让有实力的研究团队承担，靠多年研究的成果建立起来的信誉，这也是一种竞争。第三类是国家完全保障工资奖金的经费的单位，国家制定工资收入的标准并严格按标准发放，工资奖金经费全额保障，不再靠项目的间接经费，这类单位数量要少，人员要精，比如基本理论研究、必要政策支持研究、国家战略性研究等确实需要国家支持和保障的科研单位。达到这样的目标，可能有一个发展的过程，开始的阶段多种资金来源一下子无法改变，但需要鉴别不同研究机构的性质，与机构的改革方向相配合，逐步理顺工资奖金的费用资金关系。

5. 构建符合科研工资特点的科研人员工资的制度

科研人员的激励可以分短期激励、长期激励、自我激励三种类型。短期激励是指在较短的时期就能见到效果，在年终绩效考核时能够得到体现的激励；中长期激励是指在较长时期，即三到五年，甚至十年二十年才能见到成效的激励；自我激励，即对事业的热爱，不讲报酬、不计代价去为实现目标而奋斗。但国内却对短期的绩效考核比较在行，对中长期的评价不在行，或者说很不在行，缺少对中长期绩效评价的制度安排。中长期基础性研究可能在相当长的时期内都无法出成果，但其研究具有战略意义，一旦成功就会发生革命性的变化。在目前的考核指标导向下，这样的长期的、基础的、战略性的研究得不到应有的重视，对国家长远发展和国际竞争将非常不利。此外，对一批真正的科学家，他们对科学的热爱、对国家的责任感，频繁的年度考核对他们是伤害，是对他们科学研究的干预。对于这种自我激励，任何外在的在考核激励都是多余的。而目前科研单位的绩效工资制度，恰恰过分强调短期激励，忽视中长期激励，是没有正视和尊重科学家的自我激励。

在三类激励的基础上，建立不同的工资制度。对建立在短期激励基础上的工资制度，要加强年度考核的科学性，既要量的考核，也要有质的考核，确实把科研成果作为工资收入分配，这种制度比较适合搞技术开发，搞短平快项目的单位和人员。对建立在中长期激励基础上的工资制度，首先要探索建立中长期的考核制度，在中长期项目研究过程中，可以考核，但不能和工资挂钩，要建立容错机制，要和人员的聘用制度聘用周期结合起来，加强中长期激励的有效果性。对建立在自我激励基础上的工资制度，给科学家充分的空间，让他们自由进行研究，探索新的科学研究方向，确保他们生活保障和应有的尊重。要允许这三类分配方式以及其他各种分配方式存在，给不同类型科研单位足够的选择空间，充分调动各类科研人员的积极性。

要在科研单位推行年薪制。很多市场经济国家的医生、高校老师、科研人员也采用年薪制。值得注意的是，年薪制并不是根据年度考核来确定年度收入的薪酬制度，恰恰相反，年薪制在合同签订时就已经确定了年度薪酬总量，年度考核只是了掌握履行合同的情况，或者有少量收入与考核挂钩。根据年度考核结果来确定工资的制度，是绩效工资制度；在合同中就已经确定了年薪及相关要求的制度才是年薪制。因此，年薪制和绩效工资制最主要的差别在于激励的长期性。科研工作大都短时间内无法看到成效，甚至有科研失败的风险，不适合采用每年进行考核，并根据考核结果确定他们的收入。而年薪制正好能为科研人员潜心研究提供稳定的收入保障和收入预期。国家已经下发文件鼓励高层次人才实行年薪制，科研单位是高层次人才集中的地方，在科研单位实行年薪制，既符合国家的有关规定，也适合科研工作的特点，与科研工作的要求相吻合。

"两个建设好"与大湾区
人才新高地建设[*]

刘任辉

明方向——就是必须牢记习近平总书记关于"两个建设好"重要论述,明确创建粤港澳大湾区人才培养的战略方向。

习近平总书记在香港回归20周年庆典上指出:"我们既要把实行社会主义制度的内地建设好,也要把实行资本主义制度的香港建设好。"习近平总书记关于"两个建设好"的重要论述,为我们实施粤港澳大湾区人才培养指明了战略方向,提出了最新和更高的要求。为此,粤港澳三地需紧紧围绕建设"富有活力和国际竞争力的一流湾区和世界级城市群"目标,通过"坚守'一国'之本,善用'两制'之利",创新人才培养规则与机制,为大湾区发展提供更多的"两个建设好"人才支撑。

创高地,重点创建"三个新高地"。

第一,创建吸纳"两个建设好"人才特殊政策的新高地。

港澳人才具有国际化、市场化、专业化的显著特征。粤港澳三地实行两种不同社会制度及三种不同的法律。吸纳港澳人才落地大湾区创新创业,需要政策先行先试。一是在国家职业资格证书认证方面给予特殊政策,设立粤港澳三地职业资格互认的权威研究机构,因地制宜促进职业资格先在大湾区互认——让港澳人才"有条件来!"二是推动粤港澳三地政府建立"大湾区人才库",在突破人才户籍、住房、社会医疗保障,以及子女读书等方面给予特殊政策,提升人才流入意愿——让人才"愿意来!"三是在设立引进人才奖励基金、颁发荣誉证书等方面给予特殊政策——让人才"留得住!"

---

[*] 香港中联办广东联络部主任二级巡视员刘任辉的主题发言,收录时略有修订。

第二,创建"两个建设好"人才合作新高地。

一是搭建公开招聘平台,尝试在大湾区逐步放开重点行业、重点领域急需的港澳专才直接执业模式。二是搭建提升技术技能教育培训合作平台。三是搭建跨学科、跨行业、跨系统的"专业技术+风险投资+专业服务"的创新平台,实现资源共享、优势互补,合作共赢。

第三,创建培养"两个建设好"人才选人用人新高地。

一是积极推动粤港澳三地著名高校和国际名校合作办学,在粤港澳三地扩大招生。合作办学,在本科四年学制上探索"3+1"模式,即在大湾区读3年,在香港或澳门读1年。学生毕业后在"9+2"城市自主择业。二是建立海归留学人才选人用人"旋转门"工作机制。目前在香港、澳门工作的海归留学人才每年增长,需三地政府共同合作为他们搭建"旋转门"工作机制。让他们在大湾区、香港或澳门工作一定年限后,实行"轮换制"。三是完善高端人才特聘机制。在大湾区9个城市设置高端紧缺人才特聘岗位,面向港澳和海外重点聘用35岁以下的紧缺青年专才,重点培养扶持。

对粤港澳编辑学人才队伍建设的初步思考[*]

郝振省

一 高质量发展对粤港澳编辑学人才队伍建设提出了新挑战

1. 发展主题与区域定位决定了编辑学人才队伍建设任务的迫切。《中共中央关于制定国民经济和社会发展第十四个五年规划和二〇三五年远景目标的建议》提出高质量发展为主题,提出要建设和建成文化强国。高质量发展当然包含创新驱动发展,文化强国建设当然包含出版强国建设。而出版传播与传承功能的本质就是服务于创新与发展的。《建议》还特别提出,"十四五"时期,支持粤港澳大湾区形成国际科技创新中心。粤港澳大湾区要打造成有全球影响力的科技创新中心,足够的出版编辑学人才队伍必不可缺。科技创新需要的知识供给,创新成果的转化与辐射都需要出版编辑学人才队伍的支撑与保障;科技创新的资源整合与选题策划需要深度了解三地文化与图书消费市场的编辑营销人才;成果发布普及需要高素质的科技期刊编辑;成果的国际传播需要熟知国际传播规律的版权人才;成果传承和典藏需要优秀的版本学编辑人才,等等。

2. 产业发展决定了编辑学人才培养机制亟待补足短板。一方面,科创中心与世界级旅游胜地建设对包括编辑在内的文化人才队伍提出了强烈需求,另一方面,目前粤港澳地区的文化行业人才却比较匮乏,有数

---

[*] 中国编辑学会会长、国务院特贴专家郝振省的主题发言,收录时略有修订。

据显示，2020年粤港澳大湾区中文化、体育和娱乐业人才仅占湾区人才总量的1.2%。与同是世界大湾区的旧金山湾区相比，粤港澳大湾区更是明显缺乏高等教育行业人才。早在2016年，旧金山湾区25岁以上的人口中拥有学士学位的比例已达46%，远远高于美国的平均水平31%；旧金山湾区人口数量为775万，区内大学超过80所，而粤港澳大湾区拥有近7000万人口，大学数量却仅有150多所，与湾区人口规模不成比例。特别是国家级编辑出版学一流本科专业建设点在湾区尚属空白，表明高等教育编辑学人才培养的短板现象，表明了粤港澳大湾区尚未建立起校企人才培养的创新驱动循环，编辑学人才培养机制缺乏系统性和前瞻性。

3. 国际交往决定了编辑人才结构存在部分失衡。粤港澳是对接"一带一路的重要节点"，除了粤对接内地和港澳外，港对接英语国家、澳对接葡语国家等的对外联结上也形成了进一步的国际开放度，各种跨区域的出版文化合作亟需"湾区化"和"国际化"的出版编辑人才。但是目前，粤港澳大湾区的高端和国际人才只有不到20%的占比，数量整体偏低，这反映出了粤港澳大湾区的编辑人才结构有待完善。总体而言，粤港澳大湾区的高端和国际人才吸引力水平以及人才聚集水平与世界其他三大湾区相比还存在一定的差距。

二 新时代赋予粤港澳编辑学人才队伍建设的新机遇

1. 区位优势将为编辑学人才提供巨大发展空间。"一国、两制、三税区、三法律、三货币"的多元制度格局既是粤港澳大湾区一体化发展的重要阻滞因素，同时又是粤港澳大湾区多元协同发展的独特优势所在。三地的资源共享与互补使出版业在环境、文化和市场方面实现了对接和深度合作，并产生了很多优秀的代表项目。例如，2018年，广东省出版集团、南方传媒和香港联合出版集团、澳门基金会、澳门南粤集团以项目为导向，主打高质量发展，在大湾区图书出版、媒体融合、人才培训、印刷物流、书店、资本、国际交流等方面进行合作；2019年，粤港澳大湾区文学联盟正式成立，倡议共同传承中华文脉，讲好湾区故事。三地频繁的交流合作需要更多深入了解三地文化、善于管理和运营出版资源的复合型编辑出版人才，也为编辑出版人才发展提供了更为广阔的天地。

2. 学科升级将推动编辑学人才完善培养体系。近年来，出版业作为文化创意产业的重点拓展延伸区域，已成为文化创意产业对经济的有力推动作用下具有流动性的传播纽带。自 21 世纪以来，粤港澳大湾区文化创意产业营业收入总额占四大湾区总额比例已经从 2001 年的 1% 提高至 2016 年的 11%，但在纽约湾区的文化创意产业结构中，包括出版在内的四大行业已经连续 16 年进入 5 强，而粤港澳大湾区文化创意产业却以较低端文化产品和设备生产存量为主，在全球范围内缺乏文化影响力。值得庆幸的是目前我国出版学科正在伴随着国家现代化进程的推进以及文化传媒产业的发展不断积聚能量，创造条件，力争成为一级学科，从而进一步推动出版编辑人才培养机制的创新与培养力量的加强。这将促进湾区出版业的综合实力、文化创意竞争力、协同融合能力和国际影响力等不断增强。当然，也会提高出版业在粤港澳大湾区文化创意产业中的占比和竞争力。

3. 历史传承将为编辑学人才提供不竭的文化滋养。出版在文化传承中承担文化传播、文化选择和文化创新的作用，具有鲜明地域特色的粤港澳历史则为编辑学人才提供了源源不断的文化滋养，在此基础上聚集国内优秀出版发行资源，打造文化出版产业的"湾区样本"机不可失。粤港澳大湾区的出版活动可以根据三地特色持续进行选题策划和文化创意策划，以溯源本土历史文化为基础，探究大湾区的文化特色发展模式，实现大湾区基于文化创新、文化引领的文化输出。例如，由广东省文物局、这和那文化联合出品的《穿越大湾区的小径》，彰显了岭南文化的魅力，也为大湾区线性文化遗产旅游品牌的打造以及人文湾区的建设提供了良好范例。

三 对粤港澳编辑学人才队伍建设提出的几点对策建议

1. 创新编辑人才培养机制。统筹顶层设计，出台相关人才培养机制，进一步发展相关高等教育，鼓励产学研结合办好大学相关院系、专业，同时做好科学管理，创新人才培养平台，为编辑学人才的培养提供更加广阔的发展空间。大学可在大湾区企业资金与技术的支持下，将创新理论课程与出版实践、学术研讨类活动结合在一起，提高培养高素质人才的专业和创新能力。粤港澳三地的出版机构还可以联合开展全球编辑人才大会，构建编辑人才深入交流的平台，打造大湾区国际化编辑学人才聚集创新发展新高地。

2. 加强高端编辑人才和国际型人才培养。一方面，通过产学研平台和高校培养高端编辑人才，另一方面，通过国际交流引进国际型编辑人才。考虑到粤港澳地区的特殊性，可为来此发展的海外编辑人才建立"华裔卡"制度和华侨身份证制度，促进华裔国际化编辑人才聚集大湾区发展。对高层次的编辑人才实行刷脸通关政策，实现三地编辑人才的无证化，以吸引更多人才到大湾区就业发展。

3. 构建联合人才培养模式。粤港澳三地可通过建立科技创新走廊实现资源开放与共享，分享开发平台、出版技术、研究数据、研究成果、研究人才以及出版项目等，为三地编辑人才融合创新创业打造一体化、无障碍的发展环境，以重大项目为抓手，构建校校、校企、企企的联合培养人才模式。例如，可以建立大学产业联盟，有利于整合"碎片化"的创新资源，促进粤港澳大湾区人才聚集。三地的出版业也应充分发挥各自在人才、市场等方面的不同层级优势，使湾区各城市间出版产业形成错位发展、优势互补的良性发展格局，最终形成多圈、多核、开放、共生的湾区文化多元协同生态系统。

4. 建立编辑学人才资源数据库。有研究曾对2019年某月度出版行业的招聘情况进行调查，发现粤港澳大湾区内各城市有不同的人才需求，其中约41%的人才需求来自新媒体编辑、IT等岗位，约24%的人才需求来自传统编辑等岗位，约19%的人才需求来自策划与运营类，约16%的人才需求来自记者、美编、排版设计、出版发行等岗位。因此可针对粤港澳地区出版业人才建立不同类别的人才数据库，各城市根据不同需求进行人才引进，切实实现人才引领产业、产业聚集人才的良性互动。此外，还可设立编辑人才队伍专项基金，构建编辑学人才队伍数据库合作网络，建立国际间的出版编辑人才交流与合作平台。

粤港澳作为"一带一路"的建设支撑，其出版业也应该承担着新的历史使命，出版传媒业的高质量发展对粤港澳编辑学人才队伍的建设也提出了更高的要求，出版规模、出版结构、媒体融合的发展离不开编辑人才的培养与创新。"湾区发展，人才先行"，粤港澳三地的出版业要不断调整与创新来适应新的发展环境，培养出更多高端与国际型人才，发挥出编辑人才的优势，打造出更具特色的编辑人才队伍，才能积极应对新时代的挑战，抓住时代赋予的重要机遇。

新时代人力资源服务业高质量
发展的挑战与启示[*]

李祥伟

人力资源是经济社会发展的第一资源。人力资源服务业是现代服务业和生产性服务业的重要门类和新兴产业，是实施创新驱动发展战略、就业优先战略和人才强国战略的重要抓手，是充分发挥市场在人力资源配置中的决定性作用的广阔领域，在促进就业创业、优化人才配置和服务高质量发展方面发挥着独特作用。下面，我就推动新时代人力资源服务业高质量发展及其对粤港澳人才创新发展的挑战与启示谈几点意见，与大家交流。

一 新时代人力资源服务业新成就

党和国家高度重视人力资源服务业发展。十九大提出，要加快建立人力资源协同发展的产业体系，在人力资本服务等领域培育新增长点、形成新动能。人社部作为人力资源服务业的主管部门，不断完善政策体系，努力创建发展平台，积极扶持龙头企业，大力培养行业人才，多措并举推动行业健康快速发展。截至2019年底，我国共有各类人力资源服务机构3.96万家，从业人员67.48万人，全年营业收入1.96万亿元，帮助2.55亿人次实现就业或转换了工作岗位，服务企业4211万家次，全行业实现了良好的经济效益、社会效益、人才效益。

1. 政策体系不断完善。人力资源服务业先后列入《国务院关于加快

---

[*] 国家人力资源和社会保障流动管理司副司长李祥伟的主题发言，收录时略有修订。

发展生产性服务业促进产业结构调整升级的指导意见》《服务经济创新发展大纲》等政策文件，成为国家鼓励发展的生产性服务业重要领域。2014年12月，人社部会同国家发改委、财政部出台《关于加快发展人力资源服务业的意见》，首次从国家层面对发展人力资源服务业做出顶层设计。2017年9月，我部印发了《人力资源服务业发展行动计划》，对今后一段时期人力资源服务业发展进行了详细的谋划安排。特别是国务院2018年10月1日颁发实施《人力资源市场暂行条例》，这是我国人力资源要素市场领域第一部行政法规，首次把发展人力资源服务业作为各级政府的法定职责，为推动人力资源服务业健康发展提供了法制保障。2019年，为贯彻落实《外商投资法》精神，人社部对《人才市场管理规定》、《中外合资人才中介机构管理暂行规定》、《中外合资中外合作职业介绍机构设立管理暂行规定》三件部门规章进行了专项修订，按照内外资一致的原则，取消了人力资源服务业外资准入限制。

2. 服务体系基本形成。随着社会需求的多元化和新兴信息技术的广泛应用，人力资源服务业已逐渐从提供招聘服务、人事代理、档案管理、社会保障经费代收代缴等传统、单一的产品，向提供人力资源服务外包、培训、高级人才寻访、人才测评等多层次、分类别、多样化的产品转变，服务能力进一步提升，呈现出国有企业、民营企业和中外合资企业三类主体竞争发展的良好格局。

3. 产业园建设蓬勃发展。从2010年起，已建成中国上海、重庆、中原、苏州、杭州、海峡、成都、烟台、长春、南昌、西安、北京、天津、广州、深圳、长沙、合肥、武汉、宁波、石家庄、沈阳、济南等22家国家级人力资源服务产业园。各地结合实际，推动省级人力资源服务产业园建设，打造了一批有特色、有活力、有效益的地方产业园。实践表明，通过发挥产业园区培育、孵化、展示、交易等功能，做好产业园区平台建设、产业集聚、政策扶持、运行管理等工作，能够有效促进行业集聚发展和产业链延伸，使人力资源服务业的发展站位更高，发展环境更好。截至2020年底，各国家级产业园已有入园企业超3500家，园区营业收入2694亿元，成为地方经济发展的一大亮点。

4. 营造良好的人力资源市场环境。我们认真落实中央关于深化"放管服"改革总体部署，着力为行业发展营造良好的人力资源市场环境。

一是健全人力资源市场法规体系。《人力资源市场暂行条例》规定最大限度缩减政府审批范围，只对从事职业中介活动进行许可，开展其他人力资源服务业务均简化为备案，进一步优化中小人力资源服务企业创业环境。二是制定出台《网络招聘服务管理规定》，进一步规范和保障网络招聘服务活动，更好促进中小企业发展。三是加强人力资源市场事中事后监管。先后印发《人力资源社会保障部关于"先照后证"改革后加强人力资源市场事中事后监管的意见》和《人力资源社会保障部关于进一步规范人力资源市场秩序的意见》，推广"双随机一公开"监管方式，实行年度报告公示制度，持续开展市场秩序清理整顿专项行动，切实加强事中事后监管。四是试行人力资源服务许可告知承诺制。在全国自贸区内试点开展人力资源服务许可告知承诺制，进一步简化优化审批流程，为中小人力资源服务机构发展营造良好的营商环境。

5. 行业价值日益凸显。人力资源服务业的迅速发展，大大提高了劳动者与岗位匹配的效率，有效解决了劳动者与用人单位之间信息不对称问题。一是发挥了促进就业主渠道的重要作用。据不完全统计，仅高校毕业生这一群体，通过各类人力资源服务机构实现就业的就超过了70%。截至2019年底，全国共设立固定招聘场所3.28万个，建立网站1.5万个，全年各类人力资源服务机构共举办现场招聘会30.2万多场，通过网络发布岗位信息4.04亿条，人力资源市场已成为实现就业和人才流动配置的主渠道。二是发挥了优化人才流动配置生力军的重要作用。2019年，全国各类人力资源服务机构为349万家用人单位提供人力资源管理咨询服务，举办人力资源培训39万次，高级人才寻访（猎头）服务成功推荐选聘各类高级人才205万人。如北京市制定出台的"猎十条"，将用人单位急需紧缺人才需求以清单方式提供给猎头机构，促进两者精准对接，并给予专项引才奖励，充分激发了猎头机构引才融智的巨大作用；重庆市启动"鸿雁计划"，瞄准"高精尖缺"人才，建设猎头基地，引进知名猎头公司等人力资源服务机构，举办人才创新创业洽谈会、人才招聘活动，形成了"人才汇聚巴渝"的良好态势；河南省组织举办招才引智创新发展大会，集中发动各类人力资源服务机构为人才、项目供求对接，提供特色化、精细化、全程化人力资源服务，取得广泛招纳贤良、人才顺畅流动的显著成效。安徽省出台《关于发挥人力资源服务机构作用促进市场化引进人才工作的意见》，明确多种引进方式，加强市场化引才扶持。

二 新时代人力资源服务业发展的新要求新趋势

党和国家高度重视人力资源服务业。习近平总书记指出，"人力资源是构建新发展格局的重要依托"，强调"服务业因其独特的轻资产、轻要素等特点，更加需要开放、透明、包容的行业发展生态。""十四五"时期是我国全面建成小康社会、实现第一个百年奋斗目标之后，乘势而上开启全面建设社会主义现代化国家新征程、向第二个百年奋斗目标进军的第一个五年，我国将进入新发展阶段。在"十四五"的新阶段，人力资源服务业面临着新的环境和形势，肩负着新的使命和责任，可以概括为六新：

1. 新冠肺炎疫情新挑战。新冠肺炎疫情突如其来，对我国经济社会产生严重冲击，人力资源服务业也深受影响。一是妥善应对疫情带来的不利影响。新冠肺炎疫情加剧了经济发展的不确定性，投资、消费、出口受到显著影响，旅游、餐饮、制造、零售等"密接"行业遭受严重损失，人力资源服务机构在自身承压的同时，还面临着人力资源服务需求的减弱。二是准确把握"后疫情时期"行业发展新机遇。疫情在对经济和就业产生负面影响的同时，也催生出新的人力资源服务需求，倒逼行业加快转型升级。比如，线上服务、灵活用工、共享用工蓬勃发展，创造了大量的新机会，蕴含着大量的人力资源服务需求。人力资源服务机构要面向市场需求，乘势加大信息技术应用，为下一步发展抢占先机。

2. 经济高质量发展新要求。"十四五"时期，我国经济社会发展的主题是高质量发展，必然需要高质量的人力资源支撑。在总量上，要求人力资源的数量规模需要满足经济社会发展对人力资源的总量需求；在结构上，要求优化人力资源在城乡、区域、行业、所有制之间的分布；在质量上，要求人力资源的素质结构要适应各行业各领域发展的需要，适应经济高质量发展、产业结构调整升级的需要，适应各类用人主体的需要。人力资源服务业要在上述领域提供优质高效的专业服务，提升人力资源整体效能，加快形成人力资本服务的新增长点和新动能。

3. 就业新形态新机遇。党中央、国务院多次提出要发挥市场作用，促进市场化社会化就业。灵活就业作为一种新的就业形态，是当前稳定就业的重要方式之一。国务院近期出台了《关于支持多渠道灵活就业的意见》，人社部专门制定了《关于做好共享用工指导和服务的通知》，明确鼓励各类人力资源服务机构提供规范有序的专业化服务。一些人力资源服务机构利用大数据、互联网等信息技术，在这方面进行了一些尝试，为行业创新发展探索了新路、积累了经验。新就业形态的蓬勃发展，为人力资源服务业带来了诸多机遇。

4. 新技术催生新模式。移动互联网、大数据、云计算、人工智能等越来越广泛用于人力资源服务业，深刻改变了人力资源服务业发展格局，推动行业加速向数字化、智能化转型升级。人力资源服务业从传统的"轻资产"行业，快速向技术密集、知识密集、资本密集型转变。服务产品日新月异。随着数字经济快速发展，新业态、新模式层出不穷，人力资源服务与法律、财务、离岸外包、科技中介等多种业态交叉创新，不断催生出新的人力资源服务产品。

5. 人才引进新诉求。当今世界，新技术革命引发了全球人才争夺，加速了人才国际化流动进程。十九届五中全会提出要深化人才发展体制机制改革，实行更加开放的人才政策。各地把招才引智作为推动当地经济转型升级和高质量发展的重要举措，采取了一系列政策措施。在招才引智中，人力资源服务机构具有更多资源、更加专业、更加高效、更低成本、更活机制的独特优势，为人才流动配置提供精准化、专业化服务。

6. "放管服"增加新活力。近年来，我们积极推进人力资源市场行政许可制度改革，将许可范围最大程度缩小至职业中介活动。不断创新事中事后监管，全面推开"先照后证"、年度报告公示、取消最低注册资本金限额等一系列改革举措，审批更简、监管更强、服务更优。"十四五"期间，我们将持续推进"放管服"改革，持续优化市场化法治化国际化营商环境，这将为人力资源服务业健康发展进一步释放活力、提供条件。

与面临的新形势新要求相比，我国人力资源服务业还存在一些短板和不足，比如产业协同发展不够、区域发展不均衡、整体供给能力不足、发展质量不高、行业结构亟待优化升级、企业核心竞争力不强、新兴技术运用不充分等。这些问题，集中体现为行业发展质量不高，难以适应经济社会高质量发展的要求。因此，我们将把发展质量问题摆在更为突出的位置，着力提升行业发展质量和效益。

三 推动人力资源服务业高质量发展的相关建议

立足新发展阶段，面对新发展格局，我们必须采取一系列重大举措推动人力资源服务业高质量发展，为实现我国经济高质量发展提供强有力的人力资源支撑。

一是健全促进行业发展的政策法规体系。我们将抓住"十四五"规划编制的重大机遇，加强顶层设计和规划引领，一是制定推动新时代人力资源服务业高质量发展的政策措施，加大财政、税收、金融、人社等支持力度，健全促进行业发展的政策体系。二是以贯彻实施《人力资源市场暂行条例》为统领，研究制定配套规章，健全完善人力资源市场法规体系。三是鼓励各地制定促进人力资源服务业发展的专门政策文件，营造良好政策环境。

二是实施高质量发展行动计划。以行业高质量发展为主线，一是实施骨干企业培育计划，重点培育一批有核心竞争力和示范引领作用的骨干企业。二是实施领军人才培养计划，研究制定深化人力资源管理专业人员职称制度改革的意见，建立人力资源服务培训基地和实训基地，实施人力资源服务业领军人才研修计划，提升从业人员专业化职业化水平。三是推动行业集聚发展，实施产业园区建设计划，继续培育建设一批有规模、有辐射力、有影响力的国家级人力资源服务产业园，形成人力资源服务业发展高地和创新示范。四是推动行业融合发展。开展"互联网+"人力资源服务行动，鼓励人力资源服务企业与互联网企业开展技术合作，支持互联网企业跨界兼营人力资源服务业务。五是推动行业规范发展，开展诚信主题创建行动，加强信用监管，打造一批"全国人力资源诚信服务示范机构"，发挥引领带动作用。六是推动行业开放发展。开展"一带一路"人力资源服务行动，稳步推进人力资源市场对外开放，支持国内人力资源服务企业在"一带一路"沿线国家开拓国际市场，构建全球服务网络。七是推动行业协同发展。开展西部和东北地区人力资源市场建设援助计划，促进地区间协同发展，公共服务和经营性服务相互促进。八是开展人力资源服务行业促就业、促进人才引进行动，充分发挥专业优势和独特作用，为促进稳就业保就业、人才流动配置提供坚实有力的人力资源服务支撑。

三是优化营商环境。持续推进"放管服"改革，进一步释放市场活力。一是深化市场领域"放管服"改革。进一步简化优化人力资源服务许可和备案审批流程，试点推广告知承诺制改革，提高服务的便捷性和可及性。二是维护市场秩序。加强人力资源市场事中事后监管，强化劳动保障监察执法，加大对网络招聘平台的监管力度，严肃查处违法违规行为。三是营造舆论环境。加强行业发展成效和重要作用的宣传报道，不断提升行业知名度、美誉度和影响力。

四是搭建行业发展平台。搭建支持产业高质量发展的展示、交流、交易平台，激发产业活力。一是举办全国人力资源服务业发展大会，打造全国性、高层次优质平台。今年将举办第一届全国人力资源服务业发展大会，集中开展成果展示、供需对接、研讨交流、创新发展等系列活动，为行业高质量发展营造良好氛围。二是建设行业发展线上平台。探索建立全国人力资源服务业在线展示、交流、交易系统，完善人力资源服务机构数据库，拓宽人力资源服务供需对接的深度、广度和便捷度。三是打造行业产学研平台。联合高校、科研院所等高层次研究力量，举办人力资源服务业博士后学术交流、领军人才高级研修班等活动，加强理论研究，推动科研成果转化落地，形成产学研一体化平台。

四　是人力资源服务业对粤港澳人才创新发展的挑战与启示

建设粤港澳大湾区是习近平总书记亲自谋划、亲自部署、亲自推动的国家战略，是新时代推动形成全面开放新格局的新举措。创新是第一动力，人才是第一资源。只有把创新人才放在粤港澳大湾区建设的突出位置，才能充分发挥粤港澳综合优势，打造富有活力和国际竞争力的一流湾区和世界级城市群。招才引智的本质是人才流动，必须充分尊重市场规律和人才流动规律，充分发挥市场决定性作用和更好发挥政府作用。在招才引智中，人力资源服务机构具有更多资源、更加专业、更加高效、更低成本、更活机制的独特优势，能够有序承接政府转移的人才培养、评价、流动、激励等职能，为人才流动配置提供精准化、专业化服务。

当前，粤港澳大湾区初步建成了较为完备的人力资源服务体系。一是广东省已形成珠三角地区以基于移动端的社保服务、云培训、云猎头等新业态为主，粤东西北以派遣、培训、外包等传统业态为主的人力资源服务产业体系。着重打造中国广州、中国深圳"双核驱动"国家级人力资源服务产业园区，支持条件成熟的地市建设人力资源服务产业园，辐射带动粤东粤西粤北地区及周边省区发展。二是扩大对外开放，人力资源服务国际化日益明显。外资独资可在自贸区内设立机构，将设立港澳独资及中外合资机构权限下放自贸区，德科、万宝盛华、香港金饭碗等在广东设立分支机构。充分利用"海交会"、"留交会"平台，建立完善海外高层次人才信息库，支持设立海外人才孵化与高层次人才服务工作站。三是发挥政府和市场协同作用，促进人力资源合理有序流动。建立健全人才顺畅流动配置机制。聚焦粤港澳大湾区发展规划纲要，研究编制粤港澳大湾区等急需紧缺人才目录，对引导人才资源向大湾区集聚、招才引智、制定人才政策等起到了积极作用。

下一步，我们将推动粤港澳大湾区大力发展人力资源服务业，加强产业引导、政策扶持、环境营造和优化服务，促进中国广东、中国深圳人力资源服务产业园区建设，为粤港澳大湾区发展，提供更有力的智力支持和人才保障。

当前，随着全面深化改革的深入推进，我国经济社会发展发生深刻调整，人力资源服务业面临重大发展机遇。加快发展人力资源服务业是政府管理部门的重要职责，更要靠各类人力资源服务机构的共同努力。让我们大家一起，解放思想、开拓思路、团结协作、共同奋斗，在以习近平新时代中国特色社会主义思想指引下，奋力推进"十四五"时期人力资源服务业高质量发展，为推动经济社会高质量发展做出更大的贡献！谢谢大家！

关于粤港澳大湾区专业人才评价一体化的思考[*]

魏建文

人才评价在整个人才开发与管理过程中发挥着"指挥棒"作用，它引导着人才的使用、流动、激励等环节。推进粤港澳大湾区专业人才评价一体化建设，对于推动人才在粤港澳大湾区内便利执业就业创业，实现人才资源的深度融合，建设人才高地，具有十分重大的意义。

一 粤港澳大湾区专业人才评价一体化取得初步成效

中共中央、国务院2018年印发了《粤港澳大湾区发展规划纲要》之后，广东省委省政府高度重视组织学习贯彻落实。2019年11月，经广东省政府同意，省人社厅等9部门印发《关于推进粤港澳大湾区职称评价和职业资格认可的实施方案》（以下简称"实施方案"），部署构建开放的粤港澳大湾区职称评价体系，按照"分类有序、突出重点、先易后难"的原则，先期选择市场成熟度较高、社会需求量较大和社会重点关注的专业领域，成熟一个推动一个，以单边认可带动双向互认，推进大湾区内地对港澳旅游、医疗卫生、建筑、教育、律师、会计、社工和专利代理等领域职业资格的认可工作。

1. 构建开放的粤港澳大湾区职称评价体系

一是建立港澳专业人才在大湾区内地职称申报绿色通道。根据《实

---

[*] 广东省人力资源和社会保障厅二级巡视员魏建文的主题发言，收录本书时略有修改。

施方案》，对取得本科以上学历后首次申报评审职称，符合相关条件的可直接申报高级职称；港澳专业人才在港澳台或国外工作期间的专业技术工作经历可作为有效工作经历，取得的业绩成果、公开发表的论文著作等，可作为有效业绩成果和学术成果。二是深圳探索建立香港职业资格与深圳市职称的对应关系。目前已获得香港测量师资格、香港规划师协会资深会员或会员资格的专业人士，可按相关规定申报高级经济师、高级工程师职称。三是下放职称自主评审权，支持香港大学深圳医院开展港籍医生职称资格对接认定，对在香港大学深圳医院工作的37名香港大学医学教授、顾问医生评审为主任医师。截至2020年底，港澳专业人才在大湾区内地评审职称人数已超过100人。

2. 深入推进各领域对港澳人才专业资格认可

在文化旅游领域，2019年9月，省人社厅、省文旅厅联合印发《香港、澳门导游及领队在珠海市横琴新区执业方案（试行）》，鼓励港澳已获得有效导游证或领队证的导游领队参加区内旅游主管部门统一组织的岗前培训及认证，以便换证执业。截至2020年10月底，共有411人通过培训、认证并取得专用导游证，已有9名港澳导游及领队开始在横琴带团执业。2020年9月，珠海通过《珠海经济特区港澳旅游从业人员在横琴新区执业规定》，明确具备规定条件并经合法备案的港澳旅游从业人员可在横琴新区执业，这是全国首部支持港澳旅游从业人员跨境执业的地方性法规。

在医疗卫生领域，贯彻落实国家卫健委关于香港和澳门地区医师内地医师资格考试、认定以及内地短期执业等政策，支持港澳地区医师依法依规在粤行医。截至2020年底，港澳居民通过全国医师资格考试获得内地医师执业资格证的人数为266人，港澳医师通过认定方式获得内地医师资格证书的人数为25人，港澳医师在粤短期行医123人。

在建筑工程领域，一是推进落实CEPA补充协议及国家住建部规定，内地与香港6项建筑领域专业资格互认。截至2020年10月底，有1630名香港专业人士通过互认取得内地注册执业资格，其中1521名在广东办理执业注册。二是广州南沙、深圳前海、珠海横琴自贸区允许具有港澳执业资格的建筑领域专业人才，经自贸区备案后，按规定范围为自贸区企业提供专业服务。截至2020年10月底，共有256名港澳专业人士在自贸区备案执业。三是创新大湾区香港工程建设咨询企业和专业人士执业管理模式。2020年12月，经国家住建部同意，省住建厅与香港特别行政区发展局联合发布《关于香港工程建设咨询企业和专业人士在粤港澳大湾区内地城市开业执业试点管理暂行办法》，通过备案形式允许取得香港工程建设咨询企业和专业人士在大湾区内地9市开业执业。

在教育领域，2019年，国家发布《关于港澳台居民在内地（大陆）申请中小学教师资格有关问题的通知》，在广东受理港澳台居民参加中小学教师资格考试、认定中小学教师资格申请。2020年，共有60名港澳居民申请认定教师资格，其中34人认定中小学教师资格，26人认定高校教师资格。

在律师服务领域，一是将港澳律师事务所与内地律师事务所在广东省实行合伙联营的省级审批权限下放至21个地级以上市司法行政部门实施，由其颁发联营律师事务所执业许可证和合伙联营律师事务所港澳律师工作证。二是积极推动粤港澳律师事务所合伙联营试点工作，进一步降低合伙联营所准入门槛，扩大合伙联营律师事务所执业范围。截至2020年10月，全省共设立11家粤港（澳）合伙联营律师所，吸引68名港澳律师派驻或聘用合伙联营所执业。三是推动国家授权允许香港法律执业者和澳门执业律师在大湾区内地九市通过律师执业考试，取得内地执业资质，可从事一定范围内的内地法律事务。截至2020年，已有取得国家法律执业资格的179名港澳居民经批准成为广东执业律师。

在金融领域，目前粤港澳地区没有直接资格互认，但内地与香港注册会计师资格已经实现了考试科目相互豁免，参加国家注册会计师考试的香港会计专业人士可豁免4个科目。2020年，全省共有210名港澳居民参加全国注册会计师资格考试，4名港澳居民经批复成为注册会计师。

在社会工作领域，一是吸引港澳社工通过报考国家社会工作者职业水平考试获取社工职业水平证书。目前，港澳社工在广东从事一线服务约300人。二是深圳、珠海探索港澳社工在粤从业备案的有关办法，鼓励和规范港澳社工在深圳、珠海执业。

在专利代理领域，落实符合条件的港澳居民参加全国专利代理师考试和在内地执业的有关政策。截至2020年10月底，共有556名港澳考生在广州参加全国专利代理师资格考试，76人通过考试取得专利代理师资格证。取得资格证后，在内地相关机构实习满一年并备案后，可获准在广东执业。

二 粤港澳大湾区专业人才评价一体化任重道远

目前人才评价一体化工作与人才在大湾区内便利执业就业创业的要求距离很大。在职称评价方面，存在问题主要包括政策知晓度不广、港澳专业人才申报积极性不高、申报数量不多。在职业资格互认方面，存在问题主要表现在：一是职业资格互认人数少，规模体量小。通过考试、互认（或单认）方式获得内地职业资格的港澳人员数量少，即便是互认工作做得最为成熟的建筑领域，实施互认17年以来，仅有1521名香港专业人士取得国家职业资格后在粤注册执业。二是职业资格互认领域窄，覆盖范围小。自2003年CEPA及其系列补充协议签署以来，真正开放互认的只有建筑领域6项职业资格，医疗卫生、司法、会计等领域主要是通过短期执业、广东单方认可等特殊政策安排放宽准入门槛。三是职业资格互认限制多，互通条件少。每一个职业资格都有其各自的胜任要求，如实习和工作年限、专业背景、学历证书等约束性条件，而粤港澳三地职业资格各自要求不一，共性要求少，互通条件少，给三地职业资格互认带来诸多限制。

职称评价方面存在的问题，主要是如何促进港澳专业人才对职称制度的认可认同，主动积极参与评价，需要加大宣传力度，提升宣传精准度、有效性。职业资格互认方面的问题比较复杂，三地职业资格互认成效不足的原因，主要来自三地职业资格涉及的法律体系、对专业资格的管理模式和运行机制以及专业人才从业执业社会环境的差异，同时，职业资格制度属于国家制度，其事权在国家，职业资格的评价和管理以行业主管部门为主，互认工作没有建立强有力的统筹协调机制，诸多制约专业资格互认的制度藩篱仍然存在。

三　粤港澳大湾区专业人才评价一体化的思考

《粤港澳大湾区发展规划纲要》强调，建设粤港澳大湾区人才高地，创造更具吸引力的引进人才环境，实行更积极、更开放、更有效的人才引进政策，加快建设粤港澳人才合作示范区。为此，必须进一步加快大湾区专业人才评价机制改革，更大力度、更大范围推动港澳专业人才在大湾区内地职业资格认可及便利执业。

一是统一大湾区三地法律制度。建议国家层面制定法律统一三地职业资格涉及的法律、专业资格管理模式和运行机制的原则性问题，国家行业主管部门深化各领域专业资格互认的制度，从根本上打破制度藩篱。

二是加快建立互认体系。强化大湾区政策协调、信息共享、制度衔接和服务贯通，健全港澳专业人才开业执业备案系统，加强港澳企业及专业人才在自贸区与大湾区内地城市备案开业执业政策体系的衔接，做到"一处备案，全省通用"。推进粤港澳大湾区人才港建设，经人才港备案的港澳专业人才，大湾区内通行。

三是支持开展对港澳、国际专业资格认可试点。结合"双区"建设和广州、深圳"双城联动"发展，积极支持深圳、广州及自贸区实施对港澳、国际专业资格的认可试点，促进国际高端专业人才和专业服务向地区内便利流动，取得成熟经验后推广到大湾区内地 9 市。探索建立职称评价与港澳、国际职业资格比照认定制度。支持大湾区内地 9 市推进国际人才职业资格与职称评价有效对接，建立《国际职业资格比照认定职称资格目录》。

四是加强宣传引导。会同港澳做好有关大湾区职称评价及职业资格互认政策的宣传工作，引导粤港澳三地行业组织加强交流合作，提升港澳专业人士及相关业界对政策的认知度，推动港澳专业人才在广东就业创业自由化便利化。

关于粤港澳大湾区人才战略的思考[*]

萧鸣政

我的发言题目是关于粤港澳大湾区人才战略的一点思考,主要包括下面四个方面。

第一是问题的提出。第二是粤港澳大湾区建设与发展的基础分析。第三是粤港澳大湾区人才战略研究的背景和初步的构想。第四是粤港澳大湾区人才战略的相关分析及思考。

粤港澳大湾区是包括香港、澳门和珠三角9市,是一个包括11个城市的区域。为什么要研究大湾区及其发展中的人才战略问题呢?首先是源于十九大报告的学习。早期的学术界与社会人士虽然有所涉及,但是作为政府部门与国家来讲,正式提出是十九大报告。2019年,中共中央、国务院印发了《粤港澳大湾区发展规划纲要》。

之所以研究大湾区及其发展中的人才战略问题的第二个原因,是粤港澳大湾区的发展建设,承担着中华民族伟大复兴的梦想,承担着新时代、贯彻一国两制的历史责任。

之所以研究大湾区及其发展中的人才战略问题的第三个原因,是人才战略在实现大湾区战略目标当中,具有十分重要与关键的作用。"发展是第一要务,人才是第一资源,创新是第一动力"。在人才发展战略的设计与制定中,需要借鉴治理的思想。我们要从管理转向治理,粤港澳大湾区人才发展要实现从无序走向有序,粤港澳大湾区的人才发展要

---

[*] 北京大学人力资源开发与管理研究中心主任、广东财经大学粤港澳大湾区人才评价与开发研究院院长萧鸣政的主题发言,收录本书时略有修改。

协同发展，这是从目前的各自为政走向有效整合的必由之路。

下面我们基于大湾区人才发展问题、以治理思想为指导、协同理论为依据，以国家发展战略为背景，以大湾区的特色和差异为现实基础，对于如何建立以及建立什么样的粤港澳大湾区人才发展战略，提出一点自己的思考。

如何建立粤港澳大湾区发展战略？战略必须建立在大湾区建设的宽厚基础与广阔背景之上。大湾区建设的基础到底是什么？主要有两个方面。一是国家确定的政治基础——一国两制，二是规划纲要中的主要目标——创新发展。最近习近平总书记发表的讲话中，基本上都是强调创新发展，前面劳帜红副厅长发言，也重点介绍了广东省近年来在创新发展方面所做出的努力及其取得的成就。驱动发展的关键是人才，人才发展里面的牛鼻子就是人才战略。

港澳大湾区发展的背景是什么？我想主要有四个方面。一是我刚刚讲的治理思想与协同理论，二是中央的《规划纲要》，三是双循环发展格局，四是中国制度优势。前面发言的相关领导也提到了中国的制度优势这一点。以上的两个基础与四个背景，就是粤港澳大湾区及其发展与人才战略制定中应该充分考虑的指导思想与方法依据。由此我认为粤港澳大湾区人才发展战略体系，应该包括人才协同聚集战略，一体化培养战略，双循环开发战略，国际化发展战略、"五不唯"评价战略。我觉得应该有这五个战略。

第一，我们应该根据治理思想和协同理论来构建人才协同聚集的人才发展战略，以推进高地建设。治理思想，我们有很多理论，有很多解释，国外、中国都有很多。我觉得九龙治水、多方参与、目标一致、相互配合、各显神通、各尽其责，就是我们治理的要义。协同理论主要是研究如何把不平衡的系统转化为平衡的系统，把不和谐转化为和谐，把分离转化为统一，把无序转化为有序，这是协同理论的要义。我们要以中央在十九届三中全会、四中全会里面所提到的国家治理思想为指导，基于协同理论设计人才协同聚集与发展战略。按照这一战略，粤港澳三地政府要进行民主协商，人才政策上与行政主体上要共同协同，形成一个 $9+1+1>11$ 的效应。

粤港澳大湾区的特色是什么？是法律制度多元化的社会体系，但这多元化背后我觉得实际上是文化的差异，是中国大陆文化、英国文化、葡萄牙文化影响下的行为差异。而且粤港澳三地产业结构各有优势、各具特色，人力资源结构不一，社会治理、法律制度不同，有不同的关税体系，受到三个不同国家文化的影响，所以具有差异性。基于这种差异性，我们肯定是需要协同与治理。因此，需要我们基于治理思想和协同理论，创新人才的治理体系机制，激发人才协同发展，促进人才高效集聚。通过人才协同发展、集聚、互补与共同作用，推动粤港澳大湾区人才高地的建设与发展。

前面的刘巡视员发言，提到三地旋转门，三地政府协同，建立35岁以上的人才库，以及魏建文副巡视员提到的通过法律体系与制度体系的一体化建设来实现人才、专业技术人才评价的一体化，这些都是非常好的建议。我觉得这恰恰是认同我的人才协同发展提议，这也是人才系统开发的一个基础。

第二，我们要基于国家战略定位和双循环经济发展战略来推动粤港澳人才一体化培养开发战略。国家对于粤港澳的定位是什么？在纲要里提到五点，根据这几点我觉得国家对于大湾区发展的战略定位，要求各支人才队伍整体建设与开发，进行整体发展。

建设充满活力的世界级城市群，我们需要一支高素质的专业化管理人才；建设世界新兴产业、新兴制造业和现代服务业基地，需要一大批高素质的企业经营管理人才和高技能人才；建设具有全球影响力的国际科技创新中心，需要高素质的科技创新人才队伍和专业技术人才队伍；建设内地与港澳深度合作示范区"一带一路"建设需要高素质的商贸人才、物流人才；建设宜居宜业宜游的优质生活圈，需要大量的高素质社会工作人才、文化产业人才、教育医疗交通和旅游等专业技术人才。尤其是社工人才是未来大量需要的，而香港恰恰有其优势，所以将来我们港澳办可以发挥作用，我们所有的社工都可以去香港进行培训，或者请他们过来。还有双循环，前面我们的李会长发言也提到要求大湾区人才，大湾区内部与国际双循环流动与发展。

第三，我们要以开放的姿态融入人才流动双循环与促进粤港澳人才开发的国际化，建立双循环开发人才战略与国际化发展人才战略如何国际化？跨境跨国寻觅与吸纳人才，加强粤港澳大湾区人才与海外人才的组织和企业合作，吸纳大湾区发展所需要、具有战略价值和产业领军作用的海外优秀人才、留学人才和高端科技人才。

要建立双循环交流人才机制。比如旋转门，这就是双循环交流人才，在粤港澳大湾区内部设置人才开发基地，定期轮换，进行流动开发，与先进发达西方国家建立人才培养合作项目，通过短期访问与学术交流研讨会等进行人才国际交流。

国际化开发人才，可以通过机构设置进行。一方面，我们在国内外创建跨国企业、合作项目、科研机构与高校；另一方面，我们到国外大湾区合作办学，建立国际研发中心和科学转化中心。例如，在粤港澳大湾区，广东省可以在香港办学，香港可以在广东省办学。粤港澳还可以共同在国外办学，这些都是重点。

国际化开发，并不排除中华民族文化的开发。我们要以国家制度、民族文化的优势加强人才文化开发机制建设，强化人文培养、增加粤港澳人才的身份认同、价值认同、文化认同；加强一流大学和科研院所建设力度，以高校与科研平台培育人才、吸引人才与留住人才。比如我们的顺丰，当时就是香港青年来广东这边创办的，我们现在的大湾区高校是很多，但排在前100位的非常少，通过美国《新闻周刊》，英国的《泰晤士报》的排名不一，但前10名基本就很少。

第四，应该创新人才评价机制，建立"五不唯"评价战略。五不唯，包括唯资历、唯学历、唯职称、唯论文、唯奖项帽子，如果按照这五唯人才观来看，我们会错失很多的优秀人才，比如梁启超是人才吗？他没有大学文凭，今天进不了北大。华罗庚不是人才，他只有初中文凭，今天进不了清华；比尔盖茨肯定也不是人才，因为他没有大学毕业、只有高中文凭。客观上看这些人是不是人才呢？肯定是人才。这些年来，按照"五唯"标准，我们一方面选拔了很多人才，但另一方面也错失了很多真正的人才。因此，我们要破"五唯"，怎么破？这是上下都在考虑的事情，是个十分的难题，我提一个思路。

首先要把看学历转化为看"三识"：学识、见识和共识。把看职称与资历转化为看"三力"：能力、实力、潜力。把看论文与奖项转化为看"三效"：效果、效率、效益。这"三识、三力、三效"能不能实现？我们的中国人才测评专业委员会一直在做这方面的探索，也一直得到我们总会的大力支持。因此，这次论坛，我们尝试用大数据，我们对建国七十年来的所有人才评价论文进行了搜索评价，当然其中也可能有遗漏之处。但这个大数据减少了我们很多人为的东西，这都是非常客观的东西，这可以降低我们人工评价的成本，这给我们提供了一个思路，这不是唯一的，但这是基础的，它不是最完美的但是客观的，我觉得它可以为我们未来的五不唯提供一个很好的思路。

有效市场和有为政府相结合
之人才发展的思考[*]

刘旭涛

我今天的发言题目是：有效市场和有为政府相结合之人才发展及其对粤港澳大湾区建设的思考。在粤港澳大湾区建设方面我没有很深入和全面的研究，下面仅就人才发展方面谈一下我的一些想法，希望能抛砖引玉，引发各位专家、各位同学的思考。我想主要谈三个问题。

一 人才发展需要政府、市场和社会组织的共同协作

谈到人才发展，就涉及政府、市场以及社会在人才资源配置中究竟应该发挥什么样作用的问题。2013年，党的十八届三中全会提出要"使市场在资源配置中起决定性作用和更好发挥政府作用"，我们把原来提出的市场在资源配置中起"基础性作用"调整为起"决定性作用"。去年，党的十九届五中全会在此基础上，进一步提出两个"有"：一是有效市场，一个是有为政府，后面是"更好发挥政府作用"。如果说再进一步细化，实际上不仅仅是政府、市场，还有社会的问题。

我们按照传统的市场经济理论，通常认为政府与市场的边界是很清楚的，政府主要解决市场失灵问题，两者相互对立、此消彼长。但我们现在提出"更好发挥政府作用"，提出"推动有效市场和有为政府更好

---

[*] 中央党校（国家行政学院）公共管理教研部副主任刘旭涛的主题发言，收录本书时略有修改。

结合"，实际上就是要打破传统市场与政府"非此即彼"的认识，强调政府与市场，政府与社会组织，应该是一种相互协作、相互融合的关系。比如，基于市场与政府"非此即彼"的观点，西方国家经常不承认我们国有企业的市场主体地位；而基于市场与政府"相互协作"的观点，我们认为，我们国有企业不仅是重要的市场主体，而且还是实现国家发展战略的重要工具。

从一个国家或地区的人才发展来看，也有一个政府与市场、社会组织如何分工和协作的问题。目前难点在哪里？分工大家都很清楚了，其实难点主要是如何协作。比如我们看下面这个图：在一个成熟的市场经济国家，相对来讲在政府与市场、政府与社会、市场与社会的交叉领域中有大量的组织形态的存在，比如政府和市场之间有企业家组织、行业协会等，政府和社会之间有社会团体、非营利组织等，市场和社会之间还有民间组织、志愿者组织、慈善组织等等，这些组织的兴旺发达，对于我们政府、市场以及社会组织的相互协作和融合起到非常关键的作用。

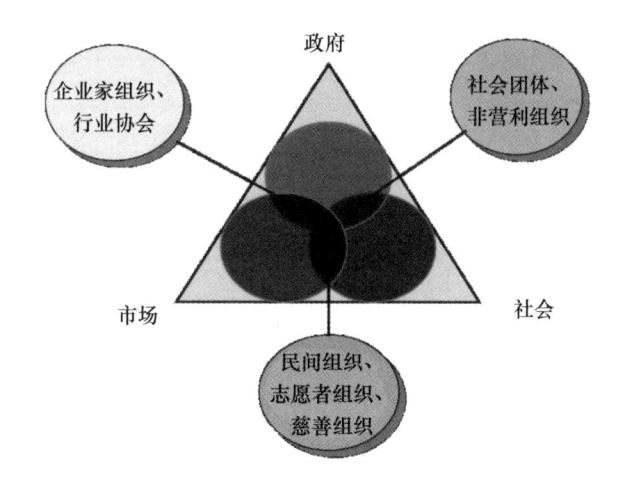

回到今天论坛的主题"粤港澳大湾区人才发展战略和创新"。相比于土地厂房、设备、资金方面的资源，人才资源的特殊性，大家都比较清楚，尤其对于高端人才来讲，其外部效应非常明显，这种外部效应很难通过市场配置来解决。一个地区吸引人才不仅仅是靠物质薪酬，还涉及当地的社会保障、教育医疗水平、社会治安状况，甚至还有当地的自然环境、人文历史等方面。这些仅靠市场并不能完全解决，当然仅靠政

府或社会组织也不能完全解决,更多地需要政府、市场、社会组织之间的相互协作。通常,政府在人才发展战略规划、人才环境保障、政策法律服务、人才市场监管等方面发挥着重要作用;而市场在人才资源配置、人才招聘、人才使用、人才流动、薪酬福利方面起重要作用;而社会则在高标准人才市场体系、人才评价、人才中介服务、人才培养等领域发挥重要作用。但是,这些领域并不是各自为战、彼此独立的存在,而是需要协作和融合。比如,我国各级政府在制定国家或地区的发展规划方面有显著的优势,在今年两会通过的《国民经济和社会发展第十四个五年规划和2035年远景目标纲要》中,其中包含了许多人才发展规划的内容,但是这些内容的落实和执行不仅是政府的事情,更多需要政府与市场主体和相关社会组织的共同参与和协作才能完成。再比如,人才评价工作,随着当前"放管服"改革的推进,逐步开始放给社会了,但目前社会中介组织(专业服务机构)是否能够马上承接过来也是一个问题。还有,党的十九届五中全会提出"高标准市场体系",这是一个新的提法。为此,2021年1月,中办、国办还印发了《建设高标准市场体系行动方案》。如果把这个"高标准市场体系"放到人才方面,就是"高标准人才市场体系",这个体系是什么?怎么建?由谁建?这也是需要研究的问题。需要协作来解决的问题很多,这方面不一一赘述了。

二 粤港澳大湾区的人才现状与优势比较

针对粤港澳大湾区的功能定位,2017年的国务院《政府工作报告》里面有一段话:要推动内地与港澳深化合作,研究制定粤港澳大湾区城市群发展规划,发挥港澳独特优势,提升在国家经济发展和对外开放中的地位与功能。这里有两个关键词,一是城市群,另一个是国际化。在《国民经济和社会发展第十四个五年规划和2035年远景目标纲要》中,在第三十一章"深入实施区域重大战略"的第三节中,专门阐述了"积极稳妥推进粤港澳大湾区建设"。其中,涉及粤港澳大湾区的功能定位的,有"国际科技创新中心"、"高质量发展的第一梯队"的表述。明确了功能定位后,就要看一下大湾区的人才现状。

我看到一份《数读湾区:粤港澳大湾区人才现状分析》的资料,里面分析大湾区的人才状况。对比其他国家的大湾区，可以看到我们有优势也有短板。从优势来看，粤港澳大湾区的人口最多，其中劳动力人口，也就是15—64岁的人口就有5100多万，人才的成长潜力优势明显。但是，与发达国家的湾区相比，我们的人才比重偏低，2015年的高等教育人口占比为17.47%，而美国、日本高等教育的人口比重均超过了40%，尽管粤港澳大湾区拥有5所世界100强的大学，这也是多于其他湾区的。但距离"国际科技创新中心"、"高质量发展的第一梯队"的定位，从人才结构来看我们还是存在着很大的差距。

另外，这份资料还分析了粤港澳三地的人才分布结构和国际化程度。在人才区域方面，2016年，粤港澳大湾区工业企业从事研发的人才达到了57万余人，但74.08%的集中在了广州、深圳、珠海、中山，其中深圳以35.53%的比例占据首位。从人才总量占常住人口比例来看，人才占比最高的城市为香港，其次则为深圳和珠海。在国际化程度方面，就全球而言，国际人才占常住人口比重约为3.3%，发达国家为10%左右，而我国仅为0.06%，其中，香港地区达到10%，而北京、上海、广州和深圳分别只有1%、0.73%、0.36%和0.2%，远低于国际水准。因此，粤港澳大湾区内部的人才结构和国际化程度本身也存在着分布均衡的问题。

从粤港澳大湾区这三地之间政府、市场、社会的作用强度来看，也存在着一定的差异。比如，作为内地城市，广东省各级政府的力量和作用是非常强大的；香港的市场体系非常健全和成熟，市场化程度非常高；而澳门的各类社会组织非常多，在社会治理方面发挥着重要作用。三地之间政府、市场与社会组织的差异性，即是一个问题，但如果能够在粤港澳大湾区建设中做到优势互补，其实也是一种优势。

三　粤港澳大湾区人才发展的政策建议

基于以上的分析，粤港澳大湾区人才发展还有许多问题要解决。我这里也没有什么明确的答案，主要是将这些问题抛给大家，共同研究解决。

一是一体化问题。重点解决粤港澳三地之间的法律政策差异问题，如粤港澳三地"三税区三法律三货币"的体制衔接，社保、医疗、教育等政策协调，人才资质的相互认证等。

二是标准化问题。重点解决各类人才评价和人才服务标准的认定，如成立跨区域的人才评价机构、人才服务机构等。内地更多由政府部门建立人才标准，依托政府部门建立人才服务机构，而港澳地区通常是由行业协会和社会组织来主导这方面的工作。

三是便利化问题。重点解决粤港澳三地人才流动的壁垒。《"十四五"规划和2035年远景目标纲要》中提出"便利创新要素跨境流动"、"便利港澳青年到大湾区内地城市就学就业创业"。在粤港澳大湾区建设当中，要解决港澳青年到大湾区内地城市就业、创业，包括有通关便利自由化，以及无纸化等等问题。

四是国际化问题。重点解决通过政策引导、改善营商环境等，全面提升大湾区对国际化人才的吸引力。

上述问题的解决，需要粤港澳三地之间的政府与政府之间、政府与市场和社会组织之间、市场与市场之间、社会组织与社会组织之间，不断加强沟通、对话、协商和相互协作，才能共同建设和营造好一个一体化、标准化、便利化、国际化的人才发展平台。

清晰区分是管理的前提[*]

谢克海

我讲三个观点,第一是清晰区分;第二是如何区分;第三,区分就是担当。

第一,清晰区分:要给出明白的结论。

什么叫清晰区分?清晰区分这个视角是我在实践中发现的,在跟同行及各类企事业单位接触过程中发现,其实在人力资源考评的问题上,我们最大的短板就是不够清晰。什么叫清晰?我在2017年发表了一篇文章,提出了 IPODAR 模型(Implementation、People strategy、Organization、Differentiation、Action、Result),我现在讲的实际上就是"D"(Differentiation,区分)这个字母,稍微展开一点说,就是关于报告清晰的问题。

什么叫报告清晰?我经常举的例子是,我们到医院做一个体检,比如血常规,看血常规报告其实很简单,上面画了几个箭头,不用解释你就知道哪个指标有问题,这就叫清晰。

在人力资源里,我觉得最好的考核报告就是这样的报告,比如说把人分几类,你看到这个报告,就很清楚谁是 A,哪些是 B+,哪些是 B-,哪些是 C,谁应该提拔重用,谁应该降职淘汰。比如说企业中层的业绩,谁是最优秀的,谁是最差的,非常清楚,这就叫清晰。你们能不能出这样的清晰的报告?这是对人力资源最基本的要求,也是最核心的要求。

很多同行可能还在出这样的一种报告,语焉不详,一团和气,模棱两可,全都是抽象的描述性文字,我是不主张这样干的。

---

[*] 北大方正集团总裁谢克海的主题发言,收录本书时略有修改。

还有一种报告也是比较麻烦的，比如某些咨询公司喜欢做的，这种报告特别复杂，包含各种图表，显得很专业、很有内涵。说实在的，做到管理层之后，我觉得这种报告特别糟糕。你告诉我到底行不行，来个明确的结论，你到底敢不敢担这个责任？因为最终就是要做一个决策：用不用他。你给我看这个我怎么判断？我没法进行决策，你必须要给一个清晰观点。

所以这两种都是不对的，这两种都叫含混，都没有做到清晰。我交流的第一个观点就是关于什么叫清晰，请想一下，你的报告是否足够清晰？

第二，如何区分：360度是最有价值的区分工具。

360度是什么？我认为它相当于阿司匹林。阿司匹林是1899年拜耳公司发明的药，到1940年又发现了新的功能，这个药现在能治好多病，可谓百年神药。我觉得360度就像阿司匹林，只是大家还没看到其价值，我希望360度的今年是阿司匹林的"1940年"。

有人说360度可靠吗？什么叫可靠？我今天只举一例，360度考评凡低必差，少有例外，比如说360度衡量100个人，排在倒数第1、第2、第3的人，你就可以确定，这几个人真的很差，这就是我的看法。我原来是写的"没有例外"，后来觉得有点太简单、太绝对了，就改成了"少有例外"。

我解释一下这是什么意思。最初做360度的时候，我所在的公司前4年没有采纳这些结果，这很正常，大家需要有个认识工具的过程。我跟踪了这些年360度评估的结果，发现假如有100个人，有些人排在最末尾，跟踪4次考评，这些人的评价基本上原封不动，或者是偶尔变化一点点。

在企业里面，什么人没有价值，什么人有价值？考核排名最末尾的，一定是没价值的。勉强合格的人有价值吗？一样是没价值的，他们甚至比排在最后的更糟糕，这些人对企业的破坏比最末尾的这些人更严重。

为什么？因为最末尾的人很快就被发现了，而勉强合格的人是不容易被发现的，他们会长时间地、隐蔽地破坏组织，等你发现的时候，已经破坏得不能挽救了。因此这些人很糟糕，他们基本上就在合格线左右活动。你想一想，有一个工具可以瞬间让你发现最糟糕的人，可以直接把他淘汰。这还不是好工具吗？这已经非常好了。

可能有人会问，仅仅凭着360度能拍板吗？我认为大体可以拍板，但我们也不能太鲁莽。我的建议：基本逻辑是单项要特别清晰，就是360度考核每一个单项要特别清晰，但是同时要做综合判断。

什么意思？HR相当于医院检验科的主任，有做CT的、核磁的、血常规的，HRVP或是HRD的任务是对某一件事情、某一个方面给出非常清晰的观点、结论，比如说血常规，到底这些常规指标对不对？比如说检验肺，这个斑块是什么？要给出结论。决策层是主治医疗小组，他们要对HR给出的检验结论作综合判断。所以检验必须清晰，具体治疗才是综合。

但是我们常常会混淆，检验上也会综合地看，这是不对的，就好比你去医院做血常规，你问医生有没有异常指标，他告诉你要综合的看，这当然不行。综合判断应该是在主治医生那里，是决策层的事情。所以我主张，检验方面我们要多一些工科思维和数学思维，要把清晰的结果做到位。

360度被有些人反对，尤其是那些考核不好的人，比如他说坚持原则的人会吃亏，我可以告诉大家：坚持原则的人绝不会吃亏，也不占便宜。我有数据分析作依据，由于时间原因，不详解了。我希望做一些具体工作的时候，多一些数学思维，少一些辩证思维，但是作决策的时候可以辩证地思考，这没有问题，但这是在后面的阶段。

第三，区分是担当：贴标签是HR的职责

区分是一种担当。把事划分得那么清楚是有压力的。

对于区分结果，大家会提出很多问题。面对大家的提问要回答，在回答问题的时候，要不停地思考，事后要完善工具，因此会被逼出真本事。面对大家的质疑，如何说服他们，这需要费心研究，但是如果不做这件事，是不会有成长的。

还有，请记住，区分就是力量。我知道有很多单位，他们说360度考核完了，可是有什么用呢？降职没有，淘汰没有，我们没有这些制度，我们还区分它吗，它有价值吗？即便如此，依然应该区分，坚持把人分为A、B、C、D，坚持给他贴标签，如果一个人年年都是D，上级怎么提拔他？所以实际上，你等于把他淘汰掉了。因此要坚持给他贴标签，这就是你的职责。

我天天提示高血压、高血糖,你自己决定去不去治。我的任务就是提示,这就是 HR 的责任。不用担心管理层不做决策,那是管理层的事。你的任务是能不能做到清晰,这是我想跟大家交流的。

最后结论就是:清晰区分是管理的前提,这就是 IPODAR 模型里面"D"这个字母(Differentiation)的意思。

粤港澳大湾区战略人才的价值实现与创新发展[*]

王建民

我报告的题目是：《粤港澳大湾区战略人才的价值实现与发展创新》。从粤港澳大湾区战略人才的"价值实现"的逻辑和"发展创新"的建议两个方面说明个人观点。

先谈第一个方面，关于战略人才"价值实现"的问题。

按照我们学习和研究的逻辑——政治经济学的逻辑，粤港澳大湾区战略人才，是指对粤港澳大湾区发展战略目标的实现作出重要贡献的人才。

人才是什么？是以"人"为载体的"知识、技能和能力"，即人力资本。

粤港澳大湾区战略人才，等于战略人力资本。

战略人力资本，是实现粤港澳大湾区发展规划目标，最重要的和最有价值的生产要素，对战略管理的成败具有决定性的作用。作为生产要素，只有投入到具体的生产过程中，才能够体现使用价值，创造剩余价值，实现社会价值。

关于战略人才发展，有许多成功的例子。比如，有一位在国际名校获得博士学位和终身教授职位的学者，全职引进到国内大学，任院长、副校长，获得院士头衔，担任全国政协委员，然后又克服重重困难，创办了一所"小而精、高起点、研究型"的新型大学。

这是最理想的战略人才发展实例，引进的人才立足国情、遵循学术

---

[*] 北京师范大学战略研究中心主任王建民的主题发言，收录本书时略有修改。

规律，使自己的人力资本充分投入到了国内大学的"生产"活动，个人价值的实现寓于国家和社会价值的创造之中。这位教授名叫施一公，最近接受访谈时谈到，"个人奋斗和国家利益、社会利益相吻合，是最好的一种结局。""为国家做事，人生选择从未后悔"，令人印象深刻。

实际上，无论多么高端的人才，如果高高在上，格格不入，"看山不是山，看水不是水"，既不能把自己纳入现有生产系统之中，又不能创造新事业，结果只能是既不能成就自我，也不能实现组织目标，更不可能贡献国家。

还有另一种情况。引进的高端人才进入不了组织内现有的学术权利结构，只好另起"炉灶"从头开始。（观察到多起）比如，引进一位国内著名学者，如果进入原来的学科团队，一定会促进发展，但是好像进不去，只好自设一个二级学科，自己搞一个机构。十多年过去了，原来的学科是那个学科，著名的教授回家了。"引进著名学者"人力资本的价值实现受到很大限制。

因此，战略人才的人力资本（知识、技能和能力），只有作为生产要素在具体的创新、创造活动中发挥作用，才能够有效实现价值。

人力资本使用权主体，在人才规划、引进和使用中，应该遵循价值创造优先的逻辑，为组织、为国家、为社会创造剩余价值，进而实现个人价值。

在宏观规划中，应该按照"事业规划——人才发展规划——教育培训规划"的逻辑顺序展开。"人才规划"紧扣"国民经济和社会发展规划"的制定和实施，战略管理才能够以更高效率、在更高水平上实现价值。

第二方面，关于粤港澳大湾区在战略人才发展中的制度创新问题，提几点建议，仅供参考。

第一，需求主体决策，政府部门支持，人力资本使用权优先。粤港澳大湾区战略人才的"发展"，即战略人力资本的"投资"，决策权归需求主体，让用人单位说了算。政府主管部门提供服务和管理，予以大力支持。对于目标人力资本的获取，应遵循获得使用权进而创造组织价值优先原则；可以采取远程使用、跨境雇佣，在境外人才聚集高地建研发机构或者直接资助等形式。基础科学研究、应用基础研究、技术创新和新产品开发等，均可以采用相对低成本的远程人力资本使用模式。

第二，对引进战略人才的学术价值评估，以创新能力和发展潜力为主，已经取得的成就作为参考。"已经取得的成就"主要说明过去的付出和收获，对未来的产出或贡献没有必然性。对"创新能力"和"发展潜力"的评估，因人而异，因学科而异；自然科学、应用技术、产品研发和设计等，可能年轻人才有潜力，但对人文社会科学，60多岁其实正值积累、经验和产出的黄金期。

第三，"整建制"的团队人才引进，需要全面评估，包括背景调查。既要评估领军人才及其团队的成员学术成果数量和结构，也要评估其合作精神和职业道德。如果确定团队引进，也应该注意形成学术权利的制约机制，不能把一个新学科的建设托付给一位学术权威。观察了多起"整建制"或"团队式"人才引进例子，发现脱离上一家单位加盟另一个单位的团队，在实现学科水平提升和可持续发展的预期目标往往有较大差距。

第四，为了最大化人力资本的使用价值，有必要把人才当作"一棵树"看待，树立战略人才的"生态观"。把一棵大树移栽过来，有适宜的土壤、水分和阳光才能存活下来，结出预期的果实。换句话说，引进人才需要准备好硬条件、软环境，需要配备助手，提供比较丰富的科研启动经费。几年前，遇到过多位从境外引进的高端人才，签约聘任，绩效考核。有人反映三年合同，几篇文章，时间过去一半了，实验室还没有建起来，申请的助手指标还在走程序审批中。

关于教授的助手问题，2009年我们做过一个调查，根据《哈佛大学肯尼迪学院2008—2009年度年鉴》统计，当时全院共有教学科研人员（faculty）131人（其中，终身教授47人，副教授，助理教授10人，讲席教师（Lecturers）41人），支持服务教师的行政后勤人员（Staff）多少人？498名（不含学生助教），Staff是faculty的3.8倍。我们的大学是什么比例？所以教师会很忙，处理非专业事务。

另外，我们调查发现，他们绩效考核的重点人群是那498名Staff，对教师只在入职、晋升时考察。

第五，对拟引进战略人才要全方位评估，包括个人健康和家人的情况。期望的人才应该符合广义优质人力资本范畴——身体好，心理健康，知识、技能和精力充沛。实际中，越是卓越的人才，对自己的期望越高，感受到的压力也可能越大，越容易出现心理问题。诸如此类的事例有不少。（某校引进一位有名的教授，没过几年，教授出门不认家门，第二天才找回来）

按照国际人力资源管理的做法，对目标人才的家庭和父母等直系亲属的情况及其需要承担的责任，对其职业选择的支持程度，都需要通过背景调查了解清楚；作出引进决策后，列入支持和服务对象之中，予以关怀和关照。

最后，我们认为，粤港澳大湾区早就是可以"平视"世界的发达地区，同时也是战略人才发展的先进地区，是国家的人才高地之一。我们相信，在中央和地方政府新的战略规划指引下，战略人才的发展一定能够取得新成就，一定能够充分满足近期和远期发展的人力资本需求。

到 2035 年，粤港澳大湾区将更加美好！

因为美好，必将吸引世界上无数"仰视"的目光！

全球创新策源地的人才
生态建设及其启示[*]

陈丽君

非常感谢我们的萧教授、广东财经大学搭建那么好的平台，还要感谢我们的秘书长，她把她的发言机会让给我，让我在这里进行交流。非常高兴有这样的机会。去年正好接了浙江省委省政府给我们委托的研究议题，这个研究议题是围绕着浙江省的两大战略，人才强省和创新强省战略，我们浙江也提出来要建设具有全球影响力的科创策源地，当然浙江科创策源地这个并没有列入国家规划里面，而大湾区是在国家的里面，所以在这里面我想跟大家分享三点内容。

第一以硅谷为例，硅谷的人才创新生态有什么要素和特征，这些特征对我们建设大湾区的创新策源地有什么样的启示？第二粤港澳大湾区人才创新生态的优劣势。第三粤港澳大湾区如何打造激发创新生态，应该如何做。

我们先来看一看全球现有的创新策源地，我只选取其中一个，刚刚有老师举了全球三个，我们当时重点研究了四个。但我们选了一个硅谷，这是迄今为止全球范围里面大家公认，从创新策源的角度，我相信应该是排在数一数二的位置。硅谷有什么样的因素促成了它这样的显著业绩？不用外人去研究，硅谷的学者们每年自己也进行了主动的跟踪，硅谷有一个硅谷指数，所以我们从硅谷指数去反推、概括起来，硅谷经验是优势产业、商业资本、以生态吸引人才。当然我们最关心的是，人才集聚在这里，生态是什么？硅谷指数里面的维度来说，他有五个方面的维度：

---

[*] 浙江大学陈丽君教授的主题发言，收录本书时略有修改。

人口、经济、社会、空间和地方治理，当然在呈现出来的时候并不是绝对按照这几方面而是进行了一些交叉，而且非常有意思的是，硅谷指数并不只评当年，而是长期进行跟踪，比如最新2020年的（2021年还没有出来），他回顾了以前这里面追溯的说，这两年硅谷人才在流失，原因是什么，所以我们对于重要的数据进行解读。

从人才来说，美国不用人才，用人口这个概念，概括起来是年轻化、高知化、国际化，即非常多元化，因此我们回过头来可以再看，粤港澳大湾区是什么样的？这些人才在职业分布上是分布在什么样的领域？分布具有什么样的产业布局或者特征？硅谷人才分T1、T2、T3，我们看到传统我们认为最重要的是高收入高技术人员是 T1 系列里面，T1 人才主要在创新和信息产品与服务领域，这个部分人员的薪水最高，但这不是他的所有人才。相当大的比例里面还包括相对收入来说较低的低技能人才，主要分布在社区基础设施和服务领域；还有中等收入的人才，分布在销售和制造业，因此我们可以看到在结构上也是非常多元化，而不是单一的。

而科技人才的分布领域，硅谷和全美科技人才主要分布在电脑、物理工程、设计、生物、数学、航空航天工程等专业领域。其中设计领域包含设计师、艺术家及相关人才。硅谷的科技人才中，电脑和物理工程人才比重占 8 成以上，这一占比明显高于美国整体水平。国际化的表征里面很重要的一个数据是看科学家们的出生地是哪里？我们可以看到同样 T1 人才，即最重要、最关键的从事计算机和数学相关领域核心人才 65% 是来自于国外，从事自然科学研究的海外出生人才占比为 51%，有 49% 左右的国外出生人口从事医疗与健康服务，25—44 岁的年轻科技人才里有 67% 都是来自于亚洲。此外，女性人才也占了非常高的占比，大型技术公司中 24% 技术岗位为女性，26% 领导职位为女性。

那么这些人才的薪酬怎么样？这里反映硅谷经济状况，以及市场的要素在这里发挥多大的作用。其工资来说是加州地区的 1.85 倍，在整个全美来说也是居于高位，具体数据不解读了。主要经济活动领域的分布同样不完全只是高科技的领域，也是比较多元的，创新和信息产品与服务占了 26.5%，而且增长幅度最大，但占比最高的是社区基础设施与服务（达到 49.7%），因此我们一直在问生态是什么？生态是一个非常多元的东西，首先是多元化，包括经济构成。

从活动来看，创业创新构成了硅谷的常态，创业公司成立、专利数量、风投活跃度和投向等，硅谷数据都高于全美，具体数字不解读了。还有一个非常重要的，社会跟治理为什么重要？社会的重要在于硅谷以知识经济为主的未来成功有赖于更年轻一代准备获取更高教育的能力、也有赖于提供所有居民对21世纪生活（机器人、高速网络连接等）的基本需求。社会跟治理表征的是它可以提供非常好的、基础的人才，即可以满足斯坦福和加州大学系列高校的高中毕业生占比，以及早期教育、家庭养护、艺术和文化、社会治理、城市治理等等。

我们有一些学者说一个地方经济非常好了之后，犯罪率可能就会非常高，但硅谷不是这样，硅谷恰恰是整个州来说犯罪率最低的，在全美也是属于非常安全的区域，所以社会治理也是构成了这个生态中非常重要的要素。概括起来硅谷的成功从其创新生态系统来说，他由这么几个要素构成。

这就是我们提出的创新生态圈层观，第一部分是要素层，要素层中各类要素集聚并且高度融合，比如说高校、人才、企业、中介、社会等各类要素集聚且充分融合，中间包括大量的中介市场，比如人才中介、法务中介、金融中介等等。第二制度层。在这个制度层当中很重要的是激励机制，这个激励机制是市场，而不是政府的。第三空间层，在空间层里面具有包容性的文化氛围，艺术、健康、教育等等。

好，我们利用类似的数据，大家若完全按照硅谷指数在国内进行测评，我们没有办法获取相应数据，因此我们去年的研究，包括为此次会议特意做的分析，我们用了全球创新指数相关指标的数据分析比较了大湾区的各个城市（香港跟澳门部分数据没有办法获得）。

比如我们看大湾区各城市的人口与人均GDP，我们可以看到一枝独秀和各地参差不齐并存的状况。我们比对大湾区各城市之间人均R&D的投入情况，香港的人均R&D投入远高于其他城市，而涉及R&D经费投入绝对强度和占GDP的比重，深圳遥遥领先，其他城市参差不齐。大家还可以看看我们去年做的分析。去年我们把广东放在全国范围里，放在都在建设创新策源的几个省里面。我们可以看到广东省的表现其实还是不错的，好过浙江与江苏。但我们看后面的数据，我们统计了粤港澳大湾区各城市规模以上企业 R&D 经费占主营收入的比例，大家可以看到，广东省整体不如江苏省，不如浙江省，也不如北京市，当然比上海要好。不过如果对各个城市进行比较的话，你可以发现同样是某一些城市（深圳）表现得非常出色，但其他的地方可能就差强人意，所以我们有一个结论：总体上来说，广东省规模以上企业 R&D 投入占主营收入比重整体是落后于浙江和江苏，但他的某个城市表现得非常好，这个规模以上企业是指市场、民间的 R&D 投入，是市场的作用和机制。

另一个我们非常关注的要素是教育资源和科研资源，科教资源是非常重要的资源。这是最新 2020 年 6 月份的数据，高校资源广东省不缺，比浙江省好很多，但你可以发现分布的情况非常不均，作为很多方面龙头的深圳确实在教育指标上面远远落后于广州，也落后于港澳。从科研资源上来看，虽然现在整个大湾区里面也有一些强的研究性机构，但是作为比较重要的国家重点实验室，重大科学装置来说还是有一定的距离。

同时，我们也比较了全国几个重点引才城市，我们拎出几个城市来看人才情况，比如我们把深圳、北京、上海、杭州进行了比较，你可以发现深圳这两年确实人才净流入一直处于高位，但有一个后起之秀杭州紧追直上，我们再看这些引进人才的结构里面，（硅谷的数据里面，结构是非常重要的要素），从这里可以看到非常有意思的是，深圳净流入人才中本科以上占很大的比例，这是优势，但同样可以看到高教资源在这里又是比较匮乏，因此它大量不是通过自己的培育，而是通过外部的引入。而深圳海外人才相比上海北京不具优势（刚刚有教授已经说到这个）。

我们从行业细分来看，行业细分里面产业的特色是非常明显的，深圳人才流入最多集中在数字经济，这支人才是一枝独秀，但金融、节能环保和高端装备制造等行业相对来说是参差不齐，跟上海比较起来，甚至跟杭州、跟北京比起来都没有表现出它相当的优势。

那么深圳的薪酬是不是在全国范围里面具有一定市场竞争力？我们可以看到工资 10—20 万占比最高，但最高端的 50 万以上薪酬的人才占比要低于北京、上海，相对应就是顶尖的人才不具优势。你要成为具有全球影响力的科创策源地，显而易见顶尖的、高端的科技创新人才，其实这里可能并不占优势。

总结：粤港澳大湾区人才创新生态优势的分析上来说，其优势在于多元创新要素是非常充分集聚，而且这两年里高等教育和科教资源有了长足的进步，人才集聚度、活跃度已成为全国的中心之一。

长期以来这个区域的市场机制是顺畅开放的，相对于全国来说具有包容大气的人才政策，粤港澳大湾区各城市都有较强人才政策，中山大学有一个报告称其千帆竞发。

数字经济是人才治理非常重要的基础，数字经济高度发展为人才工作数字化和高效能人才和科创服务奠定非常良好的基础，以这一产业为依托，市场对人才需求非常旺盛。第四，长期以来粤港澳之间形成了充分的人才、技术和资本及市场的有效融合优势，先发优势和国际化优势。

但粤港澳大湾区的劣势也还是比较明显，在我们的数据的解读里面（当然我们这只是一个平面或者不够更进一步立体化），首先第一区域内经济社会发展，其发展的均衡度远远低过长三角区域；第二人才一体化政策有待优化和加强，区域内的无序竞争和"同城异遇"的问题亟需解决。第三人才生活环境亟需进一步实现宜居化、优质化、智慧化、协同化、国际化。（深圳的高房价、优质教育资源的不均衡等问题突出）第四研发投入是滞后于这里的经济发展水平，大湾区除深圳、佛山以外大量中小企业的创新活力还有待进一步的激发，规模以上的投入产出比。

人才生态环境上的宜居化、优质化、智慧化、协同化、国际化很重要，刚刚我没有介绍硅谷的房价持续在上涨，这是使得它近年来人才流失的很重要因素，深圳高房价也会影响到其后续发展。

最后非常简要的说一下关于营造创新生态的个人浅见。对于大环境，我们要营造创新生态，重点也许需要回答几个问题。

第一我们主要是要集聚培育哪几类人才？

第二人才发展和科创平台重点打造什么样的平台？

第三什么样的生态环境是我们需要的？

第四重点的人才和科技创新的政策是什么？

人才来说高端的人才很重要，而且是跟科技创新关联的我们称之为

STEM 人才最需要集聚；平台要有一系列的共同体，包括教育资源跟科创资源的融合；政策来说是激励团队合作，构建创新联合体的政策很重要，所以不仅仅是我们的区域内、区域外，而是一体化的重要政策；从环境来说开放包容的国际化环境很重要。

基于大湾区创新科技
人才一体化的思考[*]

刘 颖

感谢萧鸣政老师给我这个机会,感谢大会的精心组织,我没有任何积累,但是在萧老师的指导下,基于以前我读过的一些文献,主要是提出五力模型的著名专家所提出的集群的概念,我对粤港澳大湾区创新科技人才一体化有一些思考。

国家对粤港澳大湾区提出了新的要求,中共中央关于国民经济和社会发展的十四五规划提出:"十四五"要支持粤港澳大湾区形成国际科技创新中心,这就把我们的战略直接提升了一个高度。建设国际科技创新中心,意味着我们要和三大国际创新中心硅谷、东京和纽约进行对标,成为继这三个湾区创新中心后的第四个中心。众所周知硅谷做的特别好,各大公司都从硅谷引进人才,东京虽然没有硅谷出名,但它其实做得非常好。那么我们想要做到这个程度,应该怎么办?

粤港澳大湾区是非常有潜力的,首先整个广东地区的思维、氛围都是非常包容以及开放,很适合建这种国际创新中心,可以说粤港澳大湾区是我国最具有经济活力、产业蓬勃发展的区域之一,也是参与全国科技发展的重要中心,更是在构建新发展格局下重点推动自主创新形成国内国际双循环的重要区域。在这个背景下,我们提出要构建创新的中心,必须得有人才的聚集,也就是要基于对人才的需求打造人才的高地。

那么粤港澳大湾区人才现状怎么样?首先因为产业链比较完整、体系成熟,在信息技术、金融制造业等领域已经聚集了一些人才。高端人

---

[*] 中国人民大学公共管理学院教授刘颖的主题发言,收录本书时略有修改。

才的数量这些年来也一直在持续增长，但是也有一些问题，比如说对高层次人才的引进，吸引力不够足，1996 年我大学毕业的时候，我们学校很多同学愿意去深圳发展，比愿意去上海发展的人多，但是现在大部分学生都愿意在北京、上海发展，愿意到广东发展的就会相对少了。2020年全球城市人才竞争力指数报告显示，深圳作为粤港澳大湾区的主要核心城市，指数排名第 78 名，落后于上海（32 名），北京（35 名），杭州（67 名）、南京（75 名），所以我们在吸引力上还是有劣势。

第二我们整个区域人才分布不均衡，一是产业结构和人才类型分布不均衡，二是人才数量本身分布不均衡，例如香港澳门深圳广州，历来就是人才高度聚集的地方，但其他地区人才相对较少。三是高学历、高素质人才比重低，跟其他三大湾区相比我们高等教育人口仅占常住人口的 17%，而旧金山就是占到 46%，纽约达到 42%。

第三，科技成果的转化率较低，从 2019 年看每万人的专利，广东是 26.08 件，远远落后于北京 132 件，上海 53.5 件，江苏 30.2 件，浙江 28 件。第四，区域创新能力有待于提升，在世界 500 强的企业当中粤港澳大湾区仅有 16 家企业的总部，远远低于纽约 46 家，旧金山 36 家，东京湾区 60 家。

这就是我们这样的现状，因此任重而道远，这还需要在政策的制定、政策的设计、政策的执行上进行更好地推动，才能把我们的粤港澳大湾区真正建立可以与其他三大湾区比肩的科技中心。

基于此，我建议粤港澳大湾区应该推动形成科技创新人才集群，形成"一体化"发展。科技创新是一个非常复杂的过程，不仅反映出个体、研究者如何吸收知识、内化知识和转化知识的能力，也会受到外部激励的影响，例如激励制度对个体整个创新过程的影响。随着新时代科学技术日新月异的发展，最杰出的创新基本都来自强大的团队。心理学领域有一个专门研究创新的学者 Garner，很多创新都是引用他的，曾对最杰出的创新天才如爱因斯坦、弗洛伊德、爱迪生进行研究。他说过一句话，我印象非常深刻："我对社会交往和创新之间的紧密联系感到非常的震惊。"在我们的印象中，理工科的创新科学家都是不爱跟人交流，甚至多少有一点自闭，然而创新从本质上需要一系列的思想碰撞和一系列火花之间的冲击，因此合作是创新特别重要的一个因素。

1998年学者正式提出集群的概念，这些年来，很多学者对人才集群都有一些研究。

集群的好处是，可以促进知识共享、产出更多的知识，提升整个技术水平，这都有数据证明的。比如科技创新需要良好的互动环境，而科技人才的交流和互动会刺激出很好的想法，提升优化产出。集群也是出于方便和务实，因为它可以集中资源、建立合作关系，降低交易成本、协调成本，可以把利益相关者全部给集中在一起，还可以共同推动人才引进、配套措施。很多人在很多场合演讲都提及创新的配套措施不够好，要提升，那怎么提升？提升配套措施推起来是非常费劲的。但是大家就一起就会好很多，也可以提供更大的知识共享品牌。

集群也有风险和挑战。集群目标都很大、很单一，其实本质就是为了提升这个地区的创新竞争力，但这个目标如何衡量？目前看，我感觉是一大难题，还没有特别明确、特别好的衡量方式。还有就是因为集群有时候会比较偏向，可能会因为在政策设计的时候先入为主，或者信息不够完整，导致多样化不足。例如以政府为主导，私营组织投入就不够。集群很容易从某些领域开始比如偏重高科技创新，但低科技也需要人才的。也就是说最前沿的技术我们需要人才，不那么前沿的技术我们也需要人才，这个世界还得转，没有这个最前沿的我们还得继续生产、继续发展经济，导致对低科技关注比较少，就相对比较死板。重点技术识别难度很大，一旦集聚形成对那些非重要、非核心的集群不是那么注重的技术的发展就受到限制，既不利于长期发展也很难转型。另一个风险是集群政策的设定，一般大部分都是政府从上往下，这些年来各大高校、科研单位也积极参与到过程当中来，尽管如此，但还是比较缺乏来自一线的反馈，因此很难体现出地区的特殊性。

基于以上客观情况，我针对粤港澳大湾区创新科技人才一体化发展提出以下建议：

首先做好顶层设计。在提升地区对创新人才的投入的同时，提前规划好谁来主导？怎么设定目标？怎么衡量？然后要提出一体化发展的详细举措，其中也包括一些空间上的考虑，例如设计科技园、生态圈。规划也包括基础设施的建设，以及科技产业规划。再就是要整合创新人才服务，并设计规划好科技创新的大体方向。

其次，具体到人才一体化发展政策设计，要做好基础工作。一是完善粤港澳科技创新人才数据库，科技领军人才数据库，并持续进行动态的维护。二是勾画出详细的创新人才的合作图谱，有利于我们清楚地了解现状，有的放矢地推进科技人才一体化发展政策的落实。基于对人才图谱的分析，可以了解重点科技领域的学者以及企业研发成员的合作网络的紧密程度、中心化程度，以及合作网络的连通性，演变态势，以及他们合作网络的结构特征和他们的结构特征对创新成果产生的影响。

第三，基于大数据分析、人工智能等手段识别、开发、验证能够预测创新应用转化能力的人才评价方案。例如，高校的教授看他有没有创造力，我们看知识创造。具体看发表多少文章，产生多少专利，但又有多少文章能够最终转化成创新成果，能够为经济服务，解决我们政府、我们国家卡脖子技术难题，这个创新不仅是知识创造，还有知识转换，很多学者是能够实现知识转化的科学家，那去哪里寻找这些人才呢？大数据、人工智能的兴起对于人才评价领域真的是特别大的福音，以前有很多测量误差特别大的模型我们都运行不了，现在机器能学习，帮我们进行复杂运转，我们就可以通过大数据收集创新科技人才的资料，用机器学习把人才评估方案模拟出来，就可以对这类人才进行早期的识别和培养，这对于整个大湾区的人才选拔和培养都奠定了一个非常好的基础。

第四，要提升现有科技人才一体化发展的实施效果，可以围绕竞争力提升设计衡量指标。要确保除了决定专业能力的指标，沟通、领导能力也都包含进去。基于对欧美做集群政策设计的研究，我们发现最好的集群都是市场导向的，但是为了尽快推动创新发展，我们的集群大部分都是政府导向，就会对市场干预过多，市场自然发展可能会被干扰。那怎么弥补呢？可以让私有部门多参与，让它尽可能靠近市场。因此在人才一体化政策的执行过程中，公共部门和私有部门要持续联动。

第五，系统规划人才发展政策，即在整体规划前提下，要分阶段设计政策，可以设置几个不同阶段，每个阶段重点做一个一体化发展，例如这个阶段我们做基础工作，下一个阶段做人才评价，再下一个阶段做人才培养，然后再下一个阶段做人才流动和人才激励等。我们的政策要做长期的打算，最起码十年以上，政策要保持相对稳定并且能得到持续的推动和执行。既要协同规划高科技人才和低科技人才，因为这些都是创新人才，也要关注人才一体化发展在粤港澳不同文化下的实施。与长三角不同的是，粤港澳的文化非常多元，在政策执行过程当中需要考虑。

第六，要解决好几个问题。（1）长期和短期目标的矛盾。合作研发、学习交流和协同创新等是短期目标，长期目标是凸显地区的整个科技创新的优势。我们不能为了完成短期目标突击完成一些目标，特别是那些不一定符合长期规划的目标。短期目标一定要服务于长期目标。（2）粤港澳大湾区内部人才竞争和协同发展的矛盾。粤港澳地区不仅在协同，也同时在抢人，人才战一直在进行，需要我们建立特殊制度，例如人才引领产业制度：一个人才，可以在一个地方工作，也可以同时在另一个地方引领产业，建人才团队。也就是把重点不聚焦于组织或者地区，而是聚焦于人。（3）现有的雇用制度和人才流动之间的矛盾，以及（4）高校、研发目标、价值观、激励制度、企业研发差异之间的矛盾。

第七是疏通沟通体系推动人才一体化发展政策高效落地。政策有时候设计得很好，但落实的时候比较困难，因为沟通不顺畅，缺乏来自一线的信息，反馈机制没有形成。建议我们一定要把政策的反馈机制做好，鼓励正式和非正式的网络，建立多样化的沟通反馈机制，推动开放科学、开放合作，鼓励更多组织和个体参与到政策的设计中来。

大湾区建设中人才队伍发展的国际经验[*]

姚 凯

与国际知名湾区包括纽约湾区、东京湾区、旧金山湾区相比，粤港澳大湾区在人口、面积甚至GDP方面都拥有一定的优势，但人均GDP方面相比不是最高的。世界三大湾区的人才发展基本上都是以国际大城市作为中心，逐步地带动周边城市发展的区域一体化的发展格局，而人才在一体化背景下如何合理流动和配置，则是几个大湾区共同面临的主要问题。粤港澳大湾区人才一体化本质上是国际国内双循环大格局中的人才自由流动和高质量集聚，要放眼全球知名大湾区人才队伍建设和发展的经验，在全球大湾区布局的开阔视野中谋划粤港澳大湾区人才一体化发展。

一 世界三大湾区人才发展经验

目前以各大国际城市为中心，逐步带动周边城市发展的区域一体化发展格局日渐凸显其重要性，人才如何在一体化背景下进行合理流动和配置越来越成为至关重要的问题。三大湾区利用城市发展带动区域人才的发展，同时人才的发展又为区域的发展注入新的活力。旧金山湾区、东京湾区、纽约湾区是目前世界上发展较为领先的区域，其创新创业人才的吸引力也位于前列。通过对这三个湾区人才发展经验的梳理，有利于为粤港澳大湾区的人才发展提供借鉴。

---

[*] 复旦大学教授姚凯的主题发言，收录本书时略有修改。

1. 纽约湾区的人才发展经验

纽约湾区是名副其实的金融湾区,其金融保险业以及地产租赁业尤为发达。纽约湾区第一个特点是多层次的教育机构,包括像康奈尔大学、哥伦比亚大学、纽约大学等为首的学校都分布在纽约湾。有最大的公立高等学校系统,还有大量的设计学院,比如曼哈顿设计学院等等,同时还有职业技术培训性学校。纽约市市政府和企业合作共建技术学院、高中预备学校和新型职业学校,建立了学生与企业人员一对一的师徒式的教学模式,培养技能型人才确实非常方便,在这方面非常具有特色,也培养了大量熟练的技术工人。

第二个特点是有着高水平国际合作与人才分类培养。纽约湾区依托高校和研究机构,通过实施"加强合作研究伙伴关系计划""全球科技创新行动计划"等国际科技合作计划,柔性引进外国科学家开展科技合作。纽约湾区建立前沿技术的人才促进计划,2018年提出区块链技术人才计划、实施纽约生命科学计划(lifeSci NYC),硅谷则建立了基于"热带雨林"式创投生态的创业人才培养机制,实行"工程师计划"。

第三个特点是实施开放的技术移民政策和国际合作。大量的国际移民是纽约湾发展的特色,并且近年来,大量的国际移民中主要以高学历、年轻人为主;纽约湾汇集了不同国家和地区、不同肤色、不同民族的海外移民,各种民族生活在一起形成了包容和竞争并存的文化,同时因基础设施建设、高等教育、高端服务业的快速发展完善,不断吸引高层次科技人才和投资者通过留学、创业、投资等方式移民落户,形成良性循环。2019年美国纽约市移民办公室发布第二份年度移民状况报告《我们移民城市的状况》显示,纽约市有320万移民,占全市人口的37.1%和劳工人口的44%,60%纽约人的家里,都有至少一名家庭成员是移民,移民每年为纽约市贡献的GDP,达到2280亿美元,超过总量的四分之一。

总体来讲,纽约湾区拥有优越的人才发展环境,包括基础设施建设,比如数字纽约、非常发达的交通系统,市民出行非常便利。创新创业环境方面,政府出台了大量的激励政策,以纽约市为例有众多政策,有税收、租金、能源补贴等一系列的政策,生活环境方面,也有为外来工作者和子女提供国际化教育、开端计划等等。事业平台方面有知名学府,还有完善的产业结构提供了各式各样的平台。

2. 旧金山湾区的人才发展经验

旧金山湾区是世界上最重要的高新技术的研发中心和美国西海岸最重要的金融中心。其特点是科技巨头引领，高新技术人才集聚，可以说是全世界最密集的科技人才集聚区。创新主体多元化、创新活力高，除了有众多全球顶尖的研究型大学，还有众多的孵化器、加速器，为创新活动提供良好的基础。同时还有众多的服务机构、创业投资机构等等，提供了正式网络和非正式网络的交流机会等等。在创新创业、资源集聚方面，旧金山湾区也非常突出，创新创业人才形成了一个完整的内循环，即从发明者到获得投资，获得投资之后收益的转化，形成了一个非常完整的动力循环系统。

旧金山湾区倡导创新包容的人才发展环境，很重要的一点是鼓励成功、包容失败的文化精神。还有各种各样的展示人才才华的平台和机会，同时有着完善的创新创业生态系统，比如大学、联邦实验室、独立实验室、联合研究机构、公司实验室等等。另外外部移民是湾区最重要的人才来源之一，外部出生人口在硅谷占到38.2%等等形成开放的人才系统。

3. 东京大湾区的人才发展经验

大力培养有国际视野的创新人才。东京大湾区拥有高校近300所，占日本高校总数的三分之一，大学生数量占全国总数的一半以上。大力推进高等教育国际化，与中、美、俄等国家和地区开展国际化教育合作项目，培养了大批具有国际视野的创新人才。

实施海外就地取材人才引进管理机制。采取了在国外"就地取材"的人才引入政策，包括购买或资助国外实验室、在国外设立研发机构、购买或并购外国企业、在国外设立奖学金等。松下公司等一大批日本跨国公司在国外设立了大量的研究院所、实验室，有效集聚全球创新人才。

以企业为主体培养高技能创新人才。高度重视创新人才技能培训，许多大中型企业专门设有负责技能人才教育和培训的部门。企业为学生提供奖学金，鼓励学生到企业工作，企业也选派员工到学校参加培训或进修，邀请学校教师在企业兼职或提供智力支持。

产学研高度融合推动创新人才的聚集。目前日本总共有大学780所，而东京湾区有225所，占比为29%，包括东京大学、庆应义塾大学、武藏工业大学、横滨国立大学等著名高等学府。

二 世界三大湾区人才发展经验对粤港澳的启示

首先在政府主导的基础上要积极发挥市场作用。在人才高地构建过程中，政府的建设作用直接体现在人才政策、法律、制度等软环境政策的制定上。

以经济一体化带动人才一体化。各地在友好协商的基础上共同出资成立各类产业、教育、研发、人才等各类公司和平台载体，各地派代表进入公司治理体系并扮演不同的管理角色并获得相应收益。通过市场化手段创新各地的人才的流动、配置、评价、收益分割等机制，促进人才柔性引进和人才共享。

第二重视引进域外高层次人才，域外的高层次人才引进方面还要加强，放眼全球我们要制定不分民族、种族、无歧视的人才移民政策，在全球建立更加开放的人才政策体系，未来可以适时探索有条件的双重国籍政策，同时吸引大量的高新技术企业、科研机构、顶尖大学设立分支机构分校。比如深圳自己的大学很少，但有很多各地大学的分部，所以也还是不错的，这样也能够对人才有很好的吸引作用。

第三，建立完善的教育体系和人才储备，三大世界湾区当中都发现高度发达的高等教育为湾区人才高地建设提供了高素质的创新型人才，所以我们建议完善多层次的教育体系，打造世界级名校专业化的高等研究机构以及完善各个层级的国际化教育，培养世界级顶尖人才。我们也建议粤港澳大湾区要注重对区域内高校发展的联动作用，形成高校发展联盟、教育联盟、教师联盟、智库联盟、教学联盟，共同为区域发展提供和配置最合适的人才。同时我们建议依托世界级大学培养创新人才，校企合作培养产学研人才，高校合作办学培养国际视野创新人才，加强校企合作培养急需的紧缺人才等。

第四我们建议采取开放的姿态和政策，促进人才共享和流动。大湾区要以更加宽广的胸襟开放战略姿态突破人才跨区享受政策的限制，共同建立具有大湾区整体竞争力人才政策体系，通过更加开放有力的体系促进人才在大湾区各区域的自由流动。另外要形成统一的人才规划，建立统一的区域人才政策库，借助大数据等技术绘制区域人才地图、精准预测人才需求，制定精确人才目录清单，保证政策的协同性以及连续的规划性。

第五完善人才一体化发展机制，创新区域人才评价与互认机制，建议建立有力的人才合作机制，充分发挥人才在资源配置中的决定性作用，鼓励区域之间协同的柔性引才，高端人才跨区域、跨单位的兼职开展研究工作，形成共同的人才评价和互认机制是保障大湾区区域人才顺畅流动的润滑剂，同时建议在大湾区推广世界500强和行业领军型企业的人才评价的标准。建议能够引进更多的国际人才的中介机构，培育更多的行业协会，这样市场化的人才评价和监管就有了主体。同时，建议能否形成我们粤港澳大湾区的整体人才工作集团、人才服务集团，这样在大湾区进行人才配置。

第六建议建立共建智慧化、信息化的人才服务平台，推动人才治理工作，首先我们建议打破不同地区行业和部门之间的人才信息孤岛，建立统一的人才数据库和人才地图进行人才共享，建议整合大湾区的办事清单，搭建人才一网通办，一站式人才服务平台，提高治理水平、服务水平。我们建议统一各地的人才统计的目录、口径、格式、接口，建立大湾区人才政策大数据中心，这样大家可以精准地去查询人才政策，上海已经做到了。借助人才大数据按学科、专业建立顶尖人才、高端人才、青年人才等多种类型的人才大数据库，进行动态的评价，然后人才的监控，为科学配置提供依据。

第七建立健全人才服务体系，共筑宜居乐业的人才生态，建立统一的人才资源的服务市场，统一市场准入门槛，另外积极布局柔性引智项目，进行多元化人才的金融，实施人才贷、人才投、人才抵押等等各方面的人才金融计划，这样可以保证我们的市场化、多元化的人才投资。另外建立居民服务的一卡通，持一卡通可以在各地享受服务，我们现在长三角就搞畅长卡，马上就要发布，完善人才住房保障，积极建设顶尖科学家社区和国际人才社区等配套措施等等，吸引国际人才。

最后，构建良好的人才发展生态和氛围，首先打造鼓励创新包容发展的城市氛围，培养创新文化，科技属阴性、文化是阳性，阴阳平衡方能持续发展，所以文化建设和城市品牌建设很重要，完善创新创业的生态系统，包括风险投资、法律、审计、人力资源、技术支持等服务机构，把这个生态系统构建起来是非常重要的。

文化多元对大湾区人才
创新发展的意义[*]

刘廷扬

今天跟各位报告的主题是：人才文化多样与多元对大湾区创新发展的意义。各位都知道我来自我国的宝岛台湾，台湾最近这些年重要的建设没有什么，因此，心向祖国的台湾人大家都一直很渴望祖国能够有重大的发展，这些发展可以为未来大中华地区当然包括我们祖国宝岛的台湾地区能够得到更好的发展，所以这一次有机会参与论坛个人觉得很荣幸，希望我的一些浅见能够提供给各位做一个参考。

因为对于内地的很多数据，我就算去搜集了，也无法与在座的各位的理解并驾齐驱，因此我从宏观的角度来谈谈，我们建设粤港澳大湾区的过程当中，我们应该要有一个比较大的战略思维，即我们在建构这样一个区域的时候，非常重要的是我们从一开始的人才战略到底应该站在什么样的立场。

在过去广东应该在改革开放之后做出了很多建设，但后来就发现，筑巢引凤过程当中确实来了很多，但其实也不全然是凤；后来又变成要腾笼换鸟，在一来一往过程当中就消耗各种各样包括自然的资源。如果我们一开端就可以把人才的战略给定得非常清楚的话，那未来就会更容易站在很顺畅的道路上飞奔前进。

各位都知道现今的局势，美国联合盟友强力地遏制我国的发展，手段越来越狠、态度越来越明白、速度越来越快而且强度越来越大，以前

---

[*] 台湾高雄师范大学人力与知识管理研究所原所长、教授刘廷扬的主题发言，收录本书时略有修改。

习近平总书记曾经讲过"太平洋够大容得下中美两国"这个概念是希望能够跟美国并驾齐驱，但现在看起来拜登总统直接讲：中国想成为世界的独大是不可能。所以我们想要跟美国和平共处，而且给世界人民带来利益和好处，这几乎不太可能的事情。这个时候怎么办？我们只能奋力前进、加快脚步，走出自己的路。我们国家所提出的"一带一路"倡议，这就是这条路上非常重要的措施。

在这个措施当中个人觉得粤港澳大湾区的发展，未来是"一带一路"倡议成功的关键，我们在这条道路上，不能独行，必须要有伴同往，古人说"得道多助"只要我们心中有人民，大道就在我们的脚下。所以我觉得，粤港澳大湾区是向世界展现我们诚意、实力的重要一步。中国的实力当然现在全世界都感受到，使得西方国家要联合起来打群架才能跟我们对抗，但我们对于世界的诚意要以什么方向呈现？大概就是我们对待人才的方法，我们会采用什么样的方式。

我个人认为粤港澳大湾区基本上是有三个层次的概念，三个层次概念其中第一概念就是地理概念，地理概念个人觉得粤港澳三地的力量在大湾区得到一个汇聚点，而且作为一个扬帆处。

各位当然比我更清楚，广东在清朝末年就已经是西方势力非常关注的一个省份，不断有列强来叩门，后来我国改革开放在广东得到非常成功的经验，刚刚几位学者也特别提到香港代表着英国当时世界最强大的力量在亚洲的经验，号称所谓"英国女王皇冠上的钻石"；澳门是由葡萄牙租借了，当然葡萄牙在大航海时期也曾经独领风骚，但后来对于澳门的经营就比起英国人对香港的经营并不是那么的着力，可是在澳门回归之后，澳门由小渔村到繁华城这代表了一切皆可能。而三个区域的结合，其实有一个非常重要的概念，即研发生产跟制造的大基地，加上财务、金融的世界中心，加上娱乐旅游观光比较偏软性、人文的区块结合。如果我们拿一部车辆在往前飞驰做例子的话，我们可以发现：粤港澳大湾区这部车上面有引擎、有方向盘、有非常高档的冷气音响等等选配的配备。这些状态使得我们已经有一个很好的基础（筑巢引凤），但引来的凤，到底看筑巢人的喜好？还是看我们所想要吸引的凤凰的需求？刚刚刘院长已经讲到了我们跟全世界竞争人才，所以这一次的竞争不能仅仅以我们的眼光看向本国，我们要向全世界争取人才，在争取人才过程当中，如果我们心里只有地理概念那就会自我局限。这个时候我们应该如何处理？我们要想办法进步到第二个概念。

第二个概念是心理概念。这个心理概念个人觉得当我们广东粤港澳等等地区形成对世界开口状态的时候，我们整个中国内地的所有包括我们台湾地区的所有力量，都可以透过这一个向世界开口的出入口来凝聚展现。刚才很多学者也提到了有关于世界各地的所谓湾区它在于创新发展上面的意义。如果我们以比较知名的旧金山大湾区（硅谷），东京湾以及纽约湾区等等这些地区来看，其实我们粤港澳大湾区有一个非常明显的优势是以上这些已经领先的湾区所没有的，这就是我们整个内地的资源，是可以快速的凝聚到粤港澳大湾区来的。

怎么讲？各位知道硅谷位于美国加州北边，美国最大的问题就是国内的交通基本没有轨道交通，虽然有但并不盛行，他们除了坐飞机之外主要就是靠自驾，因为这样使得很多人才要采用固定迁移，即整个搬移到湾区所在地方才能投入这里面工作。

同时因为这样也使得，各位上网查一下资料可以发现硅谷很多基层工作没有人做，因为在这个区域里面高收入的人太多了，使得房价物价生活指数飞涨，做基础工作的人没有办法生活在硅谷里面，使得生活在硅谷是变得非常困难的事情，西方媒体也有进行报道。东京湾区也是，日本的国土是狭长性，而且日本的交通成本非常高，在日本要移动，想要来东京湾区进行发展，大概也只能离乡背井。但中国在过去几十年来着力发展基础建设，这些基础建设使得我们的轨道交通现在是全世界独步，这种成就使得我们的人能够在快速移动过程当中，从周边的区域，就可以直接支持粤港澳大湾区，也不必完全离开所生活、生长的地方，因此这是我们一个非常重要的优势。虽然在争取有能力的人才、国际人才的角度来看，我们还有一些需要去努力的地方，但当这个优势存在的时候，其实我们可以把这个巢筑得非常广阔，而让有意愿想要在粤港澳大湾区服务的世界各地的人才，他都可以居住在他有兴趣的地方，继续维持在中国的发展。

第三个概念我个人觉得这是一种精神的概念。这就是我刚刚提到的，我们借由粤港澳大湾区，我们要呈现我们对于世界的诚意，这个诚意就是我们愿意把这个区块变成全世界创新创意的激发点的实践处，只要是全世界对自己有理想的人,他就有机会在粤港澳大湾区能够得到发展,这是我们要对全世界做的承诺。也只有这种承诺我们才有可能去在全球的范围之下跟世界争取人才。而我们要争取的人才是有一定的标准的,这个标准并不止是指其技术能力、概念能力,重要的是他要有创新创意的能力,这是我们这个湾区非常重要的概念,我个人觉得这是我们有别于其他几个已经发展的湾区,这是非常重要的一部分。

为了做到这样,个人提出两点请各位参考:

第一我们的人才多样性。基本概念是不论国籍、肤色、种族、信仰、性别、年龄、学历等等差异。我们要的是他的理想、能力、激情、自信、创意、实践、同理、共感,所谓的同理共感是为了能够同理我们中国为了发展所做的贡献跟付出。共感是他需要有一种共同的感受。

在过程当中我们要呈现的是一种包容的态度。包容不是无所不包,但包容基本上是要能去成就四件事情:一要能够成就允许创意的发展,在允许创意的发展过程当中最重要的是要做到自由与包容,能够让他自由自在去发挥,如果有太多压抑,具有创新能力的人才就不容易为我所用。第二鼓励创新,鼓励创新思维有一个关键概念就是要容错,就是为了创新而犯的错误我们要有更大的包容力。第三要能够强化创造能力,即不仅仅是动脑,还要动手,现在我们中国人动手的能力是非常强,一旦动脑能力追上来的话,马上就可以呈现很多很重要的东西。最后是我们所创造出来的创意,必须要具有价值意义,叫做创价的意义,所以追求创价最后不能只有利于中国人,必须要有利于他人,所以创价的意义必须要能利人利己。

人才多样的重要性,我提两个很重要的概念,这是硅谷前人的 CHR 所提出来的概念,他认为重要的人才其实要有谦虚跟责任感这两个很重要的特质,所谓的谦虚不是卑微、低头,而是要承认自己可能不懂可能不会,要有灵活的思想,即苏格拉底所讲的无知的真知,"真知就是我知道自己一无所知",要有这种概念,因为我们很多人经常会受到自己的年龄、资历、头衔、职务等等这些而使得我们自己不愿意去承认我确实不知道,但在未来的发展真的没有人知道,未来到底什么会流行、什么会发展,没有人知道,没有人知道就样样有可能,既然样样有可能,那我们就要承认自己是不够的,这个谦虚的感觉非常重要。

第二要有责任感，要当责，我们的所作所为必须要自己来承担。在 2018 年习近平总书记针对"一带一路"倡议发展，提出九大坚持，开放、发展、包容、创新有关，亦即我们国家"一带一路"倡议基本上就是保持开放、追求发展、诉诸包容、向往创新的过程。

当我们有了这样的想法之后，就可以朝着一个重要的概念进行思考，即我们创新发展的成功因素到底是什么？个人觉得前三名就是：人才、人才、人才！什么样的人才？前一段时间台湾有一个"鲑鱼之乱"，即台湾有一家日式的料理推出只要自己的名字里面有鲑鱼两个字就可以吃免费，台湾有 300 个人直接把自己的名字改成鲑鱼，或者取了很长的名字，就是想吃免费的，但这样见到短利就放弃了自己，连祖宗都不要的这种人，就算再有能力难道会是我们追求的人才吗？所以人才的关键特质我们必须要很清楚。

基本概念认为人才的关键特质包括工作的动机到底是什么？因为工作的动机是自我激励的来源，如果自己不知道到底需要什么的话，那我们找不出来什么样的东西可以满足它，于是后面可能就有各种各样的问题发生。第二具有积极性和主动性，因为未来是不可知，所以越是积极主动的人，越愿意去承担起自己应该负责的部分。第三是他要有自学的能力，这个自学的能力也是联合国教科文组织所特别强调的，大学培养人才最重要的是能解决问题，并且要有自学的能力。第四要有意愿去挑战新领域，所谓就是好奇心的激发，因为只有跟新的概念激荡，才会有美丽的浪花，我们只追求舒适，最后就会温水煮青蛙，不能让人才在我们筑好的巢里面自动的消散或者舒适而懒散，必须要拥有这样的人才，愿意去挑战新领域。最后一个就是责任感。

以上就是我跟各位所作的报告，也是我们的渴望。最后提出一个小小的渴望：我们心向祖国的台湾人民的渴望，大湾区很好、粤港澳大湾区很好，但如果能够湾湾区就更好，所谓的湾湾区就是大湾区＋台湾，这样就是更大的范围，这样所有"一带一路"的起端立刻就扩大了，而且中国向外发展的路径就更是不可限量。

人才一体化与大湾区
高质量发展*

刘帮成

  我分享的题目是区域人才一体化推进与粤港澳大湾区高质量发展，我主要想谈谈他俩之间的关系，由于时间有限，我先把我分享的提纲供大家参考，这里我占用一点时间，首先把我总体的感觉或观点向各位领导、专家简要汇报，并请大家多批评。

  今天上午的发言中，有学者认为讲到长三角地区的发展，肯定比粤港澳大湾区更好，包括今天下午也有专家提到这个观点。有必要提醒的是，我们还是要以历史眼光看这个问题，因为我们现在关注长三角一体化概念，如果大家去关注的话，时间最早应该在将近 20 年前在 2002 年、2003 年左右，那时候以上海为龙头就已经在探索、讨论这些东西了，其中一个重要的成果是 2003 年上海牵头发表长三角人才一体化的共同宣言。最近提出长三角上升到国家战略，实际上是在 2018 年前后提出，这与大湾区上升到国家层面很正式提出时间也是差不多，但客观地说，有关长三角一体化的概念，在我们看来至少有 20 年的时间了，这一点比粤港澳大湾区的提出要早不少。

  2018 年习近平总书记在上海考察后，长三角"示范区"概念随即提出，中国改革开放一个很重要的经验就是摸着石头过河。关于区域一体化，我们如何做？就是做试点、示范区。这个所谓长三角示范区，一般指包括上海的青浦、浙江嘉善以及江苏的吴江这三个核心区，要求在这

---

 * 上海交通大学国际与公共事务学院副院长、教授刘帮成的主题发言，收录本书时略有修改。

个示范区全面试错、做整合、探索出一套适合我们区域一体化的发展路径，分享一些经验去拓展。

经过两年多的实践，示范区发展得如何？我们团队对两年来示范区的发展进行了初步评价。我们主要从公共政策角度来看，现有实践中有哪个地方需要进行优化或进一步完善。

我们先对长三角地区自2003年来公开的正式相关文件进行梳理。然后重点结合我们2020年承担的委托任务进行分析。既然大家都说一体化很重要，一体化当中人才一体化非常关键，几乎所有领导、大咖、教授们都说到这个话题，那我们现在如何把它推进。我提出了区域人才一体化指数，就目前文献来看，这方面的研究基本没有。既然大家没有之前的经验，那我们已经在试点、在摸着石头过河，我们可以进行总结，然后进一步推进。

今天的会议主题是有关粤港澳大湾区的，而我们对长三角关注度比较多一些，之前与主办方提及过，或者说通过检视长三角示范区当中的所谓成功或者不足的地方因为现在还称不上成功，只有两年经验，今年是第三年，看看是否可以对粤港澳大湾区推进人才一体化提供一些借鉴，至少可以跳过一些坑。

当然长三角和大湾区这两个重大战略区域还有非常明显的差别性的东西，特别本次会议上大家不约而同讲到区域一体化当中涉及到所谓的政治、法律问题，比如香港和澳门还有一个特殊性，即"一国两制"。在粤港澳大湾区推进中制度的严谨性，特别是人才一体化推进的黏滞性可能会更大，这就需要粤港澳大湾区的决策层面、高层们提出更具有前瞻性或者更有挑战性的任务。我们团队正在根据前期相关的研究策划出版了一本有关区域人才一体化方面的书籍，届时还请大家多批评、指正。

有关区域一体化，现有相关研究比较多来自经济学、政治学领域，相比于世界上现有的几个知名的湾区，国内的包括大湾区、长三角等区域的发展，是有不少特殊性的，包括成立的背景以及可能的一些障碍等。现在大家基本上都意识到特定区域内的人才的重要性，作为生产要素当中的最关键的一个，不像其他资源（比如土地、资本、技术）那样，相对容易获得，人才资源很难获得。

关于区域人才一体化显然不是一个教授一个院士或者怎么样，而是一定要形成合力、集群，在这个当中，这个效应只有这样出现才有可能呈现出"一体化"的意义，否则完全一个人单干就可以了，不需要进行那么多的考虑，这是需要非常重视的一个问题。

当然人才资源的其他属性也会面临许多挑战，特别是自主性、能动性，有别于一般的土地，或者资本资源、传统资金资源包括技术，这是最大麻烦的地方，说得再俗一点，很多专家提到他对生态环境的感知会异常的灵敏。某种程度讲，警示我们在做人才政策规划的时候，不能高高在上，要俯下身走到人才群体中，听我们目标人才群体希望关注的地方在哪里，这样才能制订一些、出台一些有针对性的政策措施。

我们团队这几年持续跟踪长三角地区发展，我们建议打造一体人才生态系统，就像刚刚陈教授提到的纽约、旧金山概念，就提到土地各方面，其实确实需要这样的一体化来考虑。另外一个重要问题是"人才的主权意识"。我特别加了个引号，在长三角也是一样，举一个例子可以想象20年前开始探索时，相对其他区域，上海方面很积极。大家都说区域人才一体化很重要，但如何推进？这是管理和治理上的问题。我与团队接到这个任务后，就提醒大家这是一个全新的任务，思考时不要有太多条条框框，可以从查文献开始，但更多是要走到现场，与有关政府部门、重点人才群体、平台进行深度互动和走访，基于现实情况来设计一套怎么评价在示范区当中的人才一体化推进的效果。我们提出的有关人才一体化评价的构想主要有四个维度，即人才一体化的广度、人才一体化推进深度，以及人才一体化在推动过程当中的战略匹配度等。区域人才一体化推进中地方政府，特别是直接相关部门之间的有效互动非常重要。

由于时间问题，相关理论基础这里就略过了，我们主要借用制度性集体行动框架来理解区域人才一体化的发展。同样地，对自2003年以来17年间长三角相关30个城市出台的有关政策文本的分析，这里也略过，对这个文本分析结果有感兴趣的可以向主办方索取。当下的中国几个区域，包括京津冀、成渝（除大湾区、长三角外），在新发展格局之下，这些区域也被称为中国四个新的发展极，关注度都很高，而且各有各自的成长路径。仅通过我们基于政策文本的分析，可以展现出长三角区域的典型走势图。

再看看示范区推进情况。我们可以看到这个示范区总的指数（标准化分数），可以看到去年在示范区总体分数可以达到"良好"，相关的具体维度得分，有兴趣的话可以查阅相关报告，我们发布时国内主要媒体都有报道。我们进一步做了一个动态分析，就比较结果看，虽然就这么两年，但动作还是很快的，2019年比2018年就有一个显著的改变，我们希望在2020年如果再做会有更明显的改善。

这是一个系统评估，包括政策文本分析、专家访谈、客观数据分析，也包括有对特别区域当中的人群、人才集聚平台做一个所谓的感知评价研究。一般会认为落户制度、户籍制度可能是长三角区域人才一体化的最大障碍。因为那些与教育、住房等都密切相关。如果关注长三角一体化进展的话，最近有一个动作即上海的优质中学资源已经在嘉兴设置分校，这将一定程度上会缓解嘉兴有关优质教育资源问题，而又没有突破上海的户籍限制。

如果对粤港澳大湾区做一些提醒的话，我们聚焦区域内人才一体化发展，关系到在做政策一体化推进的时候，还真的是需要相关政策制订部门的同志多去调研，至少先鼓励区域内各政策部门之间多互动交流，比如今天上午有领导们说目前大湾区的人才互动，只涉及8个领域。但长三角在这一块的确如有关嘉宾所说的，相对容易得多，开一个协调会都解决了。当然区域一体化过程中也还存在很多问题。如何进一步有效推进，确实需要用心沟通，精准施策。可能一般都会觉得钱是最关键的、户籍最关键的，当然有是最好，如短期突破不了，或许有关政策制订部门可以在精准明确人才真正需求的同时，在相关方面更有针对性地先解决一些问题，这样对促进区域人才一体化这一新问题的解决可能会更有益（而不是一直观望或等待中）。

澳门企业融入大湾区
人才发展战略*

潘 艳

今天论坛来自澳门的企业只有一家，我主要是跟大家分享一下我们澳门企业的一些情况，大家应该还是有一些兴趣的，与大家共同探讨。

我主要讲三方面的内容：第一，南光集团的介绍。第二，澳门企业的机遇与挑战。第三，人才发展战略的思考。

一 南光集团简介

南光集团是唯一一家总部设立在澳门的国务院国资委监管的中央企业，肩负着自身发展和促进澳门经济适度多元化的双重使命，集团的前身是南光贸易公司，成立于1949年8月，是澳门最早的中资机构。2017年9月，中国南光集团有限公司在珠海横琴新区注册成立，因为南光集团当时只是一家在澳门的公司，所以国务院国资委批准我们在珠海横琴新区注册成立了境内总部企业——中国南光集团有限公司。2018年12月，南光集团被国务院国资委确定为国有资本投资公司试点企业，承担了以服务国家战略、优化国有资本布局、提升资产竞争力的目标任务，集团的改革发展迎来了重大机遇。

这是南光集团的发展史，1949年由柯正平先生受国家委托成立南光贸易公司，起步之初只是一间小阁楼，之后经过六七十年代的发展，正式注册了南光（集团）有限公司是在1985年的8月。南光集团企业文化

---

* 澳门南光（集团）有限公司人力资源部总经理潘艳的主题发言，收录本书时略有修改。

理念体系包含，企业宗旨：用最好的回报社会。企业的核心价值观：求发展、讲诚信、比业绩。企业的精神：严细、务实、团结、自强。企业的经营理念：服务最优，成本最低。

如今的南光集团确立了"根植澳门、融入内地、拓展海外"的发展战略，秉承用最好的回报社会的宗旨发展了七大业务板块，有能源电力、旅游酒店、地产置业、物流贸易、会展文创、投资金融、智慧城市。南光集团是以根植澳门、服务民生为己任，通过70余载的深耕细作，形成了支撑澳门经济适度多元化的业务格局，对澳门的非博彩经济和社会发展有着举足轻重的作用。

十九大把"坚持'一国两制'和推进祖国统一"确定为新时代坚持和发展中国特色社会主义基本方略的重要内容，十九大报告强调"保持香港、澳门长期繁荣稳定，实现祖国完全统一，是实现中华民族伟大复兴的必然要求"，这充分体现了港澳在国家发展全局中的重要地位。南光集团作为驻澳中央企业，抓住机遇、发挥特长，找准自身优势和国家发展战略的结合点，按照"根植澳门，联结内地，拓展海外"的要求，谋划集团未来发展的战略和举措。在引智工作方面，集团坚持以习近平新时代中国特色社会主义思想为统领，深刻理解新时代面临的新形势、新任务，深刻认识新时代引才引智工作对推动集团改革发展的重要作用，准确理解和把握聚天下英才而用之战略思想的深刻内涵，坚持高质量发展的根本方向，突出"高精尖缺"导向，进一步完善引才引智机制，提升服务保障能力，努力营造更具吸引力的引才用才环境，广泛吸引集团急需的各类创新人才，为集团改革发展增添动力。

近年来南光集团也积极开展国际化的合作引智创新工作，推动国际化经营不断向前发展，2018年南光集团被国务院国资委确立为引智创新基地企业。集团紧紧围绕深化国有企业改革的重要任务、助力国家"一带一路"倡议，融入粤港澳大湾区建设以及澳门"一中心、一平台、一基地"的建设，广泛参与澳门、内地和周边的经贸合作，秉承兼容并蓄，博采众长的优良传统，拓展在澳门、加拿大、葡萄牙等地的海外业务并聘用大量的本地员工。

南光集团重视人才队伍建设，有专业管理团队，完善人才培养制度、人才梯队、系统建设。人才培训体系主要是建立一个培训机制、轮岗机制、交流学习机制。

二 澳门企业的机遇与挑战

各位学者专家已经讲了很多澳门的机遇与挑战了，我从一个澳门企业的视角谈一谈。

我认为澳门企业的机遇在粤港澳大湾区，澳门是一个微观的经济体，澳门企业只有积极参与粤港澳大湾区的发展，才能迎来新生机。当时受邀参加本次论坛的时候我对论坛的主题非常感兴趣，因为我们也一直在探索作为一家澳门企业怎样融入粤港澳大湾区的发展，因为澳门是作为粤港澳大湾区9+2中的二分之一区域（城市）。

（一）机遇

1. 粤港澳大湾区政策

人力资源是推动大湾区经济发展的重要支撑和基础保障，将发挥着越来越重要的作用，与之相关的人力资源服务产业蕴含着巨大的市场需求和创新机会。《粤港澳大湾区发展规划纲要》将人力资源服务列入现代服务业五个重点发展行业，一个世界级的大湾区人力资源服务业将有发展壮大机遇。

2. 澳门政策

2021年澳门特区政府施政报告提出，澳门将主动融入国家发展大局，特区政府将与广东省及贯彻"教育兴澳、人才建澳"的理念，致力推动人才培育，利用澳门高等院校旅游教育和葡语教育的经验与优势，进一步发挥澳门"粤港澳大湾区旅游教育培训基地"和"中葡双语人才培养基地"的作用，加大力度培养高素质旅游人才和中葡双语高端人才。支持青年创业创新发展，为青年成长成才创造良好条件，协助青少年到内地去，融入国家发展大局。

3. 横琴政策

2012年广东省政府出台《关于加快横琴开发建设的若干意见》，明确提出"支持横琴构建人才筹备库"；同年，中央人才工作小组批复广州南沙新区、珠海横琴新区、深圳前海合作区三地"粤港澳人才合作示范区"为全国人才管理改革试验区,并作为全国人才改革试验基地。《横琴人才管理改革试验区中长期人才发展规划(2013—2020)》出台了一系列人才政策和保障措施,对横琴人才及人力资源服务提供了前所未有的发展机遇。

当前,粤港澳大湾区建设既是中央做出的重大国家战略,也是国内国际双循环战略格局下的重要对外窗口,澳门特色"一国两制"体系成功实践,诸多政策共同加持,此为天时;大湾区拥有泛珠三角区域为广阔腹地及世界一流港口的地理条件,有望成为"一带一路"中资金流、人才流、信息流、物资流的重要枢纽,澳门"一中心、一平台、一基地"建设稳步推进,人均地区生产总值大幅增长,此为地利;大湾区内文化一脉相承,人才交流通畅,澳门社会稳定和谐,人民安居乐业,此为人和。对于粤港澳大湾区以及澳门而言,天时地利人和汇聚,发展潜力巨大。澳门本身是产业结构单一、博彩业一枝独大,劳动力市场比较有限,供需关系失衡,专业化的人才比较缺乏,对产业发展产生了一定的影响,但大湾区文化一脉相承,文化交流畅通,珠海横琴是可以打造成为国际高端的人才集聚区,推动珠海、澳门的联动发展,提供强大的人才支撑和智力保障。

(二)挑战

我思考的挑战主要是:粤港澳大湾区是在"一国两制"下的区域协调的新机制,具有"一个国家""两种制度""三个关税区"的不同特征,中国澳门和中国香港实施的也是不同的制度体系。在日常工作中经常要研究解决不同制度、政策和法律的衔接问题,我感觉这一项是我们一直面临的挑战。粤港澳大湾区在国际经济发展格局中占据非常重要的中心地位,又是现在的热点,现在力争与纽约湾区、旧金山湾区、东京湾区并驾齐驱,推动珠三角9个城市提升高质量一体化发展,但是在高质量一体化发展的时候,要突破的这些制度、基础设施、交通、规则等衔接与统一,感觉尚需要一些重构的整体设计。

我认为现时是机遇和挑战并存。因为现在的湾区是热土,作为根植于澳门微型经济体的企业,在国家政策的引领下可以充分融入粤港澳大湾区,迎来了新一轮发展机遇,心里面会有很多的底气。但我觉得机遇与挑战是并存的,这必须从大湾区的发展、供给的角度,保证融入产业的稳定发展,而且要积极创新、开发新业务的增长点,探索新业态,以新的业务开拓发展为企业的核心能力服务。南光集团将充分利用驻澳央企的优势和特点,驱动两地资源和业务融通,为支撑业务和巩固发展提供支撑,其中人力资源必须要兼顾着活力和稳定性的条件,培养、储备更多能够独当一面、敢想敢拼能干肯干的人才,促进两地的一体化发展。

三 人才发展的战略思考

首先我感觉到人才发展对我们来说是有三个新要求:

第一组织能力新要求。为了加快业务布局和新业务发展,新模式培育,把握粤港澳大湾区建设机遇,需提升资源整合,创新市场、开拓资本运作的能力,推动业务转型升级,提高业务核心竞争能力。

第二人才队伍的新要求。粤港澳大湾区传统业务的转型、升级、扩大市场规模,提升服务质量对人才结构质量提出更高要求,对高端人才需求迫切。新业务的培育急需专业化人才输入,为市场人才持续供应,保障业务需要,需要建立结构合理、层次分明、标准清晰的人才梯队。

第三机制建设上的新要求。为适应粤港澳大湾区市场化的竞争及国际化的发展要求,人才选定机制需要充分结合业务需求,拓宽选人用人的渠道,提升谋划人才培养发展需紧扣组织能力要求,打造高绩效、高质量团队,人才激励约束需围绕人才发展需求,战略目标的实现需最大程度地激发人才的动力和活力,创造实绩。

我们考虑到人力资源管理机制的六项举措,包括"引、用、励、育、评、留"六大项。关于这些机制举措我就不多说,因为有一些内容大家都是专家,我在各位学者前面就是班门弄斧。

第一把握重点,多方引进,聚集湾区引人才。

第二用其所长、重才施能、综合考量用人才。

第三搭建通道、建立规则、动态发展励人才。

第四整合资源、实践磨炼、多措并举育人才。

第五承接战略、强化应用、科学合理评人才。

第六对接市场、创新机制、全面激励留人才。

最后，我跟大家分享一下我在今天聆听论坛后的一点点感受、一点点思考。

我觉得我们一起探讨粤港澳大湾区人才发展战略一定是以创新发展为引领的，粤港澳人才创新发展战略有三个要素：

第一政府的顶层设计。这一定是一体化谋划设计，因为粤港澳大湾区是9+2的区域城市。

第二专业协会和研究机构提供研究开发的支撑，因为专业研究机构和一些科研机构，这个研究开发一定是需要配套上去的，现在已经是数字化时代了，技术层面一定要跟上发展的需要。

第三是企业的积极实践。因为如果企业不积极参与，只依靠政府主导，有一些工作不能完全落实落地。南光集团已经在积极准备参与其中，我们成立了集团人力资源共享服务中心，我们在人力资源管理方面，打造了一体两翼的格局，集团总部管战略，承接战略的谋划和制度的设计，所属企业承接了人力资源开发工作，人力资源共享中心承接服务性的功能、承接事务性的工作。集团人力资源共享服务中心也希望走出去。

最后我还要表示感谢，感谢主办方、感谢广东财经大学、感谢萧老师的盛情邀请，感谢各位专家的分享，谢谢！我希望秉承"南光+"的合作发展理念，积极参与粤港澳大湾区人才建设工作，未来能够跟大家有更多的联系沟通与交流合作。

数字化人才供应链管理助力
大湾区人才发展[*]

许　峰

　　大湾区建设，最关键是人才队伍的建设。人才管理升级，如何升级？这跟工业4.0、组织4.0一样，朝数字化方向去强化、去升级、朝更智慧的方向去考虑人才管理的问题。

　　倍智是提供人才供应链解决方案的企业服务商，我们认为智慧升级的方向，就是如何能够围绕高绩效人才画像去开展工作。倍智是一家数据驱动的人才科技公司，在过往十年里积累数千万的数据，其业务呈现的方式是人才测评、人才评价，但本质上倍智是一家数据公司。例如：倍智为腾讯连续服务七年，所有产品经理的画像数据都在倍智，从张小龙到基层产品经理，他们的性格维度是什么样、有什么兴趣、价值观、驱动力、有什么爱好、能力怎么样、潜能如何等等倍智的数据库都有清晰的记录，基于这些数据进行整理分析，倍智就会把产品经理的岗位模型定制得很准确。

　　前一段时间倍智刚刚服务了顺丰，定制测评快递小哥的心理健康，要进行十几万人次的测评，因此我们就会把这类数据整合在一起，给企业提供更好的场景，由此可以得出一个很好的人才画像，以画像为基础，我们去考虑人才管理以及各种各样的实践和应用问题。

　　企业里人才管理最重要考虑的是哪一类人？是干部。因为干部是带头人、领路人。所以倍智在实践当中特别关注干部队伍的人才供应链体系建设，包括干部画像的数字化落地和实施问题，既然聚焦干部人才供

---

[*] 广东倍智人才科技股份有限公司董事长许峰的主题发言，收录本书时略有修改。

应链的建设，这里有五个要素要进行考虑：干部标准、干部盘点、干部培养、干部供给，这就是整个干部管理里面需要考虑的核心要素，最后要落地到一个抓手，即干部的管理系统，有了干部管理系统，我们的干部管理、干部人才供应链的闭环才能走完。

干部标准：以前我们给企业做咨询的时候，建一个能力模型或者领导力模型或者素质模型，可能比较抽象，报告也比较复杂，在具体执行过程中每个人理解也不一样。现在做干部标准都是提炼干部画像，既有冰山上能力、也有冰山下潜能的内容，既有性格画像、也有能力的画像，也包含有基本的任职资格，再加上其行业或者企业特有的标签，这样的干部画像就会比较完整。

举一个例子，我们在给企业做画像的标签会非常多，服务平安的时候，其干部标签可以达到300多个，即300多个属性，基于这些属性去提炼出高级干部的画像。根据不同的应用场景，我们还可以基于干部的个体情况去做其班子成员的画像、班子成员组合等应用。比如性格是否匹配、能力是否合适等等都可以算出来。因为有了基础数据后，是可以做很多数据的决策。因此干部标准里面我们更强调把它数据化、画像化，这样在干部管理过程中，大家对于标准更容易理解，达成共识。

干部盘点：在干部盘点过程当中也是一样，需要数据化的看板。就像生产管理里面的库存管理一样，当仓库里面货品堆积如山，会无从下手，对于干部管理也是一样。在企业里面我们的干部情况究竟怎么样？需要很清楚地盘点出来，把库存情况搞清楚，就需要对它进行量化。盘点结果呈现的方式，可以以九宫格、可以与绩效、人效结合在一起，也可以以其他方式组合在一起，但核心是先量化之后然后再以不同的模式呈现出来。

盘点出来之后，最终目的是什么？是为了能够改善，一是看库存情况能否优化进行减少，二是能力状况能否进行改变。下面案例是倍智在过去几年为一个湾区头部企业做的，我们对其干部队伍的领导风格进行盘点，每年不断进行迭代更新，从而可以就这一类人的实际情况做针对性的、进行针对他们能力的补充，或者引进增加某一类人来调整干部队伍的状况，或者增加某一类能力，让领导风格、领导组合更能够满足业务要求，从而实现了干部队伍的持续优化。

干部培养：在干部培养方面也是一样要数据化和量化，干部培养一直强调选比育更重要，一定要选择那些值得培养的人来进行培养，从而实现干部培养的 ROI 最大化。倍智的研究表明，具有高潜因素、高潜驱动力的双高人群的成才率是双低人群的 11.2 倍，所以培养这些人成才速度会更快，效率也会更高，因此选苗更重要于育苗。当你选对了人才之后，后续的干部培养一定是一起的，即测量、评价、培养是结合在一起一体化的。

最近倍智为一个大型央企的干部培养中心做干部培训项目，就是测评析三位一体。他们现有九类人员，我们根据他们每一类人员的测评情况，针对性的制定"按需学"的培养方案，即针对每一类人的情况可以出更具体、更有针对性的培养计划和方案。虽然每个培训班都是中青班，但每一次开班的培训内容都是定制的，因为每个人的背景和需求都不一样。所以倍智将它数据化，客户自己定义叫测培结合，以评促培，即我们把测评和培养结合在一起，当然前提是能够进行更好的、科学的量化。

干部供给：供给方面更强调内部的人才供给，招聘很重要，但大部分的岗位通过招聘是很难快速补给到位，倍智调研发现在企业里面 65%的关键岗位都存在阶段性空缺的现象，有接近四分之一的岗位几乎很难补到位，所以后备梯队的建设是非常重要、也非常迫切的。比如我们湾区的企业 TCL，他们非常强调后备队伍的梯队建设，他们有 TOP100 计划、TOP400 的计划，而且由集团进行统一管理，只有这样整个干部的供给或者梯队的搭建才能做好。

最后，干部管理系统！干部管理系统是一个抓手，是干部人才供应链建设落地的抓手。在实践中，倍智将评价中心、管理中心、数字中心融合在一起，整合到一体化的干部管理系统里面来，这也是整个干部管理的方向，数字化的干部管理系统促进整个干部人才决策的科学化、定量化、可视化，从而给到领导进行综合的干部人事决策。

倍智最近为某企业搭建干部管理系统，系统的名称叫做"建设忠诚干净担当的高素质干部队伍"，这个系统是给董事长和组织部长建的，领导只需要拿着平板电脑就知道整个干部队伍的整体情况，甚至在做人事决策的时候可以做到一键选人。这个系统的搭建是基于大量的数据为基础，从而在很多方面都可以进行量化，干部的供给、标准、盘点、培养等等，实现了数据化干部人才供应链管理的全部链条。

倍智最近服务的很多企业，在干部管理数字化方面，打造整个干部人才供应链方面做出很多很好的尝试，比如越秀集团、联通、国家电网、民营企业房地产的等等内容很多，每个企业内容都不一样，倍智希望能够把这些东西落地、为大湾区企业的干部管理的数字化转型助力。

粤港澳大湾区建设中澳门的优势与机遇[*]

叶桂平

今天发言主要的内容主要报告有四个方面。首先探讨一下我个人认为澳门在大湾区当中的定位以及发展方向,还有澳门具备的优势以及发展的机遇有哪些,最后特别结合今天研讨比较关注的大湾区背景下澳门人才发展方向、路径的建议,来谈谈个人的看法,跟大家进行交流。

首先从澳门在大湾区当中的定位及发展方向来看,我想应该是非常明显的,无论是国家的"十四五"规划、"十三五"规划,还是粤港澳大湾区规划纲要文件,都非常地清楚说明国家给予澳门的定位——一中心(世界旅游休闲中心)、一平台(中国与葡语国家商贸合作服务平台)、一基地(以中华文化为主流、多元文化共存的交流合作基地)。所以澳门未来的发展定位和方向非常清晰,即紧密围绕着一中心、一平台、一基地来开展相应工作。

然后跟大家报告澳门在大湾区发展的视野下,我们的优势是什么,我大体归纳有三方面:

其一,澳门具有的独特历史背景成就了一平台的定位,大家知道澳门在回归以前是葡萄牙的殖民地,葡萄牙在澳门耕耘了几百年,澳门跟世界上八个葡语国家拥有着传统的人脉以及历史的渊源,所以国家对澳门给予了非常高的期许,希望澳门能够继续扮演或者担当中国与葡语国家商贸合作交流的平台。澳门在这方面是拥有优势的,比如葡萄牙语的教育,在澳门相对来说应该算是亚太或者远东地区比较突出的,所以将

---

[*] 澳门城市大学副校长叶桂平的主题发言,收录本书时略有修改。

来在大湾区的概念下，我们这个平台能否培育更多的中葡双语甚至结合法律、相关产业的人才，澳门是具有一定的优势的，这是澳门作为一平台角色所能发挥的一些作用。

其二，和谐的社会文化底蕴孕育出世界旅游休闲中心的定位。大家提到澳门最早就想到赌城的形象，但后来在回归之后澳门的博彩业开放由一家变成三家，以及现在还有三个副牌加起来就有六家的格局，使得澳门旅游、休闲逐步由博彩业一枝独秀慢慢走向现代旅游业，以及现在往高端服务业发展，多年的孕育使得我们在人才培养方面，尤其是在澳门旅游人才的培养上已经逐步走向比较前列的地位。所以将来大湾区需要高端服务业人才储备，澳门在旅游业的人才培养方面应该可以扮演更多的角色，能够投入更多的资源来协助大湾区的整体旅游人才的发展，我们这里有非常奢侈的综合旅游度假村，大家有来过澳门也发现，澳门的旅游业人才无论在服务态度还是在综合的管理能力上都具有一定口碑，所以这也是世界旅游休闲方面的优势。

其三，多元的侨眷脉络便利开拓东南亚市场，澳门有"以侨为桥"的特点，许多来自世界各地特别东南亚的侨眷、侨民都居住在澳门，他们既扮演民间外交的角色，也在这里取得跟东南亚国家、"一带一路"沿线国家的交流人脉，这些人脉资源或许可以反哺到我们的商贸交流当中，或许可以放在我们的国际交流当中，因此这些也是澳门拥有的人才优势。

总体来说，澳门在制度方面拥有一国两制的优势，以及天然的国际贸易自由港以及单独关税区的传统优势，以上是我通过第二点希望给大家报告一下澳门应该具备的哪些优势。

接下来，我想跟大家交流的是澳门在未来的发展当中，特别是粤港澳大湾区这样的发展视野下，我们拥有哪些机遇。总体来看有四个方面：

第一是具有广阔的创业就业的空间。首先我们来看看创业就业空间的广阔角度，大湾区为澳门、香港的青年创新创业，我想是给予了很多的条件，大家如果认真阅读大湾区规划纲要的时候就可以看到，无论是青年到内地创新创业、实习见习，都是在鼓励港澳居民在内地就业、购房、旅行，积极提高国民待遇。港澳居民在内地发展所获得的收益能否充分保护，这就涉及税制方面，港澳税率比内地低很多，因此要让港澳人才来内地发展，首先税制方面能否进行统一非常重要，加上其他的技术规范、人才资格的认证、对接等，我想这方面通过大湾区9个城市加上港澳，大家都在共同探讨，将来在制度、机制的对接衔接上能够不断地取得突破，青年的创业就业空间会越来越广阔，这是澳门的机遇。

第二是拥有比较庞大的商贸市场以及产业链的脉络，以及澳门结合国家给予的要求和自身的实际发展需要，我们需要改善自身经济结构来促进产业多元发展，这种发展必须需要多元的人才来支撑。如果说澳门要对接世界其他的国家或者地区，那么澳门就显得体量有点太小了，但是如果能背靠粤港澳大湾区，将自己融入大湾区乃至最后融入国家发展大局，我想澳门的平台、优势就会非常明显。既有的大湾区规划纲要中不断提到港澳能否发挥自己的优势，而澳门如能借助这一机遇与内地合作来延长各种产业的链条，就可以使得澳门充分发挥其平台作用，把我们的国家跟"一带一路"沿线国家和地区进行紧密地连接，把粤港澳大湾区的优势发挥得淋漓尽致。

第三是可以改善澳门经济结构，促进产业多元发展。《粤港澳大湾区发展规划纲要》把澳门列入广深港澳科创走廊中，目前，澳门已经设立了四个重点实验室，分别在中医药、集成电路、生物医药、月球与行星科学等都有一定科研基础。澳门可以好好利用这些已有的科研平台，联系整合国内外创新资源，从科创产业中寻求新经济动力。此外，整个粤港澳大湾区的综合经济规模庞大，金融领域的产业发展潜力无限。澳门可以利用自己的优势与特点，打造中葡金融服务平台、以人民币计价结算的证券市场、绿色金融平台等新服务产业，也可以发展船舶保险、游艇租赁、健康保险等特色金融业务。

第四是国家提供强力基础来大力支持澳门发展，这是非常重要的，即国家给予我们相当多的政策和制度的基础，现在有人打趣地说澳门特区作为一国两制的模范，应该说国家对我们是相当支持的，基本上提出什么要求，能给的尽力都给予，所以这是相当重要的。

最后，怎么促进大湾区背景下澳门人才发展，我想谈谈自己的一些想法。其一，构建湾区高端智库集群，建立健全人才发展体制机制。其二，加强湾区人才发展信息平台建设，做好政策宣传。其三，加强产学研合作，优化人才培育资源分配。其四，推动湾区内规则制度衔接，加强配套措施服务，促进人才自由流动。

现状与决策

粤港澳大湾区背景下港澳地区人才现状和未来发展研究

殷路阳　康　杰

（西南民族大学商学院）

摘要： 基于粤港澳大湾区协同发展的时代背景，通过对相关文献的梳理，分别从人才引进、培养、评价三方面剖析港澳地区人才发展上的优势和不足，并针对这些优势和不足，结合人才湾区统筹协调的背景，提出未来港澳地区人才发展的政策建议。

关键词： 粤港澳大湾区　港澳地区　人才发展

一　引言

2019年2月18日，中共中央、国务院印发的《粤港澳大湾区发展规划纲要》（以下简称《纲要》）中指出，建设粤港澳大湾区，是推动"一国两制"事业发展的新实践[1]。在这种背景下，香港和澳门将进一步融入国家发展大局，共担民族复兴的历史使命，共享改革开放的发展成果。

相较于传统工业社会对自然资源的过度依赖，如今人才已成为社会和科学发展的核心资源。《纲要》还指出要打造大湾区教育和人才高地，这将进一步为港澳地区创造良好的人才发展环境，将其打造成我国参与全球化和国际竞争的重要平台。

---

[1] 新华社：《中共中央、国务院印发〈粤港澳大湾区发展规划纲要〉》2019年7月。

香港和澳门作为世界领先的经济中心,该地区在人才引进、培养和评价方面取得了长足发展,但由于其地域的局限性和资源的有限性导致地区的人才发展不能完全满足经济社会发展的需要。

二 香港地区的人才现状

2021年7月1日是香港回归祖国24周年,在过去的23年中,香港依托不断强大的祖国,迅速成长为国际金融中心。然而,根据世界知识产权组织等机构发布的《2017年全球创新指数》中,香港创新投入排名第8,但创新效率仅排名73位[①],这样的巨大落差,说明香港的科技人才匮乏且难以满足成为国际创新中心的需要。通过梳理香港在人才引进、培养和评价等方面的历史和现状,本文旨在找出原因并给出相应的建议。

(一)香港的人才引进现状

香港在人才引进方面的发展历程与其他发达的移民国家类似,都经历了一个由大量引进一般的劳动人口到根据发展需求有针对性地引进人才的过程。1950年之前,选择移居香港没有任何限制。1950年至1980年,香港开始实行移民制度管控,虽仍然有大量的非法移民涌入香港,但这一时期香港也获得了充足的廉价劳动力资源,有力地促进了香港经济转型升级和发展。1980年后,香港确立了按需引进人才的方针政策。表1为香港自1980年以来的部分人才引进计划信息表。香港的人才引进政策能够适时调整人才引进的标准和方式,按需引进人才[②]。在高度自由的经济环境、优质的教育和医疗、良好的社会治安和法治以及宽松自由的学术氛围等有利条件的加持下,香港借助一系列引才计划引进了大量多元化、高层次人才。

---

① 李莹亮、李慧:《育才、优才、引才,香港打响科技创新"人才争夺战"》,《科技与金融》2018年第7期。
② 黄立金:《引进人才:香港的政策与实践》(下),《国际人才交流》2011年第2期。

表1　　　　　　　　　香港人才引进政策信息表

政策	发布主体	颁布时间	政策目标
香港新机场及有关工程特别输入劳工计划	港英政府	1990年	为了如期完成香港新机场及相关工程的建设
输入内地专业人才实验计划	港英政府	1994年3月	招聘内地36所重点大学相关专业的毕业生
输入优秀人才计划	香港特别行政区政府	1999年12月	提高香港高科技、高增值制造业或服务业的竞争力
输入内地专业人才计划	香港特别行政区政府	2001年6月	吸引具有资讯科技和金融服务业资历的内地专业人士
新"输入内地人才计划"	香港特别行政区政府	2003年7月	吸引内地具有相关资历的优秀人才和专业人才来港工作
资本投资者入境计划	香港特别行政区政府	2003年	吸引外来资金,刺激经济增长
优秀人才入境计划	香港特别行政区政府	2006年6月	吸引内地及海外的高技术人才或优秀人才
非本地毕业生留港/回港就业安排计划	香港特别行政区政府	2008年5月	鼓励高校毕业生留港/回港工作
一般就业政策	香港特别行政区政府	2008年之前	引进具备香港所需而又缺乏的特别技能、知识或经验的海外专业人士
输入中国籍香港永久性居民第二代计划	香港特别行政区政府	2015年5月	吸引海外的中国籍香港永久性居民的第二代回港
科技人才入境计划	香港特别行政区政府	2018年	提升香港的科技创新实力

数据来源:香港特别行政区入境事务处官网 https://www.immd.gov.hk/。

然而由于香港地域和资源的有限性,极大地限制了人才引进的力度,如最新的"科技人才入境计划"中就有关于"企业每雇用1名外地人士,必须同时雇用3名本地人士"等硬性规定①。另外,香港的生活成本和房价租金非常高,若企业开出的薪酬不足以支持引进人才来港后的

---

① 李莹亮、李慧:《育才、优才、引才,香港打响科技创新"人才争夺战"》,《科技与金融》2018年第7期。

基本消费，他们会难以在香港社会生存，但若薪酬成本投入过高，企业又无法承担。最后，香港行业领域过于狭窄且存在行业性壁垒保护，外加获取永久性居住权的时间过长，这都会打击引进人才在香港谋求发展的信心。

（二）香港的人才培养现状

香港在人才培养方面，也具有得天独厚的优势。在高等教育方面，香港拥有世界一流名校和教学人员。2018QS世界大学排名中，香港就有4所高校跻身前50：香港大学位列26位，香港科技大学第30位，香港中文大学第46位，香港城市大学第49位[1]。另一方面，香港的各个阶层对职业教育也非常地重视。1982年，香港职业训练局（VTC）成立，其下设的数十所培训中心，每年能够为约25万名学生提供全面的职前和在职训练[2]。1992年，香港雇员再培训局（ERB）成立，随即推出"人才发展计划"。市民参加职业培训且考核合格后即可获得等同于某个学历级别的资历级别，这项举措提升了社会对职业培训的重视程度[3]。香港高素质的劳动者以及完善的职业教育体系是支撑其成为国际金融中心之一的重要因素[4]。香港特区政府高度重视公务员的培训和管理，香港公务员培训处专门负责制订培训政策，提供各类帮助公务员提升领导能力和管理能力的培训课程，目前香港公务员队伍被列为全世界最高效、廉洁的公务员队伍当中[5]。香港在经济社会发展进程中，大力发展高等教育、国际化教育以及职业教育，积极开展公务员培训，培养了大批优秀的学术型、技术型和服务型人才，促进了经济的高速增长。

然而，由于香港经济过分依赖金融、服务、物流和旅游四大支柱型产业，使得香港在人才培养结构上不够完整，理工类专业的入学率要低于商科专业，科技类人才短缺，科技行业就业偏低，科技方面的

---

[1] 李莹亮、李慧：《育才、优才、引才，香港打响科技创新"人才争夺战"》，《科技与金融》2018年第7期。
[2] 曾煜婷：《借鉴香港职业教育经验，推动广东技能人才培养》，《职业》2018年第24期。
[3] 崔浩：《香港"人才发展计划"经验介绍及启示》，《中国就业》2017年第12期。
[4] 曾煜婷：《借鉴香港职业教育经验，推动广东技能人才培养》，《职业》2018年第24期。
[5] 曾建权：《略论香港人才发展战略》，《特区经济》2011年第7期。

产出也有限。

(三) 香港的人才评价现状

人才评价是人力资源管理中极其重要的一个环节，它能够为地区人才引进和人才培养提供基本的参考依据。香港特区政府在高端人才评价上，专门成立独立的专家机构"输入优秀人才及专才咨询委员会"对申请人的资质进行评估和审定。特区政府依托出入境事务处对重点人才进行跟踪统计，及时了解人才引进的效益情况，如曾发布数据证明每引进一名专才平均为港人创造2.7个工作岗位，当年人均为香港带来收益30.8万元，第二、第三年更会增加到231万元[1]。在香港推出的多项人才引进计划的限制条件正是香港根据自身实际提出的人才评价的依据。2006年，香港推出面向全球的"优秀人才入境计划"，该计划引入了发达移民国家的计分制，申请人需用获取的分数，与其他申请人一起竞争配额。在职业人才评价方面，香港职训局在学历教育和职业资历认证的标准上进行了对接，将学历和专业技能、经验等综合素质同等看待[2]。香港的人才评价同样由于地域和市场的局限性，未能形成全面的人才评价体系。

总的来说，香港地区的人才现状具有明显的优势，但同时又有其局限性。粤港澳区域联动发展能够很大程度上帮助香港地区扩大市场容量和产业规模，进一步提升香港作为国际经济中心的地位。

三 澳门地区的人才现状

回归后的澳门经济高速发展，旅游博彩业成为澳门的支柱型产业[3]。《纲要》进一步明确了澳门建设世界旅游休闲中心、中国与葡语国家商贸合作服务平台。在这样的大背景下，澳门的人才发展对于澳门新的城市发展定位至关重要。

---

[1] 黄立金：《引进人才：香港的政策与实践》（下），《国际人才交流》2011年第2期。
[2] 吴学范：《人才因素决定香港的未来发展——简析香港政府的引进人才政策》，《国际人才交流》2008年第2期。
[3] 陈志峰、梁俊杰：《澳门专业人才引进：历史、现状与改进》，《港澳研究》2017年第2期。

(一) 澳门的人才引进现状

澳门的人才引进也是从一般劳动力开始的。20世纪80年代,澳门的支柱型产业为劳动密集型产业,如纺织业等,需要大量的劳动力资源。1988年,澳葡政府颁布12/GM/88号法令,允许外地劳工通过第三方实体进入澳门企业工作[①]。90年代,由于内地改革开放进一步得到深化,冲击了澳门的轻工业发展,本地产业开始转型。1995年,澳葡政府颁布实施第14/95/M号法令《设立鼓励措施,以吸纳投资及使管理人员和具特别资格之技术人员留在本地区》,该法令成为澳门第一个引进专才的法律法规[②]。2002年,澳门特区政府开放博彩专营权,旅游博彩业高速发展,此时的社会需要大量的高素质人才,然而澳门的人口基数小,人口受教育程度偏低,人才严重短缺。基于此,特区政府自2002年起多次在施政报告当中提到专才引进,而随着外来人才的加速输入,本地劳动市场泛起保护主义,于是2013年起,特区政府开始重视本地人才的培养和回流上来。直到2016年,特区政府推出"五年发展规划",在人才部分写到"积极研究人才引进政策措施,吸引符合建设一个中心、打造一个平台需要的专才到澳门服务"[③]。从2018年起,特区政府开始研究设立优才计划,放宽了对获批准申请人的条件,申请人一旦获得批准,可自主选择在澳的就业或创业。

同样,由于澳门的地域狭小和人口资源极为有限,本地市场规模小、产业结构单一,进而导致澳门无法形成人才竞争机制和多元化发展的格局。

(二) 澳门的人才培养现状

在早期澳葡政府时期,葡萄牙统治者对澳门地区的教育和人才培养采取不作为不干预的方式。于是澳门民间办学团体以及一些崇尚教育良知的个人把澳门建成了世界独特的以私立学校为主体的教育模式。同时,

---

① 陈志峰、梁俊杰:《澳门专业人才引进:历史、现状与改进》,《港澳研究》2017年第2期。
② 陈志峰、梁俊杰:《澳门专业人才引进:历史、现状与改进》,《港澳研究》2017年第2期。
③ 陈志峰、梁俊杰:《澳门专业人才引进:历史、现状与改进》,《港澳研究》2017年第2期。

多种学制并存也导致了教育体制的混乱，以及教学水平的良莠不齐，家庭的教育负担过重，教育无法得到有效普及。澳门的高等教育自20世纪80年代才起步。成人教育直到1983年才受到澳门政府的重视[①]。进入21世纪，澳门的人力资源素质依然偏低。2007年文化程度为中学的就业人口占整体就业人口比例的55.3%，其次是小学及以下占整体就业人口的24.5%。而高等教育程度的就业人口比例有逐年增加趋势，但相对来说，比例仍然偏低[②]。特区政府在2014年度施政报告中提出要建设人才培养长效机制，成立人才发展委员会，进行人才发展长远规划的统筹和安排。现如今非高等教育和高等教育共同组成了澳门的人才培养教育系统。在非高等教育方面，澳门是亚洲较早提供15年免费教育的地区，澳门的职业技术教育涵盖多种课程类型，包括商业行政管理类、旅游文化类等等。特区政府于2012年颁布《非高等教育私立学校教学人员制度框架》，为教学人员提供科学的指导和保障。在高等教育方面，2018年《高等教育制度》生效，此外，特区政府设立各类奖助学金，旨在帮助每位有潜力的学生都有接受高等教育的机会。考虑到澳门特殊的城市角色定位，特区政府逐步加强其他领域的人才培养，如中葡双语人才、金融人才和文化创意产业人才等等。特区政府稳步推进在职培训，如劳工事务局开办各类考证课程和技能测试，帮助澳门居民考取内地、澳门的技能证照或国际认可的技能证照[③]。

尽管澳门的人才培养取得了显著的成效，但澳门人口基数小，澳门高中毕业生进入澳门高校，几乎没有竞争，无论是生源质量还是培养质量上都难以达标。另外由于澳门产业结构单一造成人才需求类型单一，最终导致人才培养结构单一。

（三）澳门的人才评价现状

澳门特区政府于2014年初设立"人才发展委员会"，旨在构建全方位的人才发展系统。人才发展委员会于2015年委托澳门四所高校，对澳

[①] 秦伟娟：《加强粤澳合作，促进澳门特区人才培养与引进》，《广东经济》2000年第2期。
[②] 柳智毅：《澳门特区人力资源存在的问题与开发建议》，《暨南学报》（哲学社会科学版）2009年第5期。
[③] 《澳门特别行政区政府人才发展委员会网站》，https://www.scdt.gov.mo/zh-hant。

门的博彩、酒店、饮食、零售和会展共五个行业进行人才需求方面的评价预测,从而构建人才需求资料库和人才入职评价标准。此外,完整的人才评价资讯是特区政府制定相关政策的重要依据,如建立面向修读高等教育的"高等教育人才资料库"及面向澳门居民的"人才资料库"。"高等教育人才资料库"中有"在本澳及外地修读高教课程的本澳学生资料"、"澳门大专学生毕业后追踪调查"等一手的人才评价资料。"人才资料库"内有学历、证照、工作经验等多方面资料。这些资料系统将为全面评价人才提供更安全、更可靠的服务平台[①]。

四 港澳地区人才现状优劣势对比以及对内地的经验

通过对以上内容的分析阐述,该部分将港澳地区的人才现状的优势和不足进行梳理并从中总结出对内地人才发展的经验。相关内容如表2所示。

表2　　　　　港澳地区人才现状优劣比较及对内地的经验

		香港	澳门
人才引进	优势	低税率、自由的经济环境、免费的教育和医疗、稳定的治安、完善的法治制度以及宽松自由的学术氛围等人才引进环境	经济环境自由、高度发达的旅游博彩业,产业发展潜力巨大,专才引进的空间大
人才引进	不足	人才引进限制较大;地区房价和生活成本高昂;存在行业性壁垒保护	本地保护主义;地域和市场规模小;产业结构单一且不成熟,人才引进相对保守
人才培养	优势	一流的高等院校和教学人员;具有全球视野;专业完善且高效的职业教育体系;多个世界之最的公务员队伍	成立专门机构制定长期人才培养计划;独一无二的国家对外开放平台背景
人才培养	不足	产业结构单一导致人才培养结构单一;理工类入学率低于商科专业;科技类人才短缺	私立学校居多,人才培养质量无法得到保障;人口基数小,难以形成人才竞争机制;产业结构单一,导致人才培养结构单一

---

① 《澳门特别行政区政府人才发展委员会网站》,https://www.scdt.gov.mo/zh-hant。

续表

		香港	澳门
人才评价	优势	成立专门机构进行人才资格评估审定；引入人才引进的计分制度，量化人才评价；对职业教育的重要性的认识上具有广泛的社会共识	设立专门机构，全方位构建人才管理发展和评价系统
	不足	由于空间和地域的限制、产业政策的不明晰和单一化，无法形成完整的人才评价体系	产业结构单一导致人才匮乏，人才评价标准不一，无法形成客观的人才评价体系
对内地的经验		在人才引进方面，要营造安全、舒适和稳定的人才引进环境，打破行业性壁垒，扩大就业市场和产业市场，加大人才引进力度，统一人才引进原则；人才培养方面，优先发展高等教育，加强国际化教育，扩大开放，统筹学科和产业发展，推广职业教育，打造廉洁奉公的公务员队伍；人才评价方面，推动社会人才评价专业化，优化产业机构和标准，形成健全的人才评价体系	

五 建设粤港澳大湾区对港澳地区人才发展的影响

粤港澳大湾区的长远规划对于港澳地区的未来人才发展意义重大，这既是港澳地区增强自身人才引进的竞争力的重大历史机遇，同时也是需要面临人才体制和制度环境存在巨大差异的挑战。

（一）促进港澳地区在大湾区的人才流动与人才协同发展

人才协同发展将是大湾区打造人才高地的关键一环。区域联动协同发展将会打破港澳地区在人才培养和发展上的固有壁垒，促进人才在湾区内的自由流动，弥补港澳地区在创新创业和科技人才方面的不足，扩大人才的就业渠道和产业市场，同时也会充分发挥港澳地区的人才国际化、专业化和完善的知识产权保护机制等优势。

（二）加大港澳地区高端人才引进力度，优化人才结构

建设粤港澳大湾区意味着大量优势资源将被整合以推动大湾区建设和发展。港澳地区地域和市场空间狭小，资源有限、产业单一、科技创新不足、生活成本高昂等阻碍人才发展的因素会得到有效解决，人才引

进的限制将会放宽。这将充分发挥港澳地区在引进国际高端人才方面的优势。随着大湾区内的产业多元化，港澳地区无论在人才引进还是人才培养上，都会使人才结构得到更充分的优化。

（三）促进港澳地区国际高层次人才培养

港澳地区已成为我国扩大对外开放的重要国际平台。香港拥有世界级的基础设施、自由开放的营商环境和高效能的交通系统，而国家"十三五"规划已明确支持澳门建设为"中国与葡语国家商贸合作服务平台"，其不仅是连接中国内地和国际市场的重要纽带，更与欧盟及葡语国家有着深层次的特殊关系。鉴于此，依托粤港澳大湾区的有力支持，港澳地区将成为新型国际高层次人才的培养基地，充分展现港澳地区高度国际化的环境优势，进一步巩固香港和澳门在国际上的引领地位。

六 对策和建议

港澳地区要发挥其优势，弥补其不足，需要转变人才发展固有模式。通过上文对港澳地区在人才引进、培养、评价方面的阐述，本文结合粤港澳大湾区的建设背景提出以下政策性建议。

（一）人才引进：降低企业人才引进成本

降低企业人才引进成本可通过两种途径：一是鼓励支持科创企业在大湾区设立分支机构，这样可以有效降低企业的运营成本，包括薪酬成本、高昂的租金成本。同时，还可以扩大港澳地区的人才就业市场，进一步拓宽人才引进的渠道，港澳地区的本土人才也可以在整个大湾区的市场环境中得到历练。二是放宽人才准入限制，缓解企业的高端人力资源匮乏的问题，这将充分发挥港澳地区企业高度国际化的优势，也为大湾区在全球招揽英才，进一步提高港澳地区在引领我国继续扩大开放的显著地位。

（二）人才培养：积极实施人才培养多元化的政策

产业结构影响着人才结构的发展，实现人才培养多元化的前提是产业结构的多元化，故要积极扶持湾区内除港澳地区支柱型产业以外的行业。大湾区背景下，港澳地区就会有足够的市场空间和土地资源来开展产业的多元化，优化人才结构，降低应对外部经济环境不确定性的风险，实现地区的可持续发展。

人才培养还需要教育的参与，要鼓励与内地进行联合办学。目前大湾区内高等教育资源比较匮乏，高端人才储备不足[①]。联合办学能够促进高校之间的人才流动，提高内地和港澳地区的人才培养水平，同时港澳地区的高校能够更好地识别国家未来发展机遇，进一步融入国家发展大局。

（三）人才评价：推动构建大湾区人才评价协同发展体制机制

只有积极推动构建大湾区人才协同发展，才能真正实现人才在湾区内的自由流通。这不仅要促进政府间的紧密合作，更要促进民间团体的充分交流。建立大湾区人才资料库，运用大数据等前沿技术结合大湾区的未来产业发展对人才进行合理地规划、引进、培养和评价。形成区域人才共享机制，为港澳地区持续繁荣发展提供高水平、高质量的人才储备，更好地共享国家发展的红利。

参考文献

[1] 新华社：《中共中央、国务院印发〈粤港澳大湾区发展规划纲要〉》2019年7月。

[2] 李莹亮、李慧：《育才、优才、引才，香港打响科技创新"人才争夺战"》，《科技与金融》2018年第7期。

[3] 黄立金：《引进人才：香港的政策与实践》（上），《国际人才交流》2011年第1期。

[4] 黄立金：《引进人才：香港的政策与实践》（下），《国际人才交流》2011年第2期。

[5] 曾煜婷：《借鉴香港职业教育经验，推动广东技能人才培养》，《职业》2018年第24期。

---

① 李卷书、李玉杰：《粤港澳大湾区科技人才共享问题及路径研究》，《特区经济》2019年第1期。

［6］崔浩：《香港"人才发展计划"经验介绍及启示》，《中国就业》2017 年第 12 期。

［7］曾建权：《略论香港人才发展战略》，《特区经济》2011 年第 7 期。

［8］吴学范：《人才因素决定香港的未来发展——简析香港政府的引进人才政策》，《国际人才交流》2008 年第 2 期。

［9］陈志峰、梁俊杰：《澳门专业人才引进：历史、现状与改进》，《港澳研究》2017 年第 2 期。

［10］秦伟娟：《加强粤澳合作，促进澳门特区人才培养与引进》，《广东经济》2000 年第 2 期。

［11］柳智毅：《澳门特区人力资源存在的问题与开发建议》，《暨南学报》（哲学社会科学版）2009 年第 5 期。

［12］《澳门特别行政区政府人才发展委员会网站》，https：//www.scdt.gov.mo/zh-hant。

［13］李卷书、李玉杰：《粤港澳大湾区科技人才共享问题及路径研究》，《特区经济》2019 年第 1 期。

［14］周仲高、游霭琼、徐渊：《粤港澳大湾区人才协同发展的理论构建与推进策略》，《广东社会科学》2019 年第 6 期。

［15］耿川、吴泽福、陈为年、沈瑾：《澳门经济适度多元化视阈下特色金融及其人才发展路径刍议》，《兰州学刊》2019 年第 8 期。

［16］江美影：《引才、育才、用才——探究粤港澳大湾区人才共享共融共建机制》，澳门城市大学研究生会、澳门高校研究生联合会、国际工程技术协会：《第二届粤港澳大湾区研究生论坛论文集》，澳门城市大学研究生会、澳门高校研究生联合会、国际工程技术协会、武汉万城云文化传媒有限公司 2019 年。

［17］刘佐菁、陈杰：《新时期粤港澳人才合作示范区发展战略研究》，《科技管理研究》2019 年第 8 期。

［18］詹贤武：《香港的人才政策及对海南的启示》，《新东方》2018 年第 5 期。

［19］曾凯华：《欧盟人才流动政策对粤港澳大湾区发展的启示》，《科学管理研究》2018 年第 3 期。

［20］本刊编辑部：《澳门特别行政区 2018 年财政年度施政报告：教育领域》，《世界教育信息》2018 年第 3 期。

［21］徐燕琴：《香港、新加坡人才制度保障政策比较分析》，《科技经济市场》2015 年第 10 期。

［22］张驰、梁维特：《澳门人才短缺与人才需求趋势》，《国际人才交流》2008

年第 10 期。

[23] 柳智毅:《澳门高层次人才的开发与梯队培养》,北京大学、无锡市人民政府、江苏省人事厅、中华人力资源研究会:《区域人才开发的理论与实践——港澳台大陆人才论坛暨 2008 年中华人力资源研究会年会论文集》,北京大学、无锡市人民政府、江苏省人事厅、中华人力资源研究会、北京大学政治发展与政府管理研究所 2008 年,第 5 页。

粤港澳大湾区人才引进问题及政策思考

吴智育[*]　苏佳荫[**]

（河北师范大学）

摘要：在粤港澳一体化的背景下，如何推动该区域的经济建设，整合区域内各个地区的资源优势，提升竞争力，是建设粤港澳大湾区的重中之重，并且粤港澳大湾区作为我国经济发展的重要区域，如何吸纳高端人才，搞好人才引进也是不可忽略的要点。本文立足于人才引进的视角，探讨粤港澳大湾区人才引进中存在的诸多问题，并提出相关的政策改进进行思考，希望能够对大湾区的人才引进有一定的参考价值。

关键词：粤港澳大湾区；人才引进

推进粤港澳大湾区建设，是以习近平同志为核心的党中央确定的国家战略。推进粤港澳大湾区全面繁荣发展，离不开人才。粤港澳大湾区人才政策则是粤港澳大湾区人才开发和人才价值实现的重要保障。

一　粤港澳大湾区人才引进研究背景

粤港澳大湾区是我国经济发展的重要地区，其包括的范围主要为香港特别行政区、澳门特别行政区以及珠三角九市。《粤港澳大湾区发展规划纲要》（以下简称《纲要》）于 2019 年颁布实施，为粤港澳地区经

---

[*] 吴智育，女，河北师范大学法政与公共管理学院副教授，硕士生导师。
[**] 苏佳荫，女，河北师范大学法政与公共管理学研究生。

济发展指明了方向。《纲要》第八章指出，要建设教育与人才高地，即办好粤港澳高校合作办学，推动共建优势学科、实验室、研究中心。全面发挥粤港澳高校联盟的作用，鼓励三地高校在交换生制、科研成果共享转化等方面开展相互认可的具体课程学分、开展合作交流的同时，创造更具吸引力的引进人才环境，实行更积极、更开放、更有效的人才引进政策，加快建设粤港澳人才合作示范区。在这一政策背景下，如何更进一步，更加高效地实现粤港澳大湾区人才引进的目标，成为学者们研究与关注的热点。但是，要结合粤港澳大湾区的特殊性、优越性来考量人才引进，由此才能做到具体问题具体分析，因地制宜地搞好人才建设，推动大湾区的经济发展。

从一般的宏观角度看，人才引进是指：因工作需要，当地的单位录用一个外省、市的在职的，且就业至少达到一定年限的人员，学历高于当地人才引进的最低要求的人才来当地就业。但是，不同地区有不同的标准界定，比如广州对人才引进针对不同学历提出了不同职称的要求，并限定了年龄范围。因此，对于粤港澳大湾区的人才引进也应明确一个标准，合理的设立人才引进的条件，由此才能实现对高端人才的甄别，以此提升大湾区人才引进的水平。

二 粤港澳大湾区人才引进现状

据相关资料查阅，广东省人才引进政策有诸多内容与不同，各地区结合自身实际制定了不同的人才引进政策，例如，中山市与珠海市在原有政策的基础上进行了如下的改动：第一，扩充了人才引进的范围，放宽人才引进的对象。第二，降低人才引进的学历与年龄限制，在一定程度上降低人才引进的门槛。第三，对先落户后就业的限制进行了改动。东莞市则是更加注重人才激励条件的提升，对引进的高新技术与骨干科研人才给予百万元的安家费，并按照一定的比例进行逐年发放。江门市注重人才集聚效应方面的提升，实现人才引进的产业化，并且更加注重人才培育，比如"江门伯乐"引育计划、实现引进与培育双面共同提升。惠州仲恺高新区则注重对大学生青年人才的培养，实施苗圃工程，人才培育更加年轻化。肇庆市与广州市根据职称设置相应的薪酬，配以相应工作编制,并对高层次人才在本市工作 6 个月以上的人才,让其享受本市市民待遇。由上述人才引进的相关政策来看,广东省各地区对人才引进都较为重视,并结合本地区的实际情况进行政策设定。

从 2018 年起粤港澳大湾区引进的人才数量呈现快速增长的趋势,据数据显示 2018 年珠三角地区的技术人员约占广东省的 70%,截至 2019 年累计到广东省工作的外国人才约有 78 万人,港澳台人才约有 117 万人。由此可见,粤港澳地区对人才具有十分强大的吸引力,人才的大量聚集也为大湾区的发展提供更多的内在动力。从人才引进的现状来看,粤港澳地区的人才引进大致具备以下几个特点:

(一) 人才引进渠道多样化

首先要充分利用粤港澳地区现有的高素质人才,发挥现有人才的专业优势,重点关注法律、金融、咨询服务等专业领域的人才,将本土的现有人才作为重要的人才来源。其次充分发挥粤港澳地区的教育优势,仅就香港地区而言便拥有香港大学与香港中文大学等 5 所国际知名院校,良好的教育环境会更进一步吸收国际化高素质人才。最后,港澳地区人力资源服务业的成熟有利于进一步提升对人才的吸引力。

(二) 人才引进更加便利

一方面,粤港澳大湾区的交通便利是其最大的优势,随着港珠澳大桥的建成,进一步加深了香港、澳门与广东的经济文化交流,方便了三个地区的人才往来,人才交流,有利于进一步构建港珠澳人才交流圈,为大湾区的人才引进提供更多的助力支持。另一方面,粤港澳大湾区具备政策与法律支持。政策支持体现在香港地区推行"科技人才引入计划"通过降低人才准入的标准来快速吸收招揽更多的人才。法律支持即为《纲要》的颁布,《纲要》中不仅明确表示要建设人才高地,而且要求粤港澳地区强化知识产权的保护。此规定有利于进一步营造尊重知识、尊重人才的氛围,吸纳更多的人才。

(三) 高端人才的多元化

高端人才的多元化是由企业人才多元化的需求所决定的。相比于政府人才引进而言，企业的人才引进更具灵活性，人员的构成也更加地多元化。粤港澳地区的外资企业居多，其管理制度较为健全，管理方式较为多样，并且来源渠道的多样化也为吸收更多的国际人才与内地人才提供了更多的可能性。

三 粤港澳大湾区人才引进问题研究

粤港澳大湾区的人才引进也存在较多的问题，存在一定的局限性。比如人才对接机制的尚不完善，区域资质互认制度尚未健全等问题也会在一定程度上阻碍大湾区的人才引进。

（一）区域共享率低

目前粤港澳大湾区人才引进存在的最主要的问题为缺乏完整统一的人才市场，即没有人才流动信息的共享渠道，信息共享与人才交互率较低。现阶段所呈现的市场特点是三个区域内的人才市场无法实现人才跨区域的无障碍流通，这对区域内的资源共享会造成很大阻碍。从制度层面来说，内地人才来港澳地区工作会受到入境时间的限制、并且人才的注册、人才流动的审批环节也较为繁琐，效率较低，人才引进机制的不完善会限制区域内的人员流动，进而导致区域内共享率较低。从共享意识来说，大湾区的建立体现的是合作精神，但是同时也存在着竞争，人才往往是第一核心竞争力，在实际的引才过程中往往会出现恶性竞争，以此到达维护自身企业利益的目的，这也会在一定程度上阻碍区域内部人才共享目的的实现。从创新的角度来说，目前来看粤港澳地区在科技创新、企业革新上处于前列，但是与世界发达国家的企业相比仍处于相对落后的阶段，这会使粤港澳大湾区在人才的培养、教育理念共通共融上存在阻碍，进一步导致所引进的高科技人才难以完全融入与发挥自身的作用，无法实现区域共享。

（二）合作基础差

合作基础差主要从两个方面来说。第一，从历史条件来说，港澳两地是于20世纪90年代末回归祖国的怀抱，与广东省等内地缺乏长期合作的历史基础，历史基础的薄弱会在一定程度上阻碍对人才的招揽与引进。第二，缺乏合作的政策基础。一方面，虽然港澳地区在安检、认证程序等方面进行了一定的方便与简化，但是相关的制度仍然存在一定的缺陷。比如对于内地人才前往港澳地区工作都有一定的时间限制，而且大多为短期的工作与合作，来港人员会受到户籍、停留条件等诸多方面的限制。并且就现有的商务注签来说，一些中型企业的科创所产生的初期企业的发展也会受到政策的限制。另一方面，虽然各个地区都相继颁布了一些人才引进政策，比如《澳门中长期人才培养计划——五年行动方案》、《广州市高层次人才认定方案》等，但是并没有制定关于人才引进、人才培养等方面的相关政策，此类政策的缺失会对大湾区人才引进造成一定的阻力。

（三）人才储备弱，人才流失难控，人才专利缺失

第一，粤港澳大湾区虽然地处国内经济发达地段，但是，同样存在人才储备较弱的情况。从相关的调查数据来看，粤港澳大湾区与世界其他三大湾区相比高端人才的储备量较低，人才整体质量较低，从而导致大湾区无法实现人才的集聚效应。并且各地区人才需求相似，这主要是由产业间的生产缺乏协同性所造成的，大湾区内的各个地区第三产业发展已超过同期的第二产业的发展，并且第三产业的持续发展也会扩大对第三产业的人才需求量。由此不难看出各个地区产业之间的发展的雷同性会进一步导致引进人才类型的相似性，难以实现人才的梯度性引进，无法充分的整合人才资源，发挥人才优势。第二，粤港澳大湾区依然存在人才流失的问题。这是由于大湾区与世界其他三大湾区的发展存在差距，存在部分高端人才以大湾区就职为跳板，进而选择去国外就职，并且一些企业的外迁也会导致人才的流出。第三，在国家知识产权局政务服务平台中进行专利检索及分析，在高级检索"发明名称"中所搜"人才管理"共有 20 条相关专利数据；搜索"人才引进"仅有 3 条相关专利数据。在我国专利申请量不断增加，专利增长率不断创新高的背景下，人才引进方面专利实属匮乏。

四 国际三大湾区人才引进成功经验借鉴

目前,世界上共有四个相对成熟、体量庞大的湾区,分别为:以金融为导向的纽约湾区、以科技创新为导向的旧金山湾区、以产业集群为导向的东京湾区以及2015年新建立的综合型粤港澳大湾区。国际三大湾区在人才引进方面的成功经验对我国粤港澳大湾区人才引进建设具有一定启示意义。

(一)纽约湾区

纽约湾区面积33484平方公里,由纽约州、康涅狄格州、新泽西州等31个县组成。从19世纪80年代,纽约湾区经济开始逐步发展,现在已经成为世界顶尖的经济圈,拥有极其发达的金融业和制造业、便利的交通网络和突出的产业优势。纽约湾区的经济高速发展,引领了全球的经济前行和技术革新,同时孕育了众多全球领先的科技企业。

纽约湾区实施开放的技术移民法律政策,增加高层次教育阶段的投入,强化人才的培养,增加用于科技研究和发明的资金,形成较为成熟的各方面硬件条件,打破了移民在一些政策方面的障碍,尤其着重于吸引高科技人才的涌入,较大程度上激发了创新的活力,促使该湾区在科技以及人才方面始终保持着全球领先的优势地位。除此之外,纽约湾区还通过以大学和科研单位为基础,灵活地吸引世界范围内的优秀科学家,运用"加强合作研究伙伴计划"和"全球科学与技术合作计划"等。

(二)旧金山湾区

旧金山湾区依托天然的港湾优势、强劲的经济增长势头、不断优化升级的科技创新体系,已成为首屈一指的世界级创新经济湾区。自20世纪中后期以来,旧金山湾区一直是备受瞩目的国际创新经济中心,众多高新技术公司在这里落户,如谷歌、苹果、惠普、英特尔、甲骨文。斯坦福、加州伯克利等世界二十多所著名高校学府分布在硅谷周围,汇聚了全美乃至世界范围内的高层次科技人才高达一百万之多,由此可知湾区是全球最具有代表性的人才战略高地之一,同时也是世界范围内最重要的核心科技地区之一。

旧金山湾区主要从以下方面着手：首先，大多数建立在硅谷地区的科学技术型的企业都鼓励自己员工持有公司的股份，这样有助于提高优秀人才对企业产生的黏性，进一步在工作中发挥主观能动性。其次，加利福尼亚州政府在产业区对企业施行税收方面的优惠甚至免除的举措，主要包括企业所得税和个人所得税两个方面的优惠。

（三）东京湾区

东京湾地区囊括东京都、琦玉县、千叶县和神奈川县，该湾区是世界范围内最重要的核心工业地区之一，在金融贸易领域以及基础交通领域也有较强的实力。这里集聚了很多世界500强公司，吸引了大量科学技术人才前来定居。

东京湾区制定并落实"30万留学生政策"，完善优化世界范围内其他国家前来留学学生的渠道和流程，对不必要的环节进行删减，吸引更多的科学技术人才为日本做出贡献；改善海外人才生活保障条件：首先，专门完善了面对国外优秀科学技术人才前来移民以及出境和入境的管理措施。其次，对国外优秀人才在医疗保险方面提供进一步的保障，为优秀人才的子女提供更好的入学条件等。最后，促使科学技术人才的职称等资格在世界范围内都可以得到承认，同时构建养老金互相补充的机制，减少海外科学技术人才的后顾之忧。

五 粤港澳大湾区人才引进对策建议

（一）建立区域内的人才共享平台

人才共享平台的建立，首先需要建立一个统一的人才市场，发挥人才市场的作用，对人才资源起到调配的作用。统一市场的建立，才能实现人才资源的无障碍流通，信息的公开共享。其次，在制度层面放宽来港澳地区工作人才的时间限制，简化人员流动的审批环节，简化程序提升效率，才能更进一步实现人才共享。最后，各个企业树立良好的竞争合作理念，并以法律为约束。大湾区的建立体现的是区域间的合作交流，因而在进行人才引进时应避免发生恶性竞争，并对于扰乱人才市场的行为，引发恶性竞争的行为进行相应的法律问责，进行法律追究，以外在的法律制度来规范更多企业以正确的竞争理念完成区域内的人才引进，做到竞争中有合作，体现更多的合作精神，进而推动区域内人才共享平台的建设。

（二）完善人才引进制度，打造坚实基础

构建完善的人才引进制度首先需要制定科学的人才引进的战略规划，做到人才引进有步骤、有计划、有重点，进而实现吸收更多高端人才的目标。其次建立完善的人才引进政策，为此需要改变旧有关于人才驻港澳工作的停留条件与时间限制，并建立人才引进的柔性机制，精简人才引进的程序，放宽限制。最后，注重对人才引进的长期考核与评估，人才引进所带来的人才资源不能仅单纯地停留在"引进"上，更应把重心放到对其带来的经济效益与绩效成绩的总体衡量上，实现人才引进的更新替代，施之压力的同时，进一步激发其潜力，保持竞争性，并通过建立长期的人才培养与发展规划，实现对人才资源的充分开发与利用。由此才能依托完善的人才引进制度，推动大湾区人才引进的开展。

（三）创设良好的人才聚集环境

人才聚集环境的建设，是将人才形成合力的重中之重。第一，对产业发展建立协调机制，协调产业的发展。在第三产业快速发展的同时，更应该加快与革新第二产业的发展，避免大湾区内产业发展的相似性所带来的人才招揽的趋同性，人才的引进更应该体现出梯度性，以发挥人才资源的优势来推动产业间的协调发展，而产业间的协调发展则会吸收更加多元化的人才，由此循环往复，形成良好的人才聚集，实现人才资源的整合。第二，树立以人为本的管理理念，营造尊重人才、尊重知识的氛围，为人才的引进创造更加宽松的人文环境。同时，企业也要基于更多创新型人才的话语权，倾听与了解其想法，用实际行动来塑造企业内尊重人才的氛围，打造企业文化，建设良好的环境，形成人才聚力。第三，加大对知识产权人才培养的力度。为更好地促进专利人才发展，应建立相应的激励奖励制度，对那些在人才引进产权方面作出贡献的人员依据其贡献大小给予相应奖励，调动其研发创造新产品的积极性，进

而吸引更多的知识产权人才。

参考文献

[1] 陈标新、徐元俊、罗明：《基于粤港澳大湾区建设背景下的科技创新人才队伍建设研究——以东莞市为例》，《科学管理研究》2020年第1期。

[2] 周仲高、游霭琼、徐渊：《粤港澳大湾区人才协同发展的理论构建与推进策略》，《广东社会科学》2019年第6期。

[3] 阎豫桂：《粤港澳大湾区打造世界一流创新人才高地的思考》，《宏观经济管理》2019年第9期。

[4] 李子建：《面向2035年的粤港澳大湾区教育及人才培养》，《河北师范大学学报》（教育科学版）2020年第3期。

[5] 曾凯华：《欧盟人才流动政策对粤港澳大湾区发展的启示》，《科学管理研究》2018年第3期。

[6] 韩婷婷、李丽君：《滨海新区国际人才引进优化研究》，《中国人力资源开发》2011年第9期。

[7] 陈杰、刘佐菁、苏榕：《粤港澳大湾区人才协同发展机制研究——基于粤港澳人才合作示范区的经验推广》，《科技管理研究》2019年第4期。

粤港澳大湾区一体化中的人才开发政策研究
——以南沙新区为例

马秀玲、刘晓霜

(兰州大学管理学院)

摘要：国以才立、政以才治、业以才兴。本文利用文本分析法和内容分析法，从发文数量、发文主体、热点内容变化等多个维度对粤港澳人才开发政策展开研究。同时，从政策工具的角度入手，总结了南沙新区的工作经验与存在的问题。在充分剖析政策的基础上，提出粤港澳大湾区人才开发政策与实践的优化建议。出发点与落脚点皆在于不断推进粤港澳大湾区人才发展体制机制改革，为发挥粤港澳大湾区核心增长极作用提供坚强的人才保障和智力支撑。

关键词：粤港澳大湾区；人才开发政策

国际竞争归根到底是人才的竞争，面对百年未有之大变局，人才的竞争将更加激烈。从粤港澳大湾区被列为重大国家战略以来，各级政府相继出台了一系列人才开发战略与政策。但是实践中，仍旧存在人才发展体制机制不健全、人才发展与产业转型升级匹配度不高等问题。粤港澳大湾区如何能突破人才开发所面临的困境与问题，不断聚焦与合理使用各类人才，不但需要政策创新，更要对现有政策进行回顾与总结，发现不足之处，在优化政策的基础上，进一步提升人才开发的能力与程度。本文以粤港澳人才政策文本为研究对象，以广州南沙新区为例，深入探索当前人才开发政策的成效与问题，在此基础上，提出相关建议与对策，为粤港澳大湾区人才政策的优化提供支持。

一 粤港澳大湾区人才开发政策文本分析

（一）政策文本来源与筛选

本文收集的人才政策文本主要有两个来源，一是"北大法宝"平台，考虑到这一平台涉及国家、省市、区的政策文本，因此将这一平台作为主要来源，以"港澳人才""粤港澳人才""南沙新区人才"为关键词进行全文精确检索。二是政府门户网站，为了避免遗漏个别政策影响结果信度，又通过广东省政府门户网站、广州市政府门户网站以及南沙新区政府门户网站收集相关政策文本。截至2021年3月2日，共搜集到粤港澳人才开发相关政策文本125项，为保证文本与研究主题的相关性，对其进行筛选。筛选过程中以下几类政策文本不在选择范围之内：一是除广东省外，其他省市发布的文件；二是对某项提案、建议的答复；三是关于废止部分文件的决定。由于通过两种途径收集政策文本，因此还对文本进行比对，避免出现重复收集现象。

截至2021年3月2日，经过对所有文献的比对筛选，最终选取了2008—2021年之间的政策文本共计91项，其中中央层面政策文本2项，地方层面政策文本89项。政策文本涵盖了部门规范性文件、党内法规、地方法规、地方规范性文件等政策文本类型，并按照"政策名称—发文单位—发文字号—发布时间—主要内容—是否有效"进行梳理。

（二）政策发文数量情况

图1显示了2008年至2021年中央、广东省、广东省各市区出台的粤港澳大湾区人才开发政策的发文数量变化情况。

由图1可以看出，粤港澳大湾区人才开发政策发文数量呈现逐年上升的趋势。其中，2013年开始发文数量呈现明显的上升，这说明"十二五"是个重要转折点，中央、广东省、广州市重视粤港澳大湾区的人才开发的程度在不断加强。2013年人才开发政策文本数量急剧增加的主要原因是2012年广州南沙、深圳前海、珠海横琴"粤港澳人才合作示范区"被列为全国人才管理改革试验区，相关配套的政策相继出台。2016

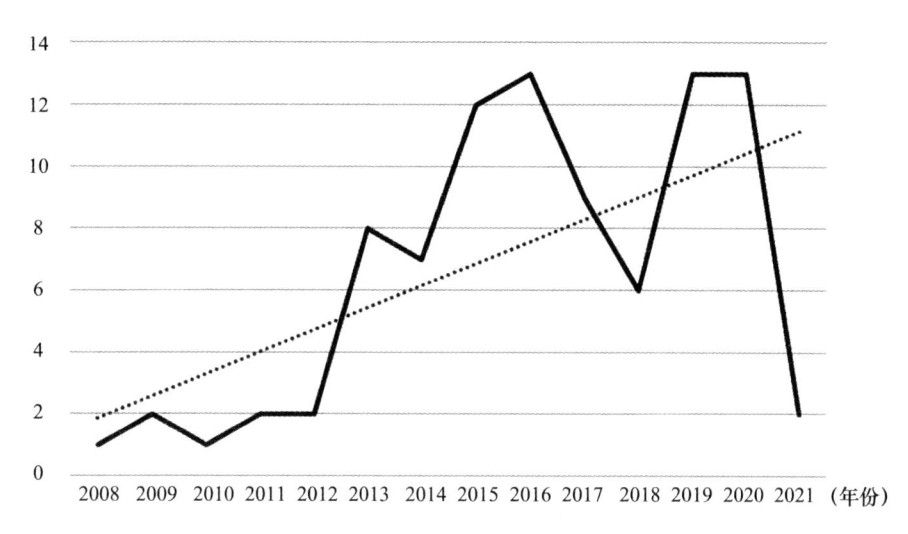

图 1 粤港澳大湾区人才开发政策文本数量曲线图

年是"十三五"的开局之年,在这一年达到发文数量的高峰,说明广东省各级党委和政府将粤港澳大湾区的人才开发政策融入国民经济与社会发展的大格局中,充分表现了人才开发工作的重要性。

(三) 政策发文主体情况

粤港澳大湾区人才开发政策发文主体共涉及中国共产党中央委员会、国务院、广东省人民政府等58个部门,政策发文主体广泛。其中,发文数量最多的是广东省人民政府和广州市人民政府。

本文统计了2008年至2021年出台的粤港澳大湾区人才开发政策发文主体协同情况。统计结果显示,单独发文77项,占据总数的84.62%;联合发文14项,占据总数的15.38%。

参与联合发文的部门共计35个。为了清晰地展现各发文主体合作网络结构,本文运用社会网络分析法绘制我国粤港澳大湾区人才开发政策发文主体的网络图谱。首先分别构建各发文部门之间的 N*N 阶对称邻接矩阵,对联合发文的主体间累计赋值,否则赋值为0。以 UCINET 6 为分析工具,对邻接矩阵进行分析,得到相应的网络结构图,网络图中的每一个节点代表一个发文主体,节点越大表示与该主体联合发文的主体数量越多,节点间的"线"表示两个政策主体间至少联合发文了1次,"线"越粗表示两主体间联合发文次数越多。

由图2可以看出,区级部门联合发文次数较多,参与部门广泛,部门间的联系较为紧密。国家级、省级和市级部门联合发文数量少,参与主体少。本文认为产生这种现象的原因是,国家级、省级和市级部门致力于制定宏观层面的政策与制度,因此部门协同较少;而区级部门则关注政策的实际落实,人才开发政策往往涉及方方面面,只有部门间协同配合才能落实到位,因而区级部门联合发文数量较多,参与的主体多。

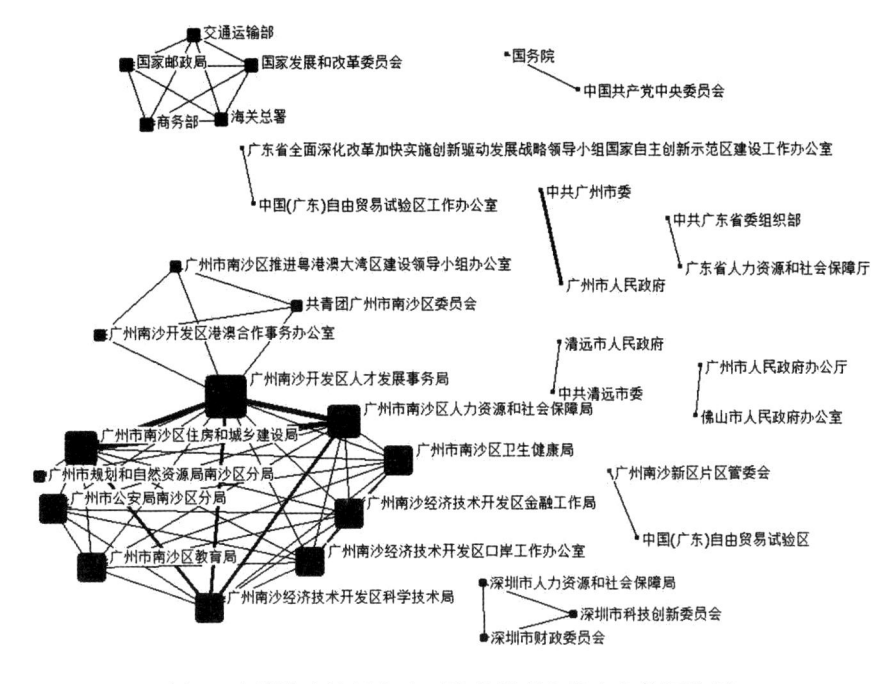

图2 粤港澳大湾区人才开发政策联合发文主体网络图

(四) 政策话语注意力变化

本文以政策发文数量与政策文本内容为依据,将粤港澳人才开发政策发文时间分为三个阶段,分别是:2008—2012年;2013—2016年;2017—2021年。精读以上91项政策文本,剔除与人才开发不相关的部分，按照阶段整理。最终得到三份政策文本。将三份政策文本分别输入ROST软件，再通过设置过滤词、合并同义词等工作，得到最终词频表。本文在各阶段选取了前20位高频词作为分析对象。

表1为各阶段粤港澳大湾区人才开发政策高频词表，以及各阶段代表性政策文件。

表1　　　　各阶段粤港澳大湾区人才开发政策高频词表

历史阶段	代表性政策文件	关键词
第一阶段	《中共广东省委办公厅关于加快吸引培养高层次人才的意见》（2008）、《中共广州市委、广州市人民政府关于推进人才集聚工程的实施意见》（2012）等	人才、改革、培养、服务、高层次、教育、广州、企业、创新、产业、服务业、合作、项目、建立、推进、引进、实施、国际、支持、加强
第二阶段	《广州市人才绿卡制度》（2016）、《广州南沙新区、中国（广东）自由贸易试验区广州南沙新区片区集聚高端领军人才和重点发展领域急需人才暂行办法》（2015）等	人才、创新、创业、企业、推进、服务、建立、合作、博士后、支持、政策、引进、机制、高层次、科技、实施、开展、产业、加强、国际
第三阶段	《关于我省深化人才发展体制机制改革的实施意见》（2017）、《广州南沙新区（自贸片区）集聚人才创新发展若干措施实施细则》（2020）等	人才、创新、港澳、服务、企业、创业、支持、奖励、补贴、南沙、青年、引进、项目、建立、高层次、政策、实施、推进、科技、开展

由表1可以看出粤港澳大湾区人才开发政策各发文阶段的高频词有所不同，通过高频词我们可以看出各阶段的重点与热点。第一阶段人才开发政策的热点在于改革，重点工作是通过教育培养人才，重点行业则是服务业。第二阶段的不同之处在于"博士后"这一群体的开发成为人才开发政策的热点。第三阶段则表明粤港澳大湾区人才开发政策的热点群体转移为港澳人才和青年人才，热点领域为科技领域。

"创新""企业""服务""高层次"等词语均出现在三个阶段中，说明粤港澳大湾区人才开发工作的重心在创新，包括制度创新和方法创新，这为全国人才开发工作提供了可复制的经验。高层次人才和企业是粤港澳大湾区人才开发政策持续关注的主体，这二者是人才开发工作重要组成部分。服务这一词语贯穿人才开发工作始终，体现了人才开发政策的服务导向。

二 广州南沙新区人才开发政策分析

广州市南沙新区是全国人才管理改革试验区、粤港澳人才合作示范区，在人才体制机制改革和粤港澳人才协同发展等方面具有良好基础和独特优势。近年来，南沙新区以人才开发工作为抓手出台了多项政策，并制订了人才工作的发展目标。作为粤港澳大湾区人才开发的先行先试第一高地，深入分析南沙新区人才开发政策对粤港澳大湾区人才开发工作有着前瞻性的意义。

（一）政策数量变化

本文对粤港澳大湾区人才开发政策91项政策文本进行筛选，选出发文主体为南沙区政府相关部门以及粤港澳大湾区建设领导小组的政策文本，共计20份，时间跨度为2015—2021年，如图3表所示。

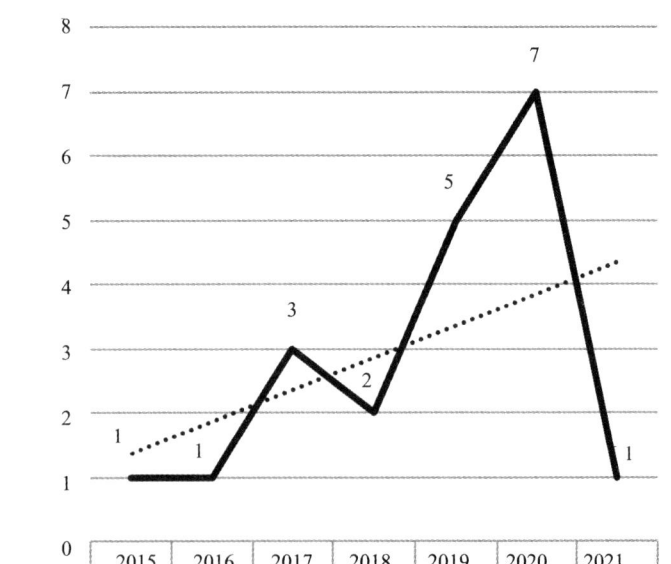

	2015	2016	2017	2018	2019	2020	2021
发文数量（份）	1	1	3	2	5	7	1

图3 广州南沙新区人才开发政策发文数量

由图 3 可知广州南沙新区人才开发政策发文数量呈现逐年上升的趋势，并在 2020 年达到顶峰，受客观因素制约 2021 年只收集到一份政策文本，因此 2021 年政策数量的下降不能说明问题。根据各年政策发文数量情况以及南沙新区实际情况，本文将南沙新区人才开发政策分为两个阶段：第一阶段是探索起步阶段，时间跨度为 2015—2018 年；第二阶段是快速发展阶段，时间跨度为 2019—2021 年。

（二）政策话语注意力变化

政策文本高频词体现了政策话语体系的热点问题，表明政策话语注意力的变化。本文将以上 20 份政策文本剔除与人才开发政策无关的内容，并分阶段进行整理，最终得到两份政策文本。将两份政策文本分别输入 ROST 软件，再通过设置过滤词，同义词合并等工作，得到最终词频表。本文在各阶段选取了前 20 位高频词作为分析对象。

表 2 显示了两阶段广州南沙新区人才开发政策话语体系的变化，由表内高频词可以看出两阶段人才开发政策的话语体系有较为显著的差异，这也体现了南沙新区各个阶段人才开发政策的热点与重心。

表 2 　广州南沙新区人才开发政策不同时期话语体系变化

历史阶段	代表性政策文件	高频词
2015—2018 年	《广州南沙新区（自贸片区）集聚人才创新发展若干措施》（2016）《广州南沙新区（自贸片区）关于构建重点产业促进政策体系加快打造高水平对外开放门户枢纽产业新高地的意见》（2017）等	南沙、人才、企业、服务、子女、政策、奖励、提供者、扶持、港澳、人工智能、学历、独资、广州市、高端、申请、投档、培训、领军、审核
2019—2021 年	《广州市南沙区关于加快推进港澳专业人才资格认可实施方案》（2019）《广州南沙新区（自贸片区）鼓励支持港澳青年创新创业实施细则（试行）》（2020）等	人才、南沙、奖励、企业、港澳、补贴、申请、服务、青年、知识产权、单位、创新、认定、引荐、创业、部门、条件、申报、团队、支持

探索起步阶段：这一阶段政策文本数量较少，只有 7 项。从高频词可以看出，此阶段广州南沙新区人才开发政策的热点是高端人才，重点扶持人工智能领域的发展。另外，这一阶段政策的热点较为关注人才的

子女教育保障政策，先后出台了《广州市南沙区来穗人员随迁子女接受义务教育工作实施方案》以及补充通知。

快速发展阶段：这一阶段发文数量出现明显的上升，政策话语体系也有所不同。本阶段高频词说明人才开发政策热点转移为创新创业人才，重点开发群体为青年。同时，更加重视知识产权保护，为此出台了专项政策《广州南沙新区（自贸片区）知识产权促进和保护办法》，为人才的成长与发展营造了更加良好的环境。

两阶段中都出现的高频词有"奖励""服务""港澳""企业"，这说明南沙区人才政策以服务为理念，以企业为人才开发载体，以奖励为主要工具，大力开发港澳人才。两阶段相同的高频词体现了政策理念的一脉相承，在探索政策创新的同时保证了政策的连续性。

（三）政策工具分析

1. 政策文本选取

本文在探索起步阶段和快速发展阶段分别选取了一项现行有效，且具有纲领性意义的政策文本进行编码，从政策工具视角入手对南沙新区人才开发政策展开分析。两项政策文本分别为：2016年出台的《广州南沙新区（自贸片区）集聚人才创新发展若干措施》，以及2021年出台的《广州南沙新区创建国际化人才特区实施方案》。

2. 基于政策工具视角的文本编码

本文采用李燕萍（2016）提出的观点，将人才政策分为人才引进、人才培养、人才激励、人才流动、人才评价和人才保障六种。"人才引进政策工具包括资金支持、创业支援、引进服务机构、社会借智和政府引进等；人才培养政策工具包括晋升支持、培养主体建设、培训活动支持和联合培养等；人才激励政策工具包括股权激励、税收优惠、财政扶持、奖励惩罚和研究支持等；人才流动政策工具包括人才兼职、流动宣传、流动考核、流动奖励和流动载体建设等；人才评价政策工具包括评价标准、评价来源、评价程序和信用建设规则等；人才保障政策工具包括居留与出入境、住房保障、子女教育、代办服务、医疗照顾和落户等。"

图3和图4分别是两项政策中各种政策工具占比情况。

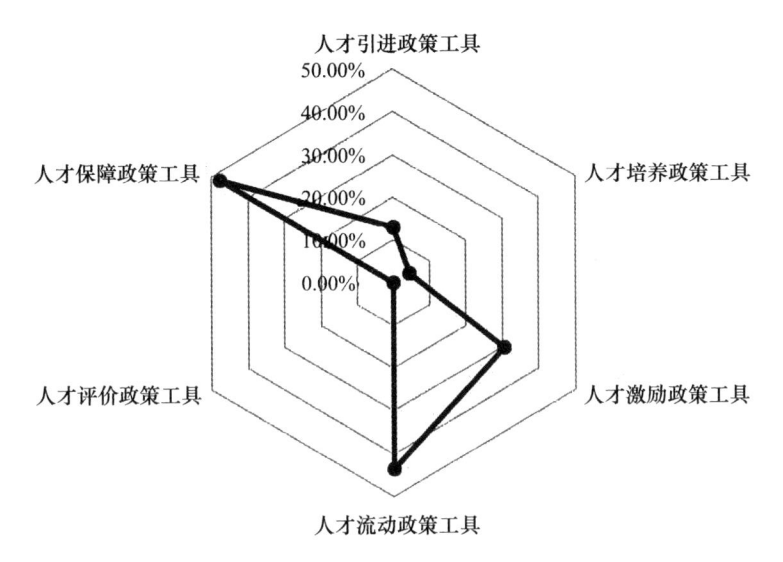

图3 《广州南沙新区(自贸片区)集聚人才创新发展
若干措施》政策工具雷达图

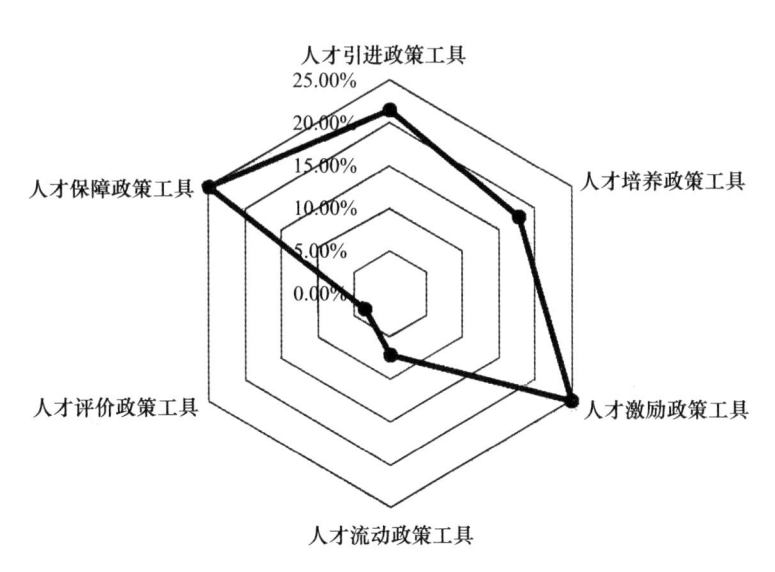

图4 《广州南沙新区创建国际化人才特区实施方案》
政策工具雷达图

经过对两项政策进行比照能够发现，南沙新区在运用政策工具方面呈现出数量递增、种类多元化的趋势。同时，通过雷达图对比可以发现，广州市南沙区使用的政策工具结构趋于均衡。运用比较广泛、成熟的是人才保障政策工具和人才激励政策工具，因此在运用这两项政策工具时可以探索一些创新的举措。对于人才引进政策工具和人才培养政策工具的运用有进一步提升空间，可以从创业支援、社会借智、人才的晋升支持、联合培养等方面入手，进一步完善人才引进和人才培育机制，提升人才开发水平。人才流动政策工具和人才评价政策工具非常短缺，这两项政策工具的补充与完善应该是近期南沙新区人才开发工作的重点。

根据上文的内容分析，可以看出粤港澳大湾区人才开发政策与实践呈现出几个特点。第一，政策数量呈现递增趋势。第二，人才开发政策以综合性政策偏多，但近年来逐渐转变为关注重点领域的重点人才，尤其是对创新型人才、专业性人才和国际化人才格外重视。例如2020年5月出台的《广州南沙新区（自贸片区）鼓励支持港澳青年创新创业实施细则（试行）》，创造性地探索了针对粤港澳青年赴粤创新创业的各项扶持鼓励政策。同年印发的《广州南沙新区（自贸片区）集聚人才创新发展若干措施实施细则》中，明确了对各类人才的扶持引进政策。2021年印发的《广州南沙新区创建国际化人才特区实施方案》从五个方面为引进国际化人才提供了政策支持。第三，当前出台的粤港澳大湾区人才开发政策，以单独发文为主，联合发文很少，部门间协同有待加强。第四，人才政策工具的运用方面，呈现出多元化的趋势，但是存在结构性失衡。

三 广州南沙新区人才开发政策成效

近年来，广州市南沙区以建设全国人才管理改革试验区、粤港澳人才合作示范区和国际化人才特区为抓手，在加快人才制度和政策创新、优化人才发展环境两方面取得了较大成果，推动人才工作取得了新进展。

（一）招才引智成效显著，人才资源素质大幅提升

南沙已汇聚诺贝尔奖获得者1人，院士15人，国家特聘专家32人，南沙区高端领军人才和骨干人才7000余人。已引进一批院士带头团队，

落地一批具有高成长性的领军人才项目。逐渐形成"引进一个高端人才、带来一个创业团队、引来一批融资支持、支撑一个优势产业、培育一个经济增长点"的良好发展态势。①

(二) 顶层设计不断优化，人才政策竞争力提升

一是人才发展局会同中国人事科学院研究拟定《关于支持在广州南沙开展技术移民试点的工作方案》，争取在广州南沙开展技术移民试点。二是人才发展局会同区发改、科工信、金融、口岸办等部门围绕重点发展产业人才需求，研究制定了《广州南沙新区（自贸片区）落实广州市人才绿卡审核事权实施办法》（修订稿），进一步向用人单位放权，扩大人才申报范围。

(三) 平台建设逐步完善，聚集效应不断增强

一是推动院士专家创新创业基地"院联创谷"建设，会同商务局积极对接资源，推进基地选址落地。二是积极组织发动区内科研机构、企业申报国家博士后科研工作站。三是积极探索在南沙形成以人才为中心的离岸孵化新模式。

(四) 人才合作交流常态化，国际化水平提升

一是研究制定了《广州市南沙新区创建国际化人才特区实施方案（稿）》，围绕建设人才集聚平台、创新人才发展机制、畅通人才跨境流动、优化人才服务保障等四个方面提出20条创新举措。二是构建人才便捷流动机制，实施出入境、停留居便利化措施，推进职业资格认可和技能人才"一试三证"工作，实施港澳及外籍人才"个税差额"奖励政策，实施"人才绿卡"制度。三是港澳青年常态化交流合作，建设各类创新创业基地，开展港澳交流实习计划。

四 相关政策建议与趋势展望

基于粤港澳大湾区及南沙新区人才开发政策的数据分析，结合实践

---

① 数据来源于《加快推进粤港澳人才合作示范区建设的情况报告》。

发展中的各种问题，本文认为未来可从以下方面进一步推动实践发展。

1. 可进一步注重人才开发政策的精细化建设，提高人才开发政策的吸引力。一方面，要深入开展本地区人才数量、结构情况，结合本地区经济社会发展目标制定紧缺人才清单，定期发布人才需求。另一方面不同领域、不同年龄阶段的人才需求有所不同。要充分考虑人才的实际需求，对各领域、各年龄阶段的人才量身定制人才开发政策，提高政策吸引力。

2. 可加大人才开发政策主体合作力度，构建人才开发大格局。首先要加强政策主体协同。人才开发工作涉及到多个方面，必须通过多部门联合落实主体责任才能更好地推进这项工作。其次，国家人力资源部门及省级人力资源部门要加强对市级和区级部门的指导，形成上下联动的机制，进一步优化人才开发体制机制。最后，要充分利用社会力量。进一步完善举荐人制度，积极建设或引入人才流动机构，为人才流动提供更便捷的服务。

3. 可优化人才政策工具结构，提高人才开发效率。首先，要将人才流动政策工具和人才评价政策工具两种政策的运用作为近一段时间人才开发工作的重点。人才流动政策工具方面，推动建立与港澳衔接的社会保险制度；建立统一的人才市场、改革出入境制度，为港澳人才自由流动提供支持。人才评价政策方面，制定评价标准，明确评价程序，科学有效地选拔、配置人才。其次，加大人才培养政策工具和人才引进政策工具的使用力度。人才培养政策工具方面，要重视对人才的晋升支持，为重点领域的紧缺人才制定专属晋升通道；同时增强与海内外高校及科研机构的协作，进一步完善联合培养机制。人才引进政策工具方面，进一步完善柔性引进人才制度，充分利用社会借智的途径优化人才队伍。最后，创新人才保障政策工具与人才激励政策工具的使用。继续推进完善"人才绿卡"制度，探索股权激励、财政支持的新举措。

本文在剖析现有人才开发政策的基础上，展望未来人才开发工作的发展趋向。一是人才开发政策更加精细化，政策吸引力增强；政策发文主体加强合作，联合发文数量增加；人才政策工具更加均衡，人才开发工作效率提高。二是以项目为依托吸引和培养人才，实现"落地一个项目，落户一批人才"。三是政府部门积极"牵线"，进一步促进"产学研"合作，促进科技成果转化，培养新的经济增长点，助力优势产业、特色产业和龙头企业发展。四是搭建人才创新创业平台，积极引进国际学术会议，促进人才交流。五是打造国际人才市场，形成国际人才聚集地。六是构建国际化人才社区，完善人才配套设施，引进高水平人才服务机构，提高人才服务水平。

参考文献

［1］萧鸣政、韩溪：《改革开放 30 年中国人才政策回顾与分析》，《中国人才》2009 年第 1 期。

［2］宁甜甜、张再生：《基于政策工具视角的我国人才政策分析》，《中国行政管理》2014 年第 4 期。

［3］李燕萍、刘金璐、洪江鹏、李淑雯：《我国改革开放 40 年来科技人才政策演变、趋势与展望——基于共词分析法》，《科技进步与对策》2019 年第 10 期。

［4］顾承卫：《新时期我国地方引进海外科技人才政策分析》，《科研管理》2015 年第 S1 期。

［5］杨河清、陈怡安：《海外高层次人才引进政策实施效果评价——以中央"千人计划"为例》，《科技进步与对策》2013 年第 16 期。

［6］李锡元、边双英、张文娟：《高层次人才政策效能评估——以东湖新技术产业开发区为例》，《科技进步与对策》2014 年第 21 期。

［7］李燕萍、郑安琪、沈晨、罗静子：《国家自主创新示范区人才政策评价——以中关村与东湖高新区为例（2009—2013）》，《武汉大学学报》（哲学社会科学版）2016 年第 2 期。

探索与启示

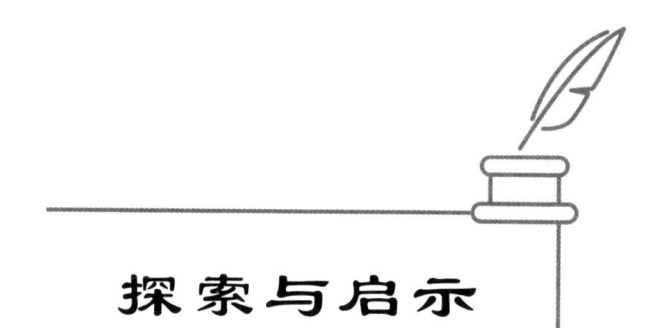

粤港澳大湾区创新驱动发展中的人才战略与开发研究

孙利虎[*] 张雅蓉[**]

（山西财经大学工商管理学院）

摘要：粤港澳大湾区实施创新驱动跨越式发展是实现中国"改革开放再出发"的重要战略，也是新时代中国高质量发展的试验田。随着粤港澳大湾区的创新驱动发展逐步推进，如何利用人才战略的制定引进、开发高层次人才以促进粤港澳持续稳定发展，对推动粤港澳大湾区核心竞争力起着至关重要的作用。本文基于粤港澳大湾区当前的人力资源问题，提出可行的人力资源开发建议，以引进创新人才，保留核心人才，集天下英才而用之，使粤港澳在激烈的人才竞争中体现湾区独有的优势和吸引力。

关键词：粤港澳大湾区；创新；人才战略

引 言

2021年全国两会期间，粤港澳大湾区的发展又一次成为一个焦点问题，这是粤港澳大湾区连续第四年被纳入政府工作报告当中，从2017年会议上提到的"研究制定粤港澳大湾区发展规划"，到2021年"扎实推动粤港澳大湾区建设"的提出，粤港澳三地正在共同努力促进并逐步实现大湾区蓝图。今年不仅是"十四五"规划开始的第一年，是"两个一百年"奋斗目标交汇的一年，而且还是粤港澳大湾区建设更进一步的重

---

[*] 孙利虎，博士，副教授，硕士生导师，山西财经大学。
[**] 张雅蓉，硕士研究生，山西财经大学。

要一年。

在我国，粤港澳大湾区的经济基础、开放程度以及市场活力都是比较领先的，并且还是比较早发现高质量发展所面临的矛盾与问题，因此在"十四五"规划开始转型的攻坚期，它有必要并且也能够在促进高质量发展中发挥领导作用，并成为重要的动力来源和强大的示范区。创新是促进发展的必然要求，是实现转变的根本前提，只有创新才能够促进和实现粤港澳大湾区的发展，而人才是科技与创新发展道路上的重要动力。因此，建立具有国际竞争力的人才政策和人才体系，吸引、开发各种人才，是粤港澳大湾区未来发展中首当其冲的重点工作。基于以上问题，就粤港澳大湾区当前的人力资源问题，本文提出可行的人力资源开发建议，以引进创新人才，保留核心人才。

一　大湾区创新发展的成效与特点

大湾区创新发展有其自身优势。是亚太地区现代服务业的中心，具有全球竞争力的生产要素和产业集群。作为世界上各种产品主要生产基地的珠江三角洲的九个城市，各具优势，为大湾区的发展提供了所需的帮助与服务。粤港澳大湾区政府和企业充分认识到，实施创新驱动发展战略是当下最大的任务，也是必须要迈出的一步。在政策的支持与鼓励下，大湾区的大多数公司都致力于实施创新驱动，并践行了此目标，取得了一定的成效。

（一）建设完备的区域制造业产业体系

大湾区拥有300多个特色产业集群，产业结构以先进制造业和现代服务业为主，区域产业分工相对完善。而其作为全球最大制造业基地之一，大湾区的基础就是工业制造业。其中深圳、东莞等地拥有十分充沛强大的电子信息制造业，是中国信息产业领域最强的地区。除了大量的高新技术产业外，还有许多不同的传统制造业，为人工智能、智能制造、机器人技术等先进技术的结合奠定了基础。

（二）培育具有创新精神的企业家

创业者的初衷和使命是企业革新和发展的原动力，不忘初心、牢记使命，以"功成不必在我"的精神境界和"功成必定有我"的历史担当。企业家作为稀缺的特殊人才资源，是推动高质量发展的重要力量和创新活动的主要组织者。发挥企业家的创新精神，能有力促进科技创新，有效激励企业提升产品质量、生产效率，进而引发产品创新、产业创新、业态创新、管理创新，加快形成以创新为主要引领和支撑的经济体系和发展模式。

（三）打造政府、团体、企业共建共享的生态环境

习近平总书记于2018年在全国生态环境保护大会上谈到"必须坚持党委领导、政府主导、企业主体、公众参与"。并且《粤港澳大湾区发展规划纲要》中也提及要"加强粤港澳生态环境保护合作，共同改善生态环境系统"。

广东、香港、澳门等大海湾地区作为国家重要的发展战略布局之地，以国际一流海湾地区的生态环境质量和治理水平为基准，它专注于教育、文化、医疗和健康等重要问题，为开创美丽湾区建设新局面提供了保障。

（四）探索自身特色的创新模式

以科技革命和工业革命的新一轮前沿问题为目标，鼓励香港、澳门、内地城市积极建设国际科研平台和共同研究所，进行专项研究。依托广州—深圳—珠海的城镇和产业密集带，加速科技和产业资源的发展，建设世界级创新科技产业地带。建设成立独具特色的创新中心、科技产业公园等。将中央政府部门的调整和领导作用发挥最大，在香港、澳门、内地城市建设国家重点实验室。向清华大学在深圳的研究院学习。

二 粤港澳大湾区发展中的人才现状

（一）大湾区人才发展现状

粤港澳大湾区的经济情况在我国是长期领先的，其良好的经济情况

对人才的吸引是众所周知的，但是相较其他国内一线城市以及另外三大著名湾区，粤港澳在人才吸引力方面和人才集中度上仍存在一定的不足。

在 INSEAD 发布的《2020 年全球城市人才竞争力指数报告》中，上海位列 32 位、北京 35 位、杭州 67 位、南京 75 位，而深圳、广州分别排在 78 和 97 位，另外大湾区东西两岸人才稀少，人才分布不均。

有调查显示粤港澳大湾区在人口受教育水平方面，受过高等教育的人口不足五分之一，而其他三大湾区的这项数值为 40%＋，甚至远远超过美国，由此对比，粤港澳远远低于世界其他三大湾区，高素质高学历人才在总人口数中的比重也很低。

（二）大湾区人才政策

目前，大湾区正在实施引进、发展、激励与管理这四个方面的人才政策，就高层次人才的开发政策还包括了保障性政策等，这样做的目的主要是希望不仅能够通过物质方面的奖励吸引人才，同时也能够以其他非物质方面的激励来留住人次，最终激发出人才的最大效能为粤港澳的发展贡献力量。比如，为了引进更多高层次人才，深圳推出了"孔雀计划"、广州发布了"红棉计划"、珠海提出了"珠海英才计划"、东莞开展了"蓝火计划"、惠州践行了"人才双十行动"以及香港和澳门地区的"科技人才入境计划"等。

由上述各种计划我们可以发现，大湾区内的很多城市只是从物质待遇奖励等出发去吸引人才的加入，而没有考虑其他方面，这样就造成了现在各大城市的政策越来越雷同，大家都在物质方面更上一层楼，在政策上互相攀比，而实际的情况却和政策大相径庭，导致不仅人才吸引不到，各区域之间也矛盾增多。

（三）大湾区创新对人才的需求

粤港澳大湾区之于其他世界三大湾区的最大问题就是科技创新跟不上发展的要求，习近平总书记也多次强调"核心技术是国之重器，核心技术靠化缘是要不来的""在关键领域、卡脖子的地方要下大功夫"。因此，大湾区有必要在科技创新上多花功夫，而科技创新就需要大湾区地区的优秀大学共同献力，在学科和人才队伍上都下苦功夫，增加创新人才的数量，提高创新成果的质量。

同时，新一代信息技术，人工智能，基因工程，新能源和新材料等新技术已进入大规模工业应用的前夕，大湾区地区大学的人力资源开发概念和模型相对滞后，因此很难设置配套的学科和专业来有效地支持大湾区现代工业体系的发展。粤港澳大湾区建设国际科技创新中心和发展现代产业对培养和聚集战略科学家、科技领军人才、创新型企业家，以及服务于新技术与新产业中各种高素质工程创新人才提出了更高的要求。

三 粤港澳大湾区创新驱动发展中人才开发存在的问题

（一）人才资源共享程度低

为了实现人力资源跨地区的自由流动，必须建立统一的人力资源市场，以减少市场壁垒，实现优质人力资源的共享。但是，目前广东，香港和澳门的人才市场并不统一，并且在某种程度上变得越来越分散。例如许多人才市场的举办或者审核都带有地方行政区划的"地盘"色彩，各种制度限制使得人才市场运作混乱，资源利用效率极低。加上地方统筹方面缺位，各地人才市场供求关系各异，管理风格差异大，造成各地之间至今也未建立相应的互认机制。

（二）人才结构有待优化

世界级湾区将不可避免地需要一流的教育资源，教育教学资源的匮乏也是粤港澳大湾区企业对创新人才引进受阻的一个现实问题。此外，企业缺乏培训机会，人才的引进得不到定期培训而使得个人的提升空间受阻，研究表明，优秀的创新人才选择企业就业的一个重要条件在于企业能否给个人提供有效的培训。有大的发展空间，才能让人才看到希望，而大部分企业只注重眼前的利益，员工按部就班，忽略了创新人才长远的职业生涯规划，达不到自我愿景，导致后期人才工作积极性下降，甚至流失人才。

(三) 人才政策存在问题

根据其他城市的经验，我们必须承认，政府的人才规划政策对于一个城市的人才发展、经济发展、甚至核心竞争力方面都是相当重要的，影响甚大。然而，当前大湾区出现了人才政策同质化恶性竞争的负面效应，典型表现是各城市引进的人才与市场需求脱节、互相攀比跟风，与当地产业结构及发展战略融合度不高。城市将人才转移的数量视为一项绩效项目，并且对人才政策的研究和判断还不足；人才收入增加之间存在的差异与创新的贡献不成比例；仅专注于如何吸引人才，而忽略如何使用和保留住优秀人才，缺乏人才政策的柔性、协调性、配套性、灵活性等。

四 粤港澳大湾区创新驱动发展中的人才战略与开发的对策建议

(一) 健全大湾区人才政策体系

政策对于建立公平竞争的市场至关重要，开明文化的建设以及开放、自由和灵活的创新创业行为需要得到政策的支持。粤港澳大湾区城市之间的巨大异质性，一方面给该地区的人才整合带来了挑战，另一方面，多样性和互补也意味着重要的机会，可作为促进本地人才整合的动力。但是，目前粤港澳大湾区的人才政策缺乏总体规划。根据这种现状，必须整体规划大湾区的人才政策，每个城市的职位和分工都需要加以明确，使得协调性得以提高。未来粤港澳三地政府应将制度和政策对接作为加强粤港澳大湾区人才政策建设的重要内容，需要从人力流动，人力资源开发，资源识别与公共服务在粤港澳三地的角度出发，促进粤港澳大湾区合作共建人力资源平台的人力资源要素。联合组织人才活动，共同创造人才环境。建立共同认可的人才招聘、评估和服务系统。促进在大湾区建立人才领导工作组，建立粤港澳三地协调机制，促进交流与合作，为香港和广东等 11 个城市提供信息资源。

(二) 加大引进国际人才

通过"中国科学技术协会海外人才离岸创新创业基金会",海外人才团队将在开展技术转让、技术融资和离岸创业等方面得到支持与帮助,以此来吸引海外科技人力资源。

在大湾区建立人才整合,并为大湾区的国际人才提供免费的港口,来吸引更高水平的国际人才;全球英才招聘计划在大湾区的实施,重点关注的是海外高端留学人才与华裔人才,引进和吸纳其中优秀的人才是首当其冲的责任;建立大湾区全球人才大会品牌,以国际人才交流对话为平台,并邀请来自世界各地的政府人员、知名公司和机构参加年会,扩大国际人才的吸引力,并放松大湾区国际学生的实习和就业限制。

(三) 形成"产业+人才"的生态圈

人才的如何选择与人才招募具有高度相关性,包括直接和间接,一个城市吸引人才的核心竞争力是这个城市有前景能成长,而粤港澳大湾区科技研发、转化能力均不俗,拥有 200 多万在校大学生,200 多家高校和科研院所,4.6 万家高科技企业高新技术企业。如果大湾区各城市之间能够形成"产业+人才"的生态圈,那么各城市的优点就可以流动共享,达到带动大湾区的目的。

(四) 推进教育科研建设加快人才培养

专注于高等教育和科研资源,以提高人才招聘平台的标准。作为有效分配资源和开放共享的媒介,该平台具有重要的凝集和辐射功能,这是吸引和保留人才的桥梁,也是开发和使用人才的重要一步。有必要积极发展和促进中国的高科技企业大学的建设。此外,公司需要开发和利用国内外教育资源来培养顶尖创新型公司的人才。

(五) 建立长效的人才工作机制

人才招聘政策的激励和吸引力具有短期影响,人才引进是一项系统工程。我们可以通过暂时的特殊待遇和优惠政策引进人才,但是长期的人才能不能对大湾区做出贡献则需要建立长效的人才工作机制,如何将选用预留发挥最优是我们需要思考的工作，在早期阶段，为了合理地增加对高需求和紧缺人才的采用，有必要通过多种渠道调查人才引进的需求并实施市场机制。与此同时，对于其他人才政策也不能马虎，科学布局以及政策的连续性是一件需要持续进行的工作。

（六）完善人才激励制度

人才激励是留住人才的重要途径。一是完善人才薪酬福利体系，为了实现粤港澳大湾区人力资源的可持续发展，有必要完善人才的薪酬福利体系，寻求建立符合国际市场标准的薪酬定价机制。此外，需要研究和开发针对特殊人才的激励政策，以加快高端人才与资本，技术和产权等新的国际要素市场的融合和对接。最后，需要创造高效的行政服务和人性化的社会服务，只有稳定的社会环境和舒适安全的生活环境才能使高端人才安居乐业，为了对高端人才实施软激励，粤港澳大湾区需要改善住房、教育和医疗安全以及社区服务安全等其他方面。

（七）优化适宜的人才生态环境

粤港澳大湾区要注重引才方式由"政府主导"向"市场主导"转变，鼓励社会力量、市场主体参与人才引进。实行更加开放的全球引才制度，建立与国际接轨的人才薪酬机制。作为面向未来的国际科技创新中心，应更加着力于提供有国际竞争力的产业支撑和发展机会；更加着力于提供良好的住房、养老、医疗、子女教育等公共服务；着力于倡导建设良好的社会治理和开放包容的社会氛围，形成安心、放心、舒心的干事创业环境。

（八）构建多元化人才队伍结构

在"人才之战"中，不应将人才限制为"高端人才"，而应特别注意引进高技能人才，以达到合格和避免人才结构失衡的目的。需要妥善处理人才招聘与人才开发，国外/本地人才，一般/高端人才，学术/技术人才和各个年龄段的人才开发之间的关系，建立合理的制度和相互之间的支持关系，为大湾区发展提供强有力的支撑。

五　总　结

在粤港澳大湾区实施创新驱动的发展战略，不仅是自身发展的基本需要，而且是国家区域发展战略的重要支撑点。大湾区地理位置优势明显，是实施"一带一路"战略的交通枢纽，也是未来扩大改革开放政策的前沿阵地，这对于凝聚港澳的向心力，促进区域经济与社会的高质量发展，也具有重要的现实意义和深远的历史意义。

参考文献

［1］刘佐菁、陈杰：《新时期粤港澳人才合作示范区发展战略研究》，《科技管理研究》2019年第8期。

［2］陈杰、刘佐菁、苏榕：《粤港澳大湾区人才协同发展机制研究——基于粤港澳人才合作示范区的经验推广》，《科技管理研究》2019年第4期。

［3］章熙春：《粤港澳大湾区建设进程中大学创新人才培养的思考与探索》，《高等工程教育研究》2019年第1期。

［4］王磊、许小颖：《粤港澳大湾区背景下企业人才共享探索》，《人才资源开发》2019年第8期。

［5］王磊、何思学：《世界三大湾区人才发展对粤港澳大湾区人才战略高地建设的启示》，《人才资源开发》2019年第9期。

［6］马向明、陈洋：《粤港澳大湾区：新阶段与新挑战》，《热带地理》2017年第6期。

［7］肖雄松、陈俊成：《服务粤港澳大湾区的战略人力资源培育体系构建》，《当代经济》2019年第12期。

［8］王磊：《粤港澳大湾区背景下企业人才引进探索》，《农家参谋》2019年第6期。

［9］陈健、丁瑞盈：《粤港澳大湾区背景下珠海人才协同发展机制研究》，中国环境科学学会：《2020中国环境科学学会科学技术年会论文集》（第一卷），中国环境科学学会：《中国环境科学学会》2020年第11期。

［10］陈加欣、李旭曼：《粤港澳大湾区高层次产业人才协同发展问题探讨》，《现代商贸工业》2020年第24期。

［11］陈印政：《粤港澳大湾区实施创新驱动发展的战略思考》，《智库理论与实

践》2019 年第 6 期。

［12］王磊:《粤港澳大湾区背景下企业人才引进探索》,《农家参谋》2019 年第 6 期。

［13］刘孝斌:《中国特色社会主义新时代下的粤港澳大湾区建设》,《中共贵州市委党校学报》2018 年第 1 期。

［14］陈少燕、谢庆波:《粤港澳大湾区抢人大战,引来更要留住》,《人力资源》2019 年第 9 期。

［15］阎豫桂:《粤港澳大湾区打造世界一流创新人才高地的思考》,《宏观经济管理》2019 年第 9 期。

［16］刘增辉、雷娟:《引领粤港澳大湾区高质量发展的创新要素分析》,《中国高新科技》2021 年第 5 期。

创业社会认可度对粤港澳大湾区大学生创业意愿的影响

刘 楼 陈冰妮

(广东财经大学工商管理学院)

摘要：粤港澳大湾区良好的创业氛围能有效促进大学生创业活动的开展。通过构建创业社会认可度与粤港澳大湾区大学生创业意愿之间的关系模型，探索其中的作用机制，并利用SPSS和AMOS软件对235份有效问卷进行分析和检验，结果发现：性别、出生地、学历、是否接受创业教育对创业意愿有显著的影响；创业社会认可度越高，其创业意愿越强，且创业激情中介了两者之间的关系；风险倾向在创业激情和创业意愿中起调节作用。提升大学生创业意愿，应从家庭环境和社会环境共同发力。

关键词：创业社会认可度；粤港澳大湾区；大学生；创业意愿

一 研究背景

《粤港澳大湾区发展规划纲要》中，创新一词被提及139次，创业一词被提及25次，纲要中提到要构建开放型区域协同创新共同体，高水平科技创新载体和平台以及优化区域创新环境三大模块，为大湾区的创新创业活动营造了良好的环境，为大湾区的创业活动也带来了更大的空间和发展机遇。除此之外，《纲要》的核心部分是通过相关政策的指引，激励和引导粤港澳大湾区的青年投身于创业活动中，建成全国范围最大的创新创业试验基地，将会吸引到更多创业青年的集聚。加上近几年高校毕业生的人数与日俱增，粤港澳大湾区秉承创新驱动发展战略为青年大学生搭建了良好的创业平台，目前已有43支创业团队进驻深圳南山区的创业基地，未来珠三角9个城市将继续搭建新的创新创业基地，助力广大青年和大学生实现自己的人生价值。

研究表明，创业者特质、创业环境会影响大学生的创业意愿，而创业环境作为客观的外部因素，对大学生创业意愿的产生有很大的促进作用。创业社会认可度作为社会对创业的态度，会影响大学生的就业方向。创业存在"高风险"与"高失败率"，但从心理学角度，由于个体在人格特质上存在差异，因此会影响其对创业活动的决策和最终的创业成果。往后的研究中，相关学者也指出，创业环境的不确定性、动态性以及资源依赖性等都会影响个体的创业认知和创业行为选择[1]，基于此，风险倾向作为感知外部环境变化的因素，成为了创业研究领域的关注点。社会认知理论提出，环境、个体的认知和行为三者是一个共同体，相互影响[2]。个体的行为决策是个体受环境影响的结果，个体的认知因素作为中介反应，进一步对个体行为倾向产生影响。创业激情作为预测创业动机和创业意愿的重要因素，会影响潜在创业者的创业意愿，以往的研究都局限于个体特质与创业教育对创业激情的影响，而忽略了家庭环境和社会环境对创业者创业激情的影响。对此，为了弥补前人研究的不足，本文以社会认知理论为基础，研究创业社会认可度对粤港澳大湾区大学生创业意愿的影响，与此同时，探索创业激情在其中的中介作用以及风险倾向在其中的调节效应，据此为提高粤港澳大湾区大学生的创业意愿建言献策。

二 文献回顾与研究假设

（一）社会认可度与创业激情

社会认可度指的是大众对某一社会现象和社会事件的认可程度，包括个体层面的职业选择、个人能力、自我概念等的认同。社会认可度对

---

[1] 张腾、张玉利、田莉：《经典环境模型及其演化分析》，《管理学报》2015年第8期。
[2] Bandura, "Social Foundations of Thought and Action: A Social Cognitive Theory", *J Appl Psychol*, 12 (1), 1986, p.169.

个体的自我认知产生重要的影响，一般而言，社会对自我的认可度越高，其自我的效能感越强烈，对自我实现目标越有信心[1]。创业社会认可度指的是社会整体对创业氛围、大学生创业的态度、对创业的接受程度[2]。激情是个体在某种情绪影响下最终想要实现的目标[3]，Cardon 等（2009）基于情绪视角，将创业激情定义为创业者对创业活动的积极情绪和对创业者身份的强烈认同[4]。家庭作为社会群体中最稳定持久的存在，在社会环境中最能直接影响潜在创业者的创业认知、动机和行为，家庭的认可可以给予创业者所需要的创业自由，不仅为之提供了资金上的支持，还是创业者们最强大的精神后盾，使其激情四射，积极应对创业过程中的种种困难。王艳红和赵丽丽认为社会提供的创业环境对大学生的创业活动起到一定的制约作用。潘炳茹鉴于前人对创业激情前置变量的影响只停留在人口学特征变量和创业教育上，构建了社会认可度与创业激情之间的关系模型，研究证明了社会认可度对大学生的创业激情有显著的正向影响，即社会越认可创业，大学生的创业激情越高[5]。俞旭通过对高职院校的330 名大学生进行问卷调查，结果发现家庭环境越优越，父母对子女的创业予以高度支持，其子女的创业自我效能感越高[6]。而大学生对创业的自信心越强，其创业的激情也会更强烈。基于以上分析，提出假设1：

H1：创业社会认可度对大学生的创业激情产生正向的影响。

---

[1] 陈云川、陈晶晶：《社会认可度对大学生创业自我效能感的影响研究》，《内蒙古科技与经济》2019 年第20 期。

[2] 李梅芳、齐海花、齐阳阳：《大学生创业激情的诱发因素研究》，《创新与创业教育》2020 年第3 期。

[3] Frijda N. H., Mesquita B., Sonnemans J., Goozen S. V., *The Duration of Affective Phenomena or Emotions, Sentiments and Passions*, International Review of Studies on Emotion, Vol. 1, 1991.

[4] Frijda N. H., Mesquita B., Sonnemans J., Goozen S. V., *The Duration of Affective Phenomena or Emotions, Sentiments and Passions*, International Review of Studies on Emotion, Vol. 1, 1991.

[5] 潘炳茹：《社会认可度对大学生创业激情的影响研究》，《广西社会科学》2018 年第9 期。

[6] 俞旭、柳霆钧、楼黎瑾：《家庭环境对高职学生创业自我效能感的影响研究》，《创新创业理论研究与实践》2018 年第21 期。

(二) 创业激情与创业意愿

创业意愿是个体实施创业行为的前提和动机,是对个体行为目标的主观认知[1]。有关学者认为,创业意愿是预测创业行为决策最有效的因子之一,并且创业意愿因人而异,但可以通过学习培养[2],因此,了解创业意愿的前因变量,不论是直接变量还是间接变量,都是创业领域的学者们研究的重要对象。

个体的特质变量,如激情及创新性,已被相关研究证明与创业行为有着积极的正向关系,其中包括创业意愿与创业成功[3]。创业者被认为是充满激情的,激情有助于潜在创业者开创企业以及促进创业成功[4]。一些学者构建了创业激情和创业意愿之间的关系模型,通过调查证实了创业激情与创业意愿之间的积极正向关系[5]。创业激情作为一种内在的动机,可以激发个体参与创业活动的意愿[6],因此,有些学者把创业激情作为个体是否愿意将创业机会转化为实际行动的决定性因素[7]。基于

---

[1] Conner M., Armitage C. J., "Extending the Theory of Planned Behavior: A Review and Avenues for Further Research", *J Appl Soc Psychol*, 28 (15), 2010.

[2] Ajzen I., "The Theory of Planned Behavior", *Organ Behav Hum Dec*, 50, 1991, pp. 179 – 211. Fellnhofer K., "The Power of Passion in Entrepreneurship Education: Entrepreneurial Role Models Encourage Passion?" *other*, 20 (1), 2017. Krueger N. F., Brazeal D. V., "Entrepreneurial Potential and Potential Entrepreneurs", *Social Science Electronic Publishing*, 18, 1994.

[3] Let's put the Person Back into Entrepreneurship Research: A Meta-analysis on the Relationship Between Business Owners' Personality Traits, Business Creation, and Success, European Journal of Work & Organizational Psychology, 16 (4), 2007, pp. 353 – 385.

[4] Cardon M. S., Wincent J., Singh J., Drnovsek M., "The Nature and Experience of Entrepreneurial Passion", *The Academy of Management Review*, 34 (3), 2009, pp. 511 – 532. Mueller B. A., Wolfe M. T., Syed I., "Passion and Grit: an Exploration of the Pathways Leading to Venture Success", *J Bus Venturing*, 32 (3), 2017, pp. 260 – 279.

[5] Kadile, Vita, Biraglia, Alessandro, "The Role of Entrepreneurial Passion and Creativity in Developing Entrepreneurial Intentions: Insights from American Homebrewers", *Journal of Small Business Management Jsbm*, 2017. Nasiru A., Keat O. Y., Bhatti M. A., "Relationship Between Entrepreneurial Passion for Inventing, Entrepreneurial Passion Founding and Entrepreneurial intention: the Role of Perceived Creativity Disposition", Research Journal, 2 (1), 2014, pp. 132 – 144.

[6] 方卓、张秀娥:《创业激情有助于提升大学生创业意愿吗?——基于六省大学生问卷调查的研究》,《外国经济与管理》2016 年第 7 期。

[7] Bird B., "Implementing Entrepreneurial Ideas: The Case for Intention", *The Academy of Management Review*, 13, 1988.

此，本文提出假设 2：

  H2：创业激情对大学生的创业意愿产生正向的影响。

（三）创业激情的中介作用

  激情是使个体专注于某件事或某项活动的强烈情绪状态，能够激发个体把所有精力投入到所喜欢的工作当中。创业激情是创业意愿产生的关键驱动力之一，充满创业激情的创业者，一旦发现潜在的创业机会时，会倾向于利用自己过往的经验识别创业机会开发的可能性与盈利性，借助直观的启发式方法，在情感上加快创业意愿的形成。另外，值得一提的是，创业激情不仅是一种积极的情绪状态，还包括对创业者身份的认同以及创业动机。根据 Cardon 的观点，具有创业激情的创业者，会积极主动去搜寻外部环境的信息，以便快速识别出潜在的商机，构思新的创业路线。积极的情绪扩展理论认为激情可以激发人们的思维方式，集中精力去构建自己的能力、智力以及社会知识结构资源，提高个体的创业能力，因此。与创业自我效能感相类似，创业激情通过对创业目标的承诺，促进了创业意愿的萌发、发展与成熟。

  创业激情是预测创业意愿最重要的前置变量之一，是创业者对创业活动所具有的积极情感，这种情感是通过对所参与的创业活动的认同而形成的。近年来有研究表明，社会支持对创业激情有显著的影响。潘炳茹构建了社会支持对创业坚持的研究模型，结果发现社会支持对创业坚持的正向影响是通过创业激情的中介作用传导的。在创业的过程中，来自社会环境的支持能够使创业者对自我更加肯定，对创业活动更加自信，创业的激情会更高。来自家庭环境的支持不仅使创业者获得资金上的支持，还能减少内在的心理压力。社会和家庭的支持能够使个体在看待创业活动时，更加认同创业活动给社会和国家带来的价值，进而提升其创业激情。基于此，提出以下假设 3：

  H3：创业激情对社会认可度与创业意愿的关系中具有中介

作用。

（四）风险倾向的调节作用

风险及不确定性是创业者在创业过程中普遍遇到的难题，风险倾向是指在特定的决策情境下，个体主动承担风险或避免风险的心理特征，高风险倾向能够给予个体一种内在的刺激，增强他们对创业活动的意愿，从而促使创业行为的实施。学者 Raab 等指出创业风险是创业活动的基本组成部分，作为一种个人特质，会对创业意愿产生影响，反映了个体面对环境挑战时的决策，影响整个创业过程[1]。

已有的研究表明，风险倾向对个体的创业激情产生影响。Sitkin 和 Weingart 在前人研究的基础上，提出具有较高风险倾向的创业者在创业过程中激情会更加强烈[2]。Gu 指出，高风险倾向的个体在不确定的环境中更容易获得正向的激励，会主动把创业压力化为创业动力，产生强烈的创业意愿。而低风险倾向的个体更愿意追求安稳的生活，不愿去承受不确定性带来的风险[3]。尽管识别到好的创业机会，也缺乏动力去采取实际行动，宁愿甘于现状作出谨慎的决定。基于此，提出以下假设 4：

H4：风险倾向对创业激情和创业意愿的关系具有正向的调节作用。风险倾向越高，创业激情对创业意愿的影响越强烈。

本研究的模型图如下：

---

[1] Raab G. Synm, *Entrepreneurial Potential: An Exploratory Study of Business Students in the U. S. and Germany*, Journal of Business & Management, 2005.

[2] Sitkin S. B., Weingart L. R., "Determinants of Risky Decision-Making Behavior: A Test of the Mediating Role of Risk Perceptions and Propensity", Acad Manage J, 38 (6), 1995, pp. 1573 – 1592.

[3] Gu J., Hu L., Wu J., Lado A. A., *Risk Propensity, Self-Regulation, and Entrepreneurial Intention: Empirical Evidence from China*, Current psychology (New Brunswick, N. J.), 2017.

图 1　研究模型

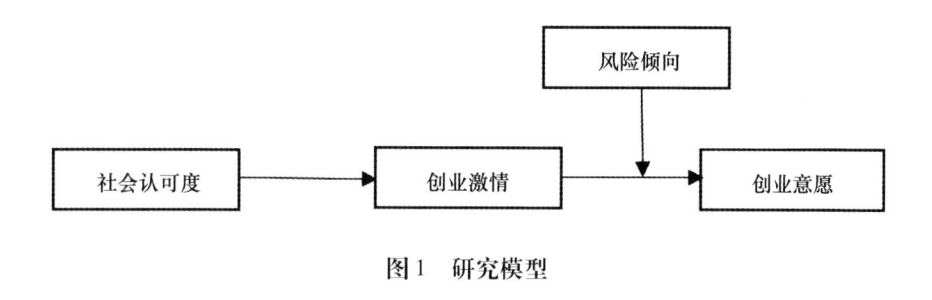

三　研究设计

（一）变量测量

社会认可度的研究起步比较晚，这两年才渐渐萌芽，在国内外还没有比较成熟的量表，因此本研究主要采用潘炳茹（2018）开发的量表，主要分为家庭环境和社会环境两个维度，共 4 个题项，例如"父母乐意在资金方面支持我创业"。创业激情采用国外学者 Cardon et al（2013）较为成熟的量表，该量表从积极情绪和身份认同出发来测量创新激情、创建激情和发展激情这三个维度，共 13 个题项，例如"能够拥有自己的企业使我充满奋斗的动力"。风险倾向采用 Gu 和 Hu 等编制的 5 题量表，主要用来测量个体对待创业风险的基本态度，例如"我会推动实施一项潜在可能得出不同结果的企业战略行动"。创业意愿采用国外学者 Chen、Greene 和 Crick 开发的 5 题量表，主要用来测量个体对创业活动的渴望程度，包括"我会尽自己最大的努力去创业"、"我不久后很有可能去创业"等等。量表都采用李克特的五分量表，记为"1—5"，代表"非常不符合"到"非常符合"。

（二）样本选择和数据收集

本研究的研究对象主要是广州市的在校大学生，主要通过线下发放纸质问卷对所需数据进行收集，共发放 250 份问卷，回收 250 份，剔除无效数据 15 份，最终获得 235 份有效问卷，回收率为 94%。样本的具体情况见表 1。

表1　　　　　　　　　　　样本描述性统计

变量	类别	频数	百分比%	变量	类别	频数	百分比%
性别	男	127	54	出生地	广州	43	18.3
	女	108	46		深圳	23	9.8
年龄	20岁以下	59	25.1		珠海	18	7.7
	21—25岁	137	58.3		佛山	20	8.5
	26—30岁	31	13.2		惠州	13	5.5
	31岁以上	8	3.4		东莞	14	6
专业	经管类	81	34.5		中山	14	6
	文史哲类	56	23.8		江门	13	5.5
	理工类	59	25.1		肇庆	13	5.5
	农医法类	26	11.1		香港	6	2.6
	其他	13	5.5		澳门	5	2.1
家庭成员创业经历	有	78	33.2		非粤港澳大湾区	53	22.6
	无	157	66.8	学历	本科	126	53.6
接受创业教育	有	129	54.9		硕士	101	43
	无	106	45.1		博士	8	3.4

（三）问卷的信度和效度

本研究主要运用SPSS和AMOS软件对问卷的信度和效度进行检验，如表2所示，四个量表的α系数介于0.775—0.904之间，均大于0.7，表明问卷具有较好的信度。四个量表的KMO值都大于0.5，表明问卷的结构效度良好。而每个变量的因子载荷介于0.755—0.908之间，均大于0.5，表明每个指标都能较好测量其维度内容；组合信度CR介于0.8963—0.9683之间，均大于0.6，平均方差抽取量AVE均大于0.5，表明各个量表具有较好的收敛效度。

从表3可以发现，验证性因子分析模型拟合参数结果均符合标准要求，说明社会认可度、创业激情、风险倾向和创业意愿四因子模型与数据匹配良好。

表2 量表信度与效度检验

变量	题项	因子载荷	α	KMO	CR	AVE	变量	题项	因子载荷	α	KMO	CR	AVE
家庭环境	Q1	0.83	0.775	0.584	0.9314	0.7726	创新激情	Q5	0.908				
	Q2	0.892						Q6	0.779				
社会环境	Q3	0.889						Q7	0.756				
	Q4	0.903						Q8	0.846				
风险倾向	Q18	0.797	0.896	0.883	0.8963	0.6355	创建激情	Q9	0.9	0.904	0.905	0.9683	0.7021
	Q19	0.781						Q10	0.891				
	Q20	0.803						Q11	0.796				
	Q21	0.782						Q12	0.78				
	Q22	0.816						Q13	0.88				
创业意愿	Q23	0.805	0.896	0.881	0.8971	0.6363	发展激情	Q14	0.878				
	Q24	0.76						Q15	0.808				
	Q25	0.755						Q16	0.775				
	Q26	0.888						Q17	0.874				
	Q27	0.773											

表3 验证性因子分析模型拟合参数表

拟合指标	CMIN/DF	RMSEA	GFI	NFI	RFI	IFI	CFI
拟合标准	<3	<0.08	>0.90	>0.90	>0.90	>0.90	>0.90
运算结果	1.011	0.007	0.916	0.932	0.921	0.999	0.999
	符合	符合	符合	符合	符合	符合	符合

四 实证结果

(一) 同源方差

本研究的量表题目大部分是自我感知层面的问题,可能会存在共同方法偏差，对研究结果造成一定的影响，因此，在进行回归分析之前，先进行同源方差检验。如表5，采用主成分分析法，共抽取7个特征值大于1的因子，第一个因子的方差解释率为33.733%，低于40%，因此有理由认为共同方法偏差不严重。

表5　　　　　　　　　　　　　单因素检验

成分	初始特征值		
	总计	方差%	累计%
1	9.108	33.733	33.733
2	3.302	12.23	45.963
3	2.804	10.384	56.346
4	1.878	6.954	63.3
5	1.483	5.493	68.793
6	1.213	4.491	73.284
7	1.049	3.885	77.17

（二）相关性检验

相关性分析是为了在进行回归分析之前检验各变量之间的相关关系，为下一步的假设检验提供证据基础。如表6所示，创业社会认可度与创业激情之间存在正相关关系，创业激情以及风险倾向与创业意愿存在正相关关系。

表6　　　　　　　　　　　　　相关系数

	创业社会认可度	创业激情	风险倾向	创业意愿
创业社会认可度	1			
创业激情	.506**	1		
风险倾向	.478**	.521**	1	
创业意愿	.138*	.385**	.190**	1

(三) 假设检验

1. 社会认可度、创业激情与创业激情的关系检验

为了了解创业社会认可度对粤港澳大湾区大学生创业意愿的影响，本研究采用结构方程模型进行检验，经检验得出，创业社会认可度对创业激情的标准化系数为0.879，创业激情对创业意愿的标准化系数为0.698，C.R值和P值均符合标准，假设H1、H2成立。

表7　　　　　　　　　　模型的路径系数及假设检验

假设	假设路径	非标准化路径系数	标准化路径系数	CR值	P	假设是否成立
H1	社会认可度→创业激情	0.85	0.879	4.475	***	成立
H2	创业激情→创业意愿	1.105	0.698	5.972	***	成立

2. 创业激情的中介效应检验

创新激情、创建激情、发展激情在家庭环境和创业意愿之间的中介效应值分别为0.049、0.072、0.141，95%的置信区间分别为(0.11,0.109)、(0.017,0.168)、(0.063,0.241)，不包括0，显著性水平为0.012、0.008、0.001，表明创新激情、创建激情和发展激情在家庭环境和创业意愿之间起中介作用。创新激情、创建激情、发展激情在社会环境和创业意愿之间的中介效应值分别为0.028、0.056、0.088，95%的置信区间分别为(0.003,0.078)、(0.010,0.135)、(0.017,193)，显著性水平为0.024、0.012、0.011，说明创新激情、创建激情和发展激情在社会环境和创业意愿之间起中介作用。本研究的假设H3得到了证实。

表8　　　　　　　　　标准化的Bootstrap中介效应检验

路径	效应值	Lower	Upper	P
家庭环境—创新激情—创业意愿（标准化）	.049	.011	.109	.012
家庭环境—创建激情—创业意愿（标准化）	.072	.017	.168	.008

续表

路径	效应值	Lower	Upper	P
家庭环境—发展激情—创业意愿（标准化）	.141	.063	.241	.001
社会环境—创新激情—创业意愿（标准化）	.028	.003	.078	.024
社会环境—创建激情—创业意愿（标准化）	.056	.010	.135	.012
社会环境—发展激情—创业意愿（标准化）	.088	.017	.193	.011

3. 风险倾向的调节效应检验

根据 BARON 等人提出的层级回归研究路径，对整体的调节效应进行检验：①将性别、年龄、出生地、学历、专业、家庭成员创业经历、是否接受创业教育这 7 个控制变量代入回归模型，建立模型 1。②将创业激情和风险倾向代入回归模型，建立模型 2。③将创业激情和风险倾向的交互项代入模型，建立模型 3。如表 10，模型 1 的 R^2 为 0.125，模型 2 的 R^2 为 0.364，模型 3 的 R^2 为 0.381，说明加入创业激情和风险倾向的交互项之后，对创业意愿的解释力度越来越高，调整后的 R^2 显著，因此，创业激情和风险倾向的交互项对创业意愿有显著的预测作用，风险倾向对创业激情和创业意愿之间的关系具有调节作用（β = 0.132，P = 0.014 < 0.05），假设 H4 得到验证。表 11 反映了风险倾向对创业激情的各个分维度与创业意愿之间关系的调节效应。

表 9　　　　　　　　　　整体层级回归模型

	因变量：创业意愿		
	模型 1	模型 2	模型 3
性别	-0.196**	-0.194**	-0.192**
年龄	0.01	-0.02	-0.022
出生地	-0.029	-0.019	-0.023
学历	-0.182**	-0.125*	-0.12*
专业	-0.004	0.013	0.015
家庭成员的经历	0.092	0.075	0.067
是否接受创业教育	-0.202**	-0.143*	-0.135*

续表

	因变量：创业意愿		
	模型1	模型2	模型3
创业激情		0.501***	0.497***
风险倾向		-0.011	-0.006
创业激情×风险倾向			0.132*
R^2	0.125	0.364	0.381
调整后 R^2	0.098***	0.338***	0.353*
F	4.650	14.291	13.779
N	235	235	235

为了更进一步验证风险倾向的调节效应，使用了 Preacher 等[①]推荐的有调节的中介效应检验方法来检验本研究有调节的中介模型。由图2和图3可知，高风险倾向对创建激情和发展激情有显著的正向预测作用。

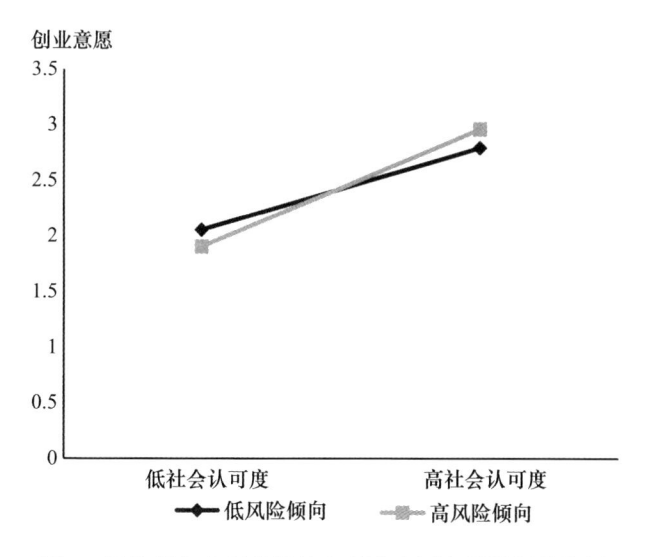

图2　风险倾向在创建激情和创业意愿之间的调节作用

---

① Preacher K. J., Rucker D. D., Hayes A. F., "Addressing Moderated Mediation Hypotheses: Theory, Methods, and Prescriptions", *Multivar Behav Res*, 42 (1), 2007, pp. 185-227.

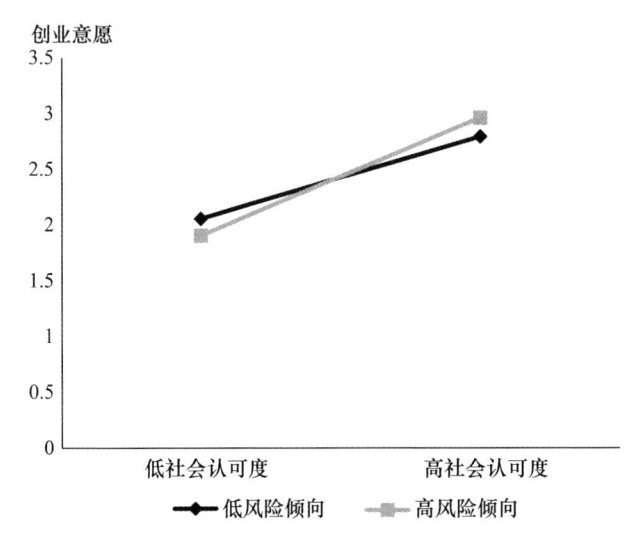

图3 风险倾向在发展激情和创业意愿之间的调节作用

五 结论与启示

本文以粤港澳大湾区的大学生为研究对象,基于社会认知理论,以创业社会认可度为自变量,创业意愿为因变量,创业激情为中介变量,风险倾向为调节变量,构建一个有调节的中介作用模型,探讨创业社会认可度对粤港澳大湾区大学生的创业意愿的影响。通过对调查235个大学生的数据进行分析,得出以下结论:(1)创业社会认可度越高,大学生的创业意愿越强。(2)创业激情正向中介了创业社会认可度对创业意愿的影响,即创业社会认可度激发了创业激情,而被激发的创业激情则强化了创业意愿。(3)风险倾向能够强化创业激情对创业意愿的正向影响,进而对创业激情的中介效应产生调节作用。当风险倾向较高时,创业激情对创业社会认可度与创业意愿的中介作用增强,即风险倾向增强了创业激情对创业意愿的影响。

本文对于提高大学生的创业意愿有一定的借鉴意义。本文通过调查发现个体接受创业教育能提高大学生的创业意愿,创业教育能让大学生对创业活动有更深入的了解,不盲从,不碌碌无为。王心焕指出,创业教育要深入到家庭层面,家庭层面的支持尤其是父母,对于大学生来说,是创业道路上的精神支柱和坚实后盾。父母不仅能给大学生创业提供资金支持，当面临创业瓶颈时，也能减缓大学生的创业压力，为其出谋划策，是促使个体开展创业活动的助推器。本研究发现家庭对创业的认可比社会层面的认可更能增强个体的创业意愿，父母以及亲戚对创业活动的认可，在一定程度上可以改变大学生"学而优则仕，学不优则稳"的就业观，使个体在具备一定的条件下也把创业纳入其职业生涯规划中。因此，于父母而言，首先要改变其传统的思想观念，多接触一些时事新闻，关注当前社会的发展趋势以及创业对国家和社会经济发展的重要作用。要多与孩子进行沟通交流，对有创业意愿的孩子，要支持他们的想法，认可他们的创业行为，并在孩子有需要时给予帮助。其次，对于还没有步入社会的大学生，父母要多为他们创造有利的创业条件，给尚处于迷茫阶段的孩子提供一些指导，使其对未来的职业规划有更明确的方向。在物质上给予资金支持，在精神上做好坚强的后盾，使其以乐观、自信的姿态走向创业之路，不惧怕任何未知的风险，大胆地步入社会。

对社会来说，应该营造良好的创业氛围。要使创业活动持续地开展，必须激起潜在创业者的创业激情与创业活力，而激情和活力需要依靠社会环境的培育。社会创造的创业氛围对大学生的创业激情、创业意愿具有重要影响。社会越认可大学生的创业活动，其创业激情也就越高涨。近几年，广东出台了很多"创业利好"政策，促使一批港澳青年来粤创业，特别是港澳青年创新创业基地的建设。因此，在硬件设施方面，国家和地方政府应多出台相关的创业优惠政策，支持和建设一批创业孵化基地，完善各种公共服务，切实发挥好"为人民服务"的职能，激发大学生的创业激情，吸引其开展创业活动。此外，还应加强对创业软环境的建设，营造一种全社会支持创业的浓厚氛围。具体来说，要利用广播、电视、报纸等传播媒介对创新创业活动进行报道，多宣传创业榜样成功创业的光辉事迹，特别是表彰那些返乡创业的大学生，使创新创业活动受到社会民众的认可，在全社会形成一种尊重创业、鼓励创业、敢于创业、乐于创业的文化氛围，激发大学生的创业激情进而促使其产生强烈的创业意愿。

参考文献

［1］张腾、张玉利、田莉：《经典环境模型及其演化分析》，《管理学报》2015年第8期。

［2］Bandura, "Social Foundations of Thought and Action: A Social Cognitive Theory", *J Appl Psychol*, 12（1），1986，p. 169.

［3］陈云川、陈晶晶：《社会认可度对大学生创业自我效能感的影响研究》，《内蒙古科技与经济》2019年第20期。

［4］李梅芳、齐海花、齐阳阳：《大学生创业激情的诱发因素研究》，《创新与创业教育》2020年第3期。

［5］Frijda N. H., Mesquita B., Sonnemans J., Goozen S. V., *The Duration of Affective Phenomena or Emotions, Sentiments and Passions*, International Review of Studies on Emotion, Vol. 1，1991.

［6］Frijda N. H., Mesquita B., Sonnemans J., Goozen S. V., *The Duration of Affective Phenomena or Emotions, Sentiments and Passions*, International Review of Studies on Emotion, Vol. 1，1991.

［7］潘炳茹：《社会认可度对大学生创业激情的影响研究》，《广西社会科学》2018年第9期。

［8］俞旭、柳霆钧、楼黎瑾：《家庭环境对高职学生创业自我效能感的影响研究》，《创新创业理论研究与实践》2018年第21期。

［9］Conner M., Armitage C. J., "Extending the Theory of Planned Behavior: A Review and Avenues for Further Research", *J Appl Soc Psychol*, 28（15），2010.

［10］Ajzen I., "The Theory of Planned Behavior", *Organ Behav Hum Dec*, 50，1991, pp. 179–211.

［11］Fellnhofer K., "The Power of Passion in Entrepreneurship Education: Entrepreneurial Role Models Encourage Passion?" *other*, 20（1），2017.

［12］Krueger N. F., Brazeal D. V., "Entrepreneurial Potential and Potential Entrepreneurs", *Social Science Electronic Publishing*, 18，1994.

［13］Let's put the Person Back into Entrepreneurship Research: A Meta-analysis on the Relationship Between Business Owners' Personality Traits, Business Creation, and Success, European Journal of Work & Organizational Psychology, 16（4），2007, pp. 353–385.

［14］Cardon M. S., Wincent J., Singh J., Drnovsek M., "The Nature and Experience of Entrepreneurial Passion", *The Academy of Management Review*, 34（3），2009, pp. 511 – 532.

［15］Mueller B. A., Wolfe M. T., Syed I., "Passion and Grit: an Exploration of the Pathways Leading to Venture Success", *J Bus Venturing*, 32（3）, 2017, pp. 260 – 279.

［16］Kadile, Vita, Biraglia, Alessandro, "The Role of Entrepreneurial Passion and Creativity in Developing Entrepreneurial Intentions: Insights from American Homebrewers", *Journal of Small Business Management Jsbm*, 2017.

［17］Nasiru A., Keat O. Y., Bhatti M. A., "Relationship Between Entrepreneurial Passion for Inventing, Entrepreneurial Passion Founding and Entrepreneurial intention: the Role of Perceived Creativity Disposition", Research Journal, 2（1）, 2014, pp. 132 – 144.

［18］方卓、张秀娥：《创业激情有助于提升大学生创业意愿吗？——基于六省大学生问卷调查的研究》，《外国经济与管理》2016 年第 7 期。

［19］Bird B., "Implementing Entrepreneurial Ideas: The Case for Intention", *The Academy of Management Review*, 13, 1988.

［20］Raab G. Synm, *Entrepreneurial Potential: An Exploratory Study of Business Students in the U. S. and Germany*, Journal of Business & Management, 2005.

［21］Sitkin S. B., Weingart L. R., "Determinants of Risky Decision-Making Behavior: A Test of the Mediating Role of Risk Perceptions and Propensity", Acad Manage J, 38（6）, 1995, pp. 1573 – 1592.

［22］Gu J., Hu L., Wu J., Lado A. A., *Risk Propensity, Self-Regulation, and Entrepreneurial Intention: Empirical Evidence from China*, Current psychology（New Brunswick, N. J.）, 2017.

［23］Baron R. M. Kad, "The moderator-mediator Variable Distinction in Social Psychological Research: Conceptual, Strategic, and Statistical Considerations", *J Pers Soc Psychol*, 1986.

［24］Preacher K. J., Rucker D. D., Hayes A. F., "Addressing Moderated Mediation Hypotheses: Theory, Methods, and Prescriptions", *Multivar Behav Res*, 42（1）, 2007, pp. 185 – 227.

区域协调发展背景下的中国科技人才集聚度评价

吴 凡[*] 陈凯丽[**]

（广西大学公共管理学院）

摘要： 区域协调发展战略是贯彻新发展理念的重要内容，我国科技人才集聚规律和特点研究对国家区域协调发展具有重要意义。本文基于中国31省市区2010—2019年面板数据，通过区位熵理论计算中国科技人才集聚度，总结我国科技人才集聚规律。结果表明：1. 我国科技人才集聚具有显著不均衡性，东部地区是我国科技人才主要集聚区，且持续保持强集聚趋势。2. 我国科技人才集聚呈现"强者更强，弱者更弱"趋势，两极差距大。3. 在四大经济区中，西部地区和东北地区科技人才流失严重，黑龙江成全国科技人才流失最多、科技人才最匮乏的地区之一。基于此，论文从区域协调发展战略出发，提出进行政府适当干预，加大我国地区间科技人才协同发展和合作；优化人才空间布局，完善人才体制机制；加大人才集聚劣势区科技人才集聚政策研究；重视加大欠发达地区科技人才集聚平台建设和发展等建议进行政策优化，缩小我国区域科技集聚差距，促进区域协同发展和共同富裕实现。

关键词： 区域协调发展；科技人才集聚；人才集聚度

---

[*] 广西大学公共管理学院副教授，管理学博士，主要研究方向：地方政府人才治理。本论文为广西哲学社会科学规划项目"广西高层次人才集聚长效机制研究（20FGL050）"阶段性研究成果，广西会计人才小高地专项课题"广西人才小高地绩效考核研究与实践"（Y323001905）项目成果。

[**] 广西大学公共管理学院硕士研究生，主要研究方向：地方政府人才治理。

实施区域协调发展战略是新时代国家重大战略之一,是贯彻新发展理念和实现共同富裕的重要内容。当前,我国科技人力资源规模持续稳定增长,截至 2018 年底,科技人力资源总量已达 10154.5 万人,稳居世界第一[①]。但是,我国科技人才集聚空间分布不均问题突出,严重制约了我国整体经济水平的提升,东西部地区发展差距成为中国区域一体化发展的瓶颈。因此,总结和评价我国科技人才集聚规律和特点,提出科技人才合理流动的政策建议,优化人才的空间分布格局,对促进区域协调发展和国家经济可持续发展有特别的意义。

一 基本概念内涵与文献讨论

(一) 概念内涵

根据《"十三五"国家科技人才发展规划》,科技人才指"具有专业知识或专门技能,具备科学思维和创新能力,从事科学技术创新活动,对科学技术事业及经济社会发展做出贡献的劳动者"[②]。本文运用 R&D 人员数量衡量科技人才,把科技人才界定为参与研究与试验发展项目研究、管理和辅助工作的人员,有潜力和能力为科技创新发展作出贡献的科技工作者[③]。

(二) 文献讨论

人才集聚是人才流动的特殊形式,是在综合分析多种因素影响下,从不同区域集聚到某一区域并发挥 1+1>2 的集聚效应的过程[④]。科技人才作为人才队伍中科研创新的主力军,在建设创新型国家,提高科技

[①] 《中国科技人力资源发展研究报告(2018)——科技人力资源的总量、结构与科研人员流动》,《今日科苑》2020 年第 7 期。

[②] 国务院:《国务院关于印发"十三五"国家科技创新规划的通知》,http://www.gov.cn/zhengce/content/2016-08/08/content_ 5098072.htm。

[③] 国家统计局社会科技和文化产业统计司、科学技术部战略规划司:《中国科技统计年鉴》,中国统计出版社 2020 年版,第 4—5 页。

[④] 孙健、孙启文、孙嘉琦:《中国不同地区人才集聚模式研究》,《人口与经济》2007 年第 3 期。

竞争力中发挥着至关重要的作用，吸引了国内外学者的广泛关注。已有研究成果主要包括以下几方面内容：

1. 人才集聚特征。Florida（2002）在分析美国人才集聚规律中，揭示人才的地理分布具有不均衡性[1]。Karahasan 等（2013）发现西班牙人才集聚北部的分布特征[2]。国内学者在研究我国人才分布情况时发现，我国人才分布表现出显著的不均衡性，主要表现为东多西少、南多北少，人才分布重心向东南沿海地区转移，且人才稀疏面积具有一定扩大的趋势[3]。崔丹等（2020）在对我国创新型人才的研究中指出，我国已经形成以各省省会城市和直辖市为聚点，"中心—外围"模式的空间分布格局[4]。还有对典型人才群体的集聚特征的研究，包括中科院院士（李瑞等，2013）、女性社会科学研究人才（赵媛，2016）、京津冀地区专业技术人才（刘晖等，2018）、江苏省 R&D 人员（苏楚等，2018）等人才群体。

2. 人才集聚度的测量方法。人才集聚度用来表示某一城市人才集聚的程度，是衡量区域空间人才发展状态和水平的重要指标[5]。不同学者对人才集聚度采用不同的测量方法，主要包括：第一，用人才数量和人才质量两个维度测算。张樨樨（2010）用本科及以上的就业人员数量来衡量地区人才数量，用研究生占人才的比重及每万人拥有专利数来衡量人才质量[6]。第二，用人才区位熵理论衡量。曹雄飞等（2017）借鉴区位熵理论，将地区高技术产业从业人员中科学家与工程师的数量在地区

---

[1] Richard Florida, "The Economic Geography of Talent", *Annals of the Association of American Geographers*, 92 (4), 2002.

[2] B. Can Karahasan, Enrique López-Bazo, "The Spatial Distribution of Human Capital", *International Regional Science Review*, 36 (4), 2013.

[3] 胡兆量、王恩涌、韩茂莉：《中国人才地理特征》，《经济地理》1998 年第 1 期；赵晨、薛晔、牛冲槐、牛彤：《我国科技人才空间聚集及时空异质性研究》，《统计与决策》2020 年第 14 期；姜怀宇、徐效坡、李铁立：《1990 年代以来中国人才分布的空间变动分析》，《经济地理》2005 年第 5 期。

[4] 崔丹、李国平、吴殿廷、孙瑜康：《中国创新型人才集聚的时空格局演变与影响机理》，《经济地理》2020 年第 9 期。

[5] 廖诺、张紫君、李建清、赵亚莉：《基于 C-C-E 链的人才集聚对经济增长的贡献测度》，《人口与经济》2016 年第 5 期。

[6] 张樨樨：《我国人才集聚与城市化水平互动关系的建模研究》，《西北人口》2010 年第 3 期。

就业人员中的比重与全国平均比重的比率定义为高技术人才区位熵[①]，苏楚等（2018）用R&D从业人员全时当量和就业人员数两个指标数据衡量地区人才区位熵[②]。第三，用人口密度衡量。古恒宇等（2021）用地区占全国1%的国土面积上集聚的全国高学历人口的占比情况计算高学历人才集聚度[③]。第四，崔丹等（2020）用创新型人才密度与城市人口密度来测量创新型人才集聚度[④]。

综上所述，国内外学者从多个方面对人才集聚展开研究，为本文提供了重要的参考依据。然而，科技人才作为建设创新型国家的关键，现阶段对科技人才集聚的研究尚有不足。一是院士、专业技术人员、R&D人员等人才群体的分布规律不能代表科技人才集聚的特征，且相关定量分析数据较为陈旧。二是对人才集聚度的衡量尚未形成统一的标准，因此数据分析结果可能存在片面性，对制定区域协调发展战略背景下的科技人才政策有局限性。因此，本文在已有研究的基础上，选取2010—2019年31个省市区的面板数据，通过科技人才区位熵反映我国科技人才集聚度分布评价，探究中国科技人才集聚特征。对促进科技人才发展、全面推进区域协调发展具有现实意义。

二 研究设计

（一）研究方法

现有文献对人才集聚度研究进行了很多讨论，本文将参照赵青霞等（2019）做法，运用区位熵理论（Location Quotient，LQ）衡量科技人才集聚，将科技人才集聚度用R&D人员数和就业人员来计算，表示一个地区R&D人数占该地区就业人数的比重，与全国R&D人数与全国就业人

[①] 曹雄飞、霍萍、余玲玲：《高科技人才集聚与高技术产业集聚互动关系研究》，《科学学研究》2017年第11期。

[②] 苏楚、杜宽旗：《创新驱动背景下R&D人才集聚影响因素及其空间溢出效应——以江苏省为例》，《科技管理研究》2018年第24期。

[③] 古恒宇、沈体雁：《中国高学历人才的空间演化特征及驱动因素》，《地理学报》2021年第2期。

[④] 崔丹、李国平、吴殿廷、孙瑜康：《中国创新型人才集聚的时空格局演变与影响机理》，《经济地理》2020年第9期。

数的比重的比例①。

$$LQ = \frac{E_{ki}/E_i}{E_{kj}/E_j} \qquad (1)$$

其中，E_{ki}表示 i 地区 R&D 人员数量，E_i 表示 i 地区就业人员数；E_{kj} 表示全国 R&D 人员数量，E_j 表示全国就业人员数。LQ 值越大表明该地区科技人才集聚程度越高，科技创新能力越强。当 $LQ > 1$ 时，表明该地区科技人才集聚具有显著优势；当 $LQ = 1$ 时，表明该地区的科技人才集聚优势不明显；当 $LQ < 1$ 时，则表明科技人才集聚度较低，该地区的科技人才集聚处于劣势，竞争力不明显。

（二）数据来源

鉴于数据的可得性，本文使用 31 个省市区（不含港澳台地区）2010—2019 年共 10 年的面板数据进行实证研究。依据统计年鉴标准将 31 省市划为东部、中部、西部和东北地区四大区域。R&D 人员数主要来源于《中国科技统计年鉴》，就业人员数主要来源于《中国统计年鉴》。其中统计年鉴中缺少西藏 2019 年就业人数的数据，通过 2018 年的就业人数增长率来估算 2019 年的数值。

三 我国科技人才集聚度测评

从表 1 看，我国各省科技人才集聚具有以下特征：

表 1　　　　2010—2019 年中国 31 省（市）科技人才集聚度

省份	2010	2011	2012	2013	2014	2015	2016	2017	2018	2019
北京	5.62	5.28	4.84	4.49	4.28	4.18	4.07	3.98	3.79	3.96
天津	2.55	2.78	2.62	2.60	2.64	2.80	2.61	2.31	2.12	1.74
河北	0.51	0.54	0.51	0.50	0.53	0.55	0.55	0.55	0.48	0.48

---

① 赵青霞、夏传信、施建军：《科技人才集聚、产业集聚和区域创新能力——基于京津冀、长三角、珠三角地区的实证分析》，《科技管理研究》2019 年第 24 期。

续表

省份	2010	2011	2012	2013	2014	2015	2016	2017	2018	2019
山西	0.85	0.74	0.67	0.61	0.57	0.50	0.48	0.51	0.47	0.45
内蒙古	0.60	0.55	0.53	0.53	0.49	0.49	0.49	0.43	0.36	0.33
辽宁	1.17	1.04	0.97	0.94	0.92	0.81	0.81	0.80	0.80	0.77
吉林	1.07	1.01	0.94	0.81	0.77	0.77	0.71	0.70	0.51	0.57
黑龙江	0.92	0.84	0.74	0.67	0.61	0.57	0.53	0.44	0.36	0.43
上海	3.50	3.42	3.11	2.54	2.50	2.52	2.48	2.39	2.33	2.32
江苏	1.84	1.82	1.92	2.02	2.05	2.08	2.13	1.98	1.97	2.06
浙江	1.69	1.68	1.70	1.72	1.73	1.85	1.83	1.84	1.93	2.00
安徽	0.50	0.57	0.62	0.65	0.67	0.67	0.64	0.65	0.63	0.65
福建	0.97	0.99	1.02	1.00	1.01	0.93	0.96	0.92	1.03	1.02
江西	0.46	0.43	0.38	0.42	0.42	0.43	0.48	0.47	0.55	0.66
山东	0.92	0.96	0.97	0.95	0.94	0.95	0.95	0.95	0.97	0.80
河南	0.51	0.51	0.49	0.52	0.51	0.51	0.49	0.49	0.45	0.49
湖北	0.84	0.86	0.84	0.85	0.85	0.85	0.80	0.81	0.85	0.87
湖南	0.59	0.61	0.60	0.57	0.58	0.62	0.65	0.67	0.74	0.74
广东	1.63	1.62	1.69	1.58	1.50	1.45	1.44	1.58	1.69	1.66
广西	0.39	0.40	0.39	0.36	0.34	0.32	0.32	0.32	0.31	0.31
海南	0.35	0.35	0.36	0.34	0.32	0.33	0.32	0.29	0.27	0.27
重庆	0.82	0.78	0.74	0.76	0.79	0.81	0.87	0.96	1.04	1.02
四川	0.59	0.53	0.54	0.55	0.59	0.58	0.59	0.62	0.62	0.60
贵州	0.28	0.26	0.27	0.30	0.29	0.29	0.30	0.33	0.37	0.36
云南	0.29	0.29	0.27	0.26	0.26	0.32	0.33	0.32	0.32	0.34
西藏	0.20	0.19	0.18	0.17	0.17	0.13	0.12	0.12	0.12	0.12
陕西	1.02	0.93	0.95	0.99	0.98	0.90	0.92	0.91	0.81	0.88
甘肃	0.45	0.41	0.41	0.38	0.39	0.38	0.34	0.33	0.29	0.32
青海	0.53	0.46	0.42	0.36	0.36	0.29	0.30	0.37	0.28	0.32
宁夏	0.68	0.67	0.68	0.63	0.46	0.63	0.60	0.57	0.61	0.59
新疆	0.51	0.48	0.44	0.38	0.36	0.36	0.33	0.28	0.25	0.21
均值	1.06	1.03	0.99	0.95	0.93	0.93	0.92	0.90	0.88	0.88

注：由于数据缺失，不含港澳台地区。

第一，我国东部地区是我国科技人才的主要集聚区，呈现"强集聚"和"强者更强"的趋势。东部地区仍为科技人才的主要集聚区，2010年科技人才集聚度大于1的9个省市中，东部地区有6个（即北京、上海、天津、江苏、浙江、广东）。2019年科技人才集聚度大于1的8个省市，东部地区占有7个，同2010年相比新增福建省，持续保持强集聚优势。2019年东北地区科技人才集聚度大于1的省份由2010年的2个（吉林和辽宁）减少为0个。从科技人才全国占比看，东部地区科技人才数量和增速都遥遥领先，保持了全国占比6成以上的优势。东北地区和西部地区占比呈下降趋势，2010—2019年，东北地区下降3.49%，西部地区下降了0.47%。

第二，科技人才分布不均衡加剧，且空间极化现象继续扩大。2010—2019年科技人才绝对劣势区数量不断增加，由2010年的7个省（区）扩大到2019年13个省（区），以中西部地区为主。2010年科技人才集聚度排名后5位的省（区）主要为西部地区，分别为广西、海南、云南、贵州和西藏。2019年排名后5位的依旧以西部地区为主，分别是青海、广西、海南、新疆和西藏。科技人才低洼区形势更加严峻，西藏科技人才集聚度从2010年的0.2下降到2019年的0.12。

第三，科技人才集聚度地区差异性明显，西部地区和东北地区科技人才流失严重。2010—2019年，除中部地区从0.63小幅上涨至0.64，西部地区从0.53下降至0.45，东北地区则从1.06下降至0.59。东北地区科技人才集聚度下降速度最快，远高于其他三个区域，黑龙江成全国科技人才流失最多、科技人才最匮乏的地区之一。

通过对2010—2019年中国31个省市区科技人才集聚度分析发现，科技人才向东部地区流动的趋势越来越明显，东北和西部地区科技人才流失较为严重，黑龙江、西藏等8个省（区）科技人才集聚度均出现不同程度的下降，对地区科技发展有一定的负面影响。2010—2019年全国科技人才集聚度均值在逐年缩小，说明各省（区）对科技人才重视程度提升，科技人才集聚度差距在逐年缩小，但东部地区依然保持"强优势"地位。

四 区域性科技人才集聚特征分析

(一) 区域整体性分析

基于以上对我国科技人才集聚水平的测算，运用2010—2019近十年各省份科技人才集聚度标准差与科技人才聚集度均值的测算结果绘制散点图，进一步分析我国科技人才集聚的特征，由图1可以看出，我国31个省市（区）在四个象限中均有分布，但主要集中在第三象限（低—低集聚区）。

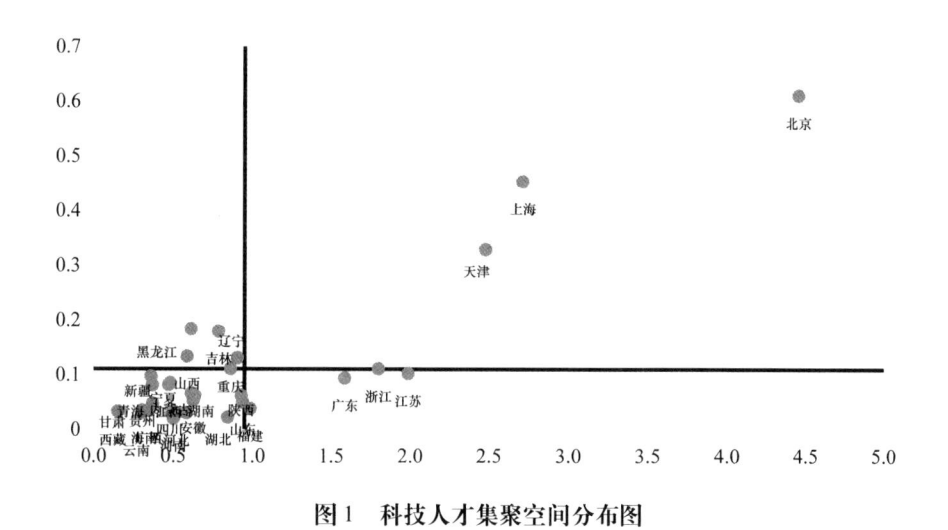

图1 科技人才集聚空间分布图

（1）高—高集聚区，主要集中在北京、上海等城市，其在经济、科技、教育、文化等方面都存在绝对优势，对科技人才有较强的吸引力，加速了科技人才的集聚。（2）低—高集聚区，主要集中为东北地区省份，尽管人才密度相对较高，但是受限于经济发展水平、自然环境等因素的影响，加上在地理位置上邻近东部地区科技人才集聚度高的省份，导致人才资源外流严重；（3）低—低集聚区，主要以西部省份为主，该集聚区经济发展水平较低、科研创新实力不足、教育落后等，对科技人才吸引力较低。（4）高—低集聚区，以东部地区省份为主。该集聚区自身地理位置优越、较好的经济发展水平、良好的教育环境和科研环境等，在吸引人才方面有明显优势。

（二）区域集聚特征分析

从表1看，2019年中国科技人才集聚优势区（LQ＞1）的地区有北京、上海等共8个省市，以东部地区为主。科技人才集聚劣势区（LQ＜1）的地区有山东、安徽、四川等23个省份，以中西部地区为主。本研究参考霍丽霞（2019）①的做法，依据2019年中国科技人才集聚度将31个省级区域划分为科技人才集聚四区域：绝对优势区（LQ≥2）、相对优势区（1≤LQ＜2）、相对劣势区（0.5≤LQ＜1）和绝对劣势区（LQ＜0.5）。其中入围科技人才集聚的绝对优势区的有北京、上海、江苏和浙江四个东部省市；入围科技人才集聚的相对优势区的有天津、重庆、福建和广东；入围科技人才集聚相对劣势区的有陕西、湖北、山东、辽宁、湖南、江西等10个省（区）；河南、河北、黑龙江等13个省（区）为科技人才集聚绝对劣势区。

我们用折线图绘制31省级区域近十年的科技人才集聚度变化趋势，表达我国强集聚省市的科技人才集聚水平（如图2所示）。在科技人才集聚绝对优势区中，各省市科技人才集聚度大幅度高于全国科技人才集

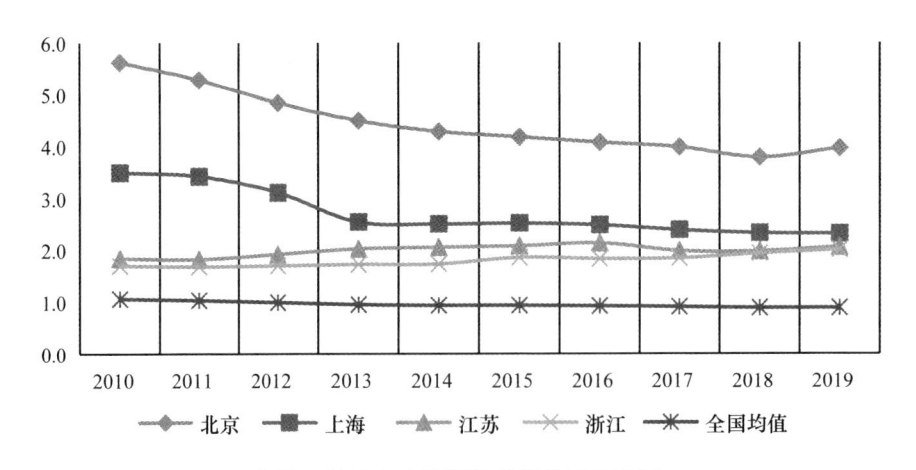

图2 科技人才集聚绝对优势区折线图

---

① 霍丽霞、王阳、魏巍：《中国科技人才集聚研究》，《首都经济贸易大学学报》2019年第5期。

聚度均值。从整体来看，2010—2019 年，北京、上海两市科技人才集聚度呈相对下降，慢慢回升的趋势；而 2010—2019 年，江苏和浙江两省科技人才持续增加。特别是江苏省，2019 年科技人才总量为 89.77 万人，比 2010 年科技人才总量增加 49.15 万；浙江省也增幅较大，2019 年科技人才数量是 71.37 万，是 2010 年的 2.49 倍，科技人才数量增加较为显著。

在科技人才集聚相对优势区（图 3）中，主要为东部地区。福建科技人才集聚度围绕全国集聚度均值上下浮动，重庆科技人才集聚喜人，科技人才集聚度 2017 年首次超越全国集聚度均值后，连续上浮。天津科技人才集聚度降幅较大，从 2015 年的 2.8 直线下降到 2019 年的 1.74，较 2015 年下降约 37.86%。2010—2019 年，广东、重庆和福建的科技人才数量增长速度较快，共增长 90.7 万人，占全国总增长量的 25.29%。广东 2019 年科技人才总量约为 109.15 万，约是 2010 年 2.44 倍，增加了 64.5 万人；重庆 2019 年科技人才总量约为 16.07 万，比 2010 年增加了 10.18 万人；2019 年福建科技人才总量约为 26.16 万，约是 2010 年的 1.58 倍。

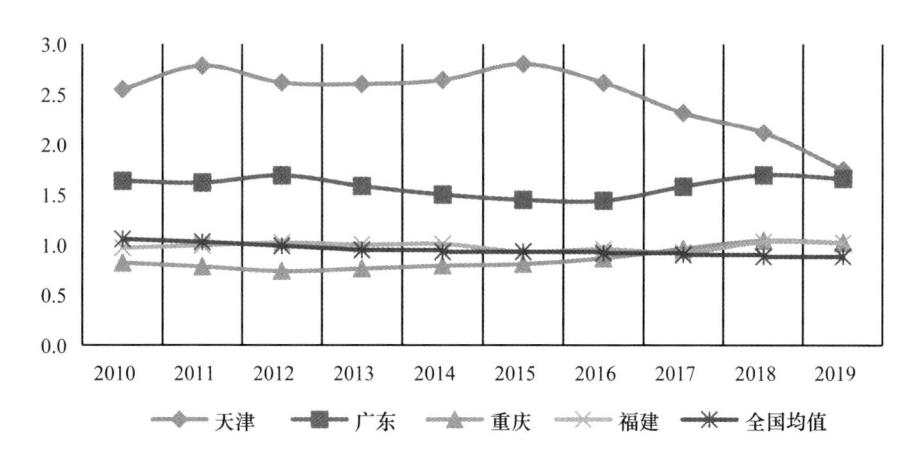

图 3　科技人才集聚相对优势区折线图

在科技人才集聚相对劣势区（图 4）中，以中西部地区省份为主，该集聚区大部分省份科技人才集聚度低于全国均值。该集聚区有 5 个省份科技人才集聚度在不断下降，其中辽宁、吉林下降幅度较大。2019年辽宁、吉林和陕西三省从2010年科技人才相对优势区均下降为科技人才相对劣势区。辽宁科技人才集聚度从2010年的1.17下降到2019年的0.77，下降约34.19%；吉林科技人才集聚度从2019年的0.57到2010年1.07，较2010年下降约52.34%。陕西是西部地区科技人才集聚度排名第一的省份，拥有95所普通高等学校，高校教育资源丰富，有良好的科研环境，在一定程度上对科技人才的吸引力大于其他中西部地区，但是科技人才集聚优势慢慢下降。山东、湖北、四川三省科技人才集聚度变化幅度不大，保持稳定；江西科技人才集聚度增幅最大，较2010年约上涨43.48%。

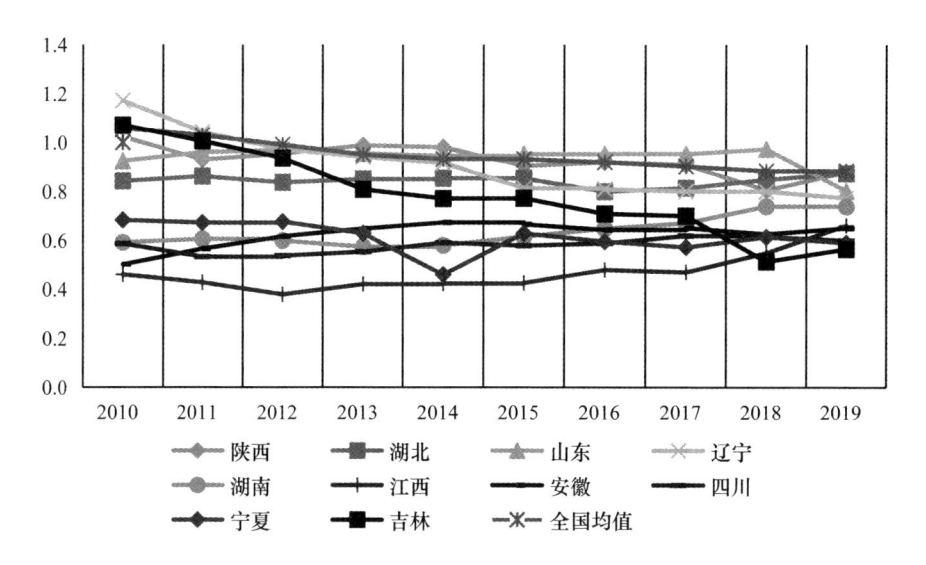

图4 科技人才集聚相对劣势区折线图

在科技人才集聚绝对劣势区（图5）中，共有13个省市区，主要集中在西部地区，各省（区）科技人才集聚度均在全国均值之下。其中黑龙江与山西科技人才集聚度下降较为突出，黑龙江科技人才集聚度从2010年的0.92下降到2018年的0.36，下降约60.87%，2019年科技人才集聚度小幅上升至0.43；山西科技人才集聚度从2010年的0.85持续下降到2019年的0.45，下降约47.06%。内蒙古、青海、新疆等科技人才集聚度均出现不同程度的下降。另外，有河南、河北等6个省（区）科技人才集聚度变化不大，保持稳定状态。

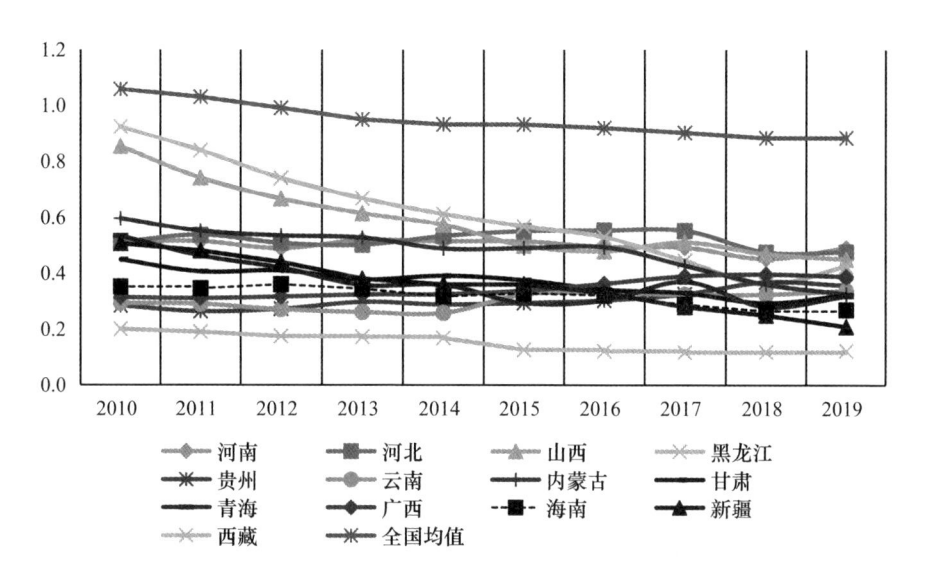

图5 科技人才集聚绝对劣势区折线图

综上，我国科技人才集聚整体不高，其中仅仅有优势区8个省市科技人才集聚度大于全国均值，有23个省份科技人才集聚度低于全国科技人才集聚度均值，我国科技人才集聚任重道远。2010—2019年10年间，共有19个省（区）科技人才集聚度有下降，且呈现"强者更强"（科技人才向优势区集聚趋势明显）、"弱者更弱"（劣势区存在严重的人才流失问题）趋势。鉴于我国科技人才集聚分布不均现象，不平衡扩大趋势，将会阻碍国家区域协调发展战略的实施，我国人才治理挑战艰巨。

五 结论与对策建议

本研究认为，我国科技人才集聚特征如下：1. 从整体来看，中国科技人才集聚继续保持了"东南沿海多，中西部内陆少"的趋势，且东部集聚优势继续扩大，东西地区差距进一步拉大。从全国四大区域分布看，科技人才集聚度从高到低为：东部地区、中部地区、东北地区、西部地区。东北地区人才流失加速，黑龙江成为全国科技人才集聚度下降幅度最大的省份。2. 从集聚趋势看，我国科技人才分布的不均衡加剧。科技人才集聚劣势区省份由 7 个省（区）扩大到 2019 年 13 个省（区），西部地区的科技人才集聚度下降幅度较大，科技人才低洼区形势更加严峻。3. 从集聚类型来看，我国科技人才集聚有"高—高"、"高—低"、"低—高"、"低—低"四种集聚模式。"低—低"人才集聚模式地区占比较大。基于此，为缓解我国科技人才集聚度现状和区域显著差距问题，建议如下：

（1）加大我国地区间科技人才协同发展和合作。我国科技人才分布的不均衡，严重影响了区域间持续稳定的协调发展。因此应当加大东、中、东北、西部科技人才的协同发展和合作，营造良好的科技人才自由流动生态环境，加大对经济欠发达地区科技人才的定点帮扶和柔性智力引入，整合优势，进一步缩小各地区间的发展差距。从科技人才集聚优势区与劣势区两个不同视角调节区域间的人才流动。一方面，在科技人才集聚优势区，打造区域辐射中心，鼓励科技人才集聚优势区与周围地区共享科技人才，引导科技人才往人才集聚劣势区流动，向周围地区输送科技人才资源。各地区之间可以建立研发活动交流中心，定期组织跨区域的学术交流活动，协调各省市区之间科技水平发展不平衡的状况。另一方面，在科技人才集聚劣势区，"留住人才"比"引进人才"更重要。科技人才集聚劣势区自然环境存在先天劣势，经济基础落后，教育环境、科研环境、社会保障环境等方面都存在不足。然而，相较于外来科技人才，本地科技人才更能适应当地的人才环境。因此要构建"育才、用才"的人才机制，大力发掘和培养本土人才。

（2）优化人才空间布局，完善人才体制机制。加大国家政策引导和扶持，继续实施西部大开发和振兴东北老工业基地发展战略，遏制西部地区和东北地区人才流失。深化人才体制机制，激发科技人才活力，大力发展欠发达地区人力资源服务业发展，鼓励猎头等人才寻访业务开展。健全激励机制，引导人才向基层岗位和欠发达地区流动，提升存量人才使用效能，基于本地资源禀赋开发和吸引人才。

（3）加大人才集聚劣势区科技人才集聚政策研究。一方面，适当进行政府干预，对人才集聚劣势区，通过倾斜式经济政策手段加大科研经费投入，加大资金政策支持力度，为科研教育、培养优秀的科技人才提供足够的支持，进一步充实科技人才队伍。另一方面要制定优惠的人才引进政策，如放宽落户条件，建立人才职称评定绿色通道，提高薪资待遇，要建立健全各项社会保障制度，解决住房资金补贴、子女上学等社会保障性问题，同时要完善基础设施建设。政策引导特别要向西部和东北地区倾斜，为科技人才发展创造优越的外部环境。

（4）重视欠发达地区科技人才集聚平台建设和发展。越是欠发达地区越是要加大科技人才集聚平台建设。主要以高校科技人才集聚和平台建设为抓手，吸引更多的科技人才到人才集聚劣势区工作，探索跨区域、跨部门的产学研结合的新模式，集聚海内外科技人才和科研团队，为科研平台的建设和发展增加动力。同时努力改善科研平台基础条件，为促进各地科技人才交流与合作提供保障。

参考文献

［1］《中国科技人力资源发展研究报告（2018）——科技人力资源的总量、结构与科研人员流动》，《今日科苑》2020 年第 7 期。

［2］孙健、孙启文、孙嘉琦：《中国不同地区人才集聚模式研究》，《人口与经济》2007 年第 3 期。

［3］Richard Florida,"The Economic Geography of Talent", *Annals of the Association of American Geographers*, 92（4），2002.

［4］B. Can Karahasan, Enrique López-Bazo,"The Spatial Distribution of Human Capital", *International Regional Science Review*, 36（4），2013.

［5］胡兆量、王恩涌、韩茂莉：《中国人才地理特征》，《经济地理》1998 年第 1 期。

［6］赵晨、薛晔、牛冲槐、牛彤：《我国科技人才空间聚集及时空异质性研究》，《统计与决策》2020 年第 14 期。

［7］姜怀宇、徐效坡、李铁立：《1990 年代以来中国人才分布的空间变动分析》，《经济地理》2005 年第 5 期。

［8］［14］崔丹、李国平、吴殿廷、孙瑜康：《中国创新型人才集聚的时空格局演变与影响机理》，《经济地理》2020 年第 9 期。

［9］廖诺、张紫君、李建清、赵亚莉：《基于 C-C-E 链的人才集聚对经济增长的贡献测度》，《人口与经济》2016 年第 5 期。

［10］张樨樨：《我国人才集聚与城市化水平互动关系的建模研究》，《西北人口》2010年第3期。

［11］曹雄飞、霍萍、余玲玲：《高科技人才集聚与高技术产业集聚互动关系研究》，《科学学研究》2017年第11期。

［12］苏楚、杜宽旗：《创新驱动背景下R&D人才集聚影响因素及其空间溢出效应——以江苏省为例》，《科技管理研究》2018年第24期。

［13］古恒宇、沈体雁：《中国高学历人才的空间演化特征及驱动因素》，《地理学报》2021年第2期。

［15］赵青霞、夏传信、施建军：《科技人才集聚、产业集聚和区域创新能力——基于京津冀、长三角、珠三角地区的实证分析》，《科技管理研究》2019年第24期。

［16］霍丽霞、王阳、魏巍：《中国科技人才集聚研究》，《首都经济贸易大学学报》2019年第5期。

统筹吸引利用各类海外人才政策与做法

——基于长三角地区与粤港澳大湾区视角

杨国庆

（上海市委党校）

摘要： 对海外人才的吸引和利用是中华民族伟大复兴和全国各地经济社会发展的重要手段。党的十九大提出"聚天下英才而用之，加快建设人才强国"的战略思路。现阶段中国引进的海外人才大致可分为三种类型：留学归国人才、海外华人华侨人才和非华裔外籍人才，前两者有中国血统，后者无中国血统。今后对这三类海外人才应该统筹引进和使用。作为中国对外开放和高质量发展的前沿阵地，长三角地区与粤港澳大湾区在海外人才吸引利用方面已经发挥了集群效应，当之无愧地成为国内两个规模庞大、各有特色的海外人才高地。目前两地都在竞相打造全球创新策源地，对海外人才的吸引和利用政策对全球创新策源地的形成尤其显得重要而迫切。

关键词： 海外人才，人才政策，粤港澳大湾区，长三角地区

在中国改革开放、民族复兴和中国特色社会主义现代化建设的进程中，海外人才活跃在经济社会各个领域，始终是一支至关重要的贡献力量。各地在吸引和利用海外人才方面积累了很多宝贵经验，长三角和粤港澳大湾区在此方面都走在全国前列，有很多创新性和前沿性的政策与做法值得总结和推广。

一　积极引进留学归国人才

留学海归人才是早期生活在国内，后来主要以留学为目标出国，之后返回祖国的人才，他们是当前中国国际化人才的主流队伍，也是中国海外人才工作的重点对象，中央和各地的海外人才引进项目所指的海外高层次人才主要是这类海归人才。目前中国各地海外高层次人才引进初步形成多种模式，具体到长三角地区和粤港澳大湾区，也形成不同特色，比如依托现代化国际大都市的国际化、市场化运作的"上海模式"、依靠政府高度重视、精心规划和财政投入的"江苏模式"、注重打造创业环境的"浙江模式"，致力于打造全球科技创新和创业高地的"深圳模式"等。

近年来，中国海外留学人才"归国潮"日益明显，新冠疫情对此起到加速作用，留学回国与出国留学人数"逆差"逐渐缩小。很多海归归国的原因也从祖国需要变成了需要祖国。顺应这一趋势，留学归国人才引进中要善抓机会。对于专门需求国际化人才的单位来说，直接从海外招收国际化人才是一个好办法，但如果单个单位来操作此事成本太高。因此常常由政府或行业组织牵头组织有需求的一批企业集体到海外招聘，比如抓住国外经济不景气、就业岗位减少等机会赴海外进行人才吸引，这样也可以避免单个企业信息不灵，以及企业蜂拥而上可能引起的恶性竞争等问题。2008年底上海市组织金融人才招聘团，赴发达国家招聘上海国际金融中心建设急需的高端金融人才。长三角地区的南京市、浙江省等其他省市此后也都曾举办类似活动。国内很多金融公司便通过这类活动招募到大量平时很难招揽到的高级国际化人才。不过近年来随着国际竞争的加剧，需要代之以其他更有效的吸引策略。广东通过"中国国际人才交流大会""深圳高交会""广州海交会"等国家级经济和人才交流合作平台，广泛吸引海外人才参与，集聚了大批产业发展急需的创新型人才和科研团队。作为改革开放的最前沿地区，广东在国内最早设立吸引海外高层次人才的平台，1998年第一届"广州海交会"就缘起于广州开发区。

留学归国人才引进方面，粤港澳大湾区与长三角地区相比有一个天然的优势，就是香港和澳门与广东地缘相近，文化相通，来自港澳的海归人才很多利用地利之便，进入内地就业首选珠三角地区，从而实现粤港澳大湾区内部人才流动。由于一些原因，港澳青年北上流动到广东发展的积极性似乎不如预想中那么高。中央"十四五"规划提出，支持香港、澳门更好融入国家发展大局，高质量建设粤港澳大湾区，完善便利港澳居民在内地发展政策措施。随着融合规划与理念的逐步实施，香港与内地的人才联系必将突破瓶颈，未来可期。粤港澳大湾区的深圳实施的引进海外高层次人才"孔雀计划"，以补贴金额力度而产生较大影响，海外人才纷至沓来，显著地提升了深圳的国际人才竞争力。随着近年来长三角一体化建设的深入，长三角地区的大城市与周边卫星城的同城效应也日益明显。浙江省嘉善县利用临近上海大都市的地利，打造以归国留学人员为主体的高科技成果转化和产业发展"双基地"——中国归谷嘉善科技园，正在建设成为前景光明的特色小镇。

留学归国人才引进中要拓宽渠道。对高端人才和特殊人才的需求单位而言，猎头公司和其他中介机构具有不可替代的作用，猎头公司在国际化人才争夺中可谓作用巨大。猎头选拔的最主要特点是所需岗位的专业性特别强，通过组织选拔甚至竞争性选拔都很难发现合适的候选人。猎头猎取范围很广，但目标性较强，成功率相对较高。过去，一般只有企业才习惯使用猎头寻找合适的人才，政府不太习惯市场化招聘，以为只要打下广告，全国的精英们就会应者云集，需要用谁就向企业借调谁。如今政府有时也需要面向全球招募顶尖人才，政府猎头大有用武之地。这种招聘主体有时会以其他形式出现。中国自古政府贴招贤榜，但能够"三顾茅庐"的少之又少。而没有"三顾"，很难请到诸葛亮这样的战略奇才。长三角地区的苏州及其下属多个县级市近年来曾经多次通过猎头公司选拔领导干部，个别地区猎头参与干部选拔手段的探索，表明有关政府部门开始愿意放下身架，主动去市场中搜寻联系所需专业人才。这既是政府管理专业化的客观需要，也是政府行为转型的重要体现。借助猎头专业力量来全球选拔高端专业型的人才，是一种有益的创新举措。

二　吸引和利用海外华人华侨人才

2013年10月，习近平总书记在欧美同学会成立100周年庆祝大会上重要讲话时指出，党和国家将按照支持留学、鼓励回国、来去自由、发挥作用的方针。党中央对留学人员的这一灵活性的态度也同样适用于其他居留海外的华人华侨群体，使他们在海外仍然能够发挥为国服务的作用。

当今国际人才理念应是"不求所有，但求所用"。中国不能奢望所有的海外华人华侨人才回国，这种期望既不现实，也不必要，即使真的实现了也未必是好事。有些人才在国内与海外之间进行人才环流，传递前沿的技术与理念，往往比彻底回国贡献更大。还有些在国外有主流影响力甚至可以影响当地政策变化的高端人才，国家需要这样的人才留在海外发挥"民间外交"、"国际宣传"等作用。为此，中国引进海外人才机制还需要进一步完善，既能让在海外科研机构和高校工作、假期较多的科研人员合理安排时间为国服务，也能让在海外企业工作、假期很少的高技术人才有机会以环流的方式为国服务。

外流人才做出贡献包括回流、环流、海外服务几种途径。与那些已经彻底流失海外的本土出生的人才相比，在国内外之间进行环流的群体能够带来更多的业务和资源，因为后者反而会把祖籍国的资金和产业转移到海外，因此损失通常会高出所能带来的回报。世界范围内的信息化与网络化，使得物理空间的阻碍大大降低，身处国外的人才为国家服务的机会大大增加，遍布全球的约5000万名海外华人华侨，是中华民族伟大复兴可资利用的独特资源。由于历史文化原因，原籍在粤港澳大湾区的海外华人华侨数量众多，其中古称"南洋"的东南亚地区特别密集，其他也广泛分布在欧美日澳等各大洲。粤港澳大湾区这一得天独厚的华人华侨人才基础，在国际人才合作与交流中常有展现。

长三角地区自古人杰地灵，也是海外华人华侨与国内联系密切的地区之一。有些华人华侨即使与长三角地区没有历史文化关联，但被长三角的发达的经济和产业吸引而前来投资、创业或就业。长三角地区也比较注重吸引华人华侨资源，比如，各省市侨办则根据三地特点，本着优势互补、资源共享的原则，联手推出侨务经济科技品牌活动"相聚长三角"活动，吸引海外华侨华人高层次人才前来长三角地区，促进经济科技和文化的对外交流与合作。

三 适度引进非华裔外籍人才

非华裔外籍人才是指没有中国血统、在外国出生并具有外国国籍的人才。中国发展今后逐渐到了引进非华裔外籍人才的阶段，中央推出的"外专千人计划"项目就是适应这一需要，所以政策设计上要考虑到如何把他们中的顶尖人才吸引过来并长期居留。在华外国留学生、在华外国人，都可以有效利用。比如，高校在接受外国教师过来访学交换与交流时，要充分利用外来交流学者的价值，在授课、发表文章，甚至科研教学管理等方面挖掘他们的能力，发挥他们的作用。

因为中国不是传统的移民国家，所以以前对非华裔外籍人才的政策与管理手段不时呈现不协调现象，比如非华裔外籍人才难以长期留在中国，入籍成为"中国人"也不容易。这种状况会影响外国顶尖人才来到中国工作的意愿与态度。部分不协调的政策可能给外籍人才的印象是，中国只是一个充满赚钱机会、必然又只是暂时居住的国家，而不是一个需要自己去爱护、可能成为"家"的"归宿"。因此打造宜居宜业的环境和条件，尽可能把这些外国高端人才及其家属留下来。在这一点上，粤港澳大湾区的香港和澳门由于历史渊源可以发挥桥梁作用，2021年9月初，中共中央、国务院相继推出《横琴粤澳深度合作区建设总体方案》《全面深化前海深港现代服务业合作区改革开放方案》，在新时代持续为紧邻的珠—澳两地和深—港两地深化合作助力。比如，澳门一直作为对接葡语国家的窗口，横琴粤澳深度合作区建设方案中提出，在横琴合作区对享受优惠政策的高端人才和紧缺人才实行清单管理，完善外国人才签证政策，便利国际人才参与合作区建设，建设国家级海外人才离岸创新创业基地等，这些措施旨在为澳门产业适度多元发展创造条件，也为粤港澳大湾区未来崛起横琴这一新的包括葡语人才在内的国际人才高地打下基础。前海深港现代服务业合作区方案则提出，建立完善外籍人才服务保障体系，实施更开放的全球人才吸引和管理制度，为外籍人才申请签证、居留证件、永久居留证件提供便利。

中国要吸引非华裔外籍人才，要做一些前瞻性的政策研究，比如如何把更多符合条件的外国人纳入社保，外国人在中国的单位主要是合同工，无法参与重要决策，尽管他们有不少想法，想参与决策。很多时候中国并不需要给在华外国人特殊待遇，只需要给他们普惠性的事业平台。在保证人才安全的前提下，中国人、外国人在很多经济领域都一样待遇，不要给特殊待遇，特殊待遇仅仅是表明把他们当外人。鉴于在华非法滞留的外国低端劳动力日益增多，接纳移民的适当门槛既非常必要，又迫在眉睫，让移民政策成为我国接纳国际化人才的工具。2018年国家移民管理局成立，标志着中国对海外人才综合管理和服务的便利化与制度化探索前进了一大步，同时对"三非"外国人治理和非法移民遣返也产生一定影响。

在服务国家"一带一路"建设中，来华留学工作也承担着责任使命。以前，中国接受外国留学生的目的既不是借此赚钱，又没有强大到用它来吸引人才，就是培养一些了解中国、对华友好的人。今后随着中国国力增强和发展机会增多，来华发展的外国人会越来越多，其中有不少人都是以留学为跳板在华就业的。吸引海外留学生，直接经济收益是学费和消费，如果留下来则补充人才，即使选择离开，也有利于接纳国的文化输出、国际交流以及企业的海外扩张。为了适应这种变化，中国对外国留学生的政策应调整为把他们中优秀而又有意愿的吸引住、留下来，比如多提供一些接触中国社会各界的机会，提高毕业、归国、求职等时间的弹性，以便他们在此期间寻找留华发展机会。长三角地区拥有雄厚的高校资源，地区经济有相对比较发达，所以招收和吸引很多外国留学生，其中一部分愿意留下来就业，部分城市政策上现在也开始有松动，允许留学生有条件地留下来就业。

四　竞相打造全球创新策源地

中央"十四五"规划提出，坚持创新在我国现代化建设全局中的核心地位，把科技自立自强作为国家发展的战略支撑，支持北京、上海、粤港澳大湾区形成国际科技创新中心。在新的国际竞争格局下，科技创新的重要性得到强化，上海和粤港澳大湾区成为除了北京之外的两大重点打造的国际科技创新中心候选地。粤港澳大湾区和长三角地区发展规划纲要中也都高度重视科技创新这一关键目标。两个区域国际科技创新中心的形成，最关键的是靠科技人才，尤其是顶尖科技人才支撑。上海在自贸区临港新片区规划世界顶尖科学家社区，作为世界顶尖科学家论坛的永久住址。该社区将聚焦生物医药、人工智能等世界科技前沿领域，打造最符合科技创新条件的空间。粤港澳大湾区的广州南沙以自贸区为依托，建设全国首个"国际化人才特区"。该特区规划到2035年，全面建成具有全球影响力的国际化人才特区，成为粤港澳大湾区人才集聚新高地。由于南沙地理位置居于粤港澳大湾区中心，其人才政策对整个大湾区具有重要影响。

根据世界知识产权组织发布的《2020年全球创新指数》，由粤港澳大湾区核心城市组成的深圳—香港—广州科技集群继续位居全球科技集群第2位，长三角地区的上海位居全球创新集群第9位，比上一年提升2位，两者均为所在区域的创新中心。另外，长三角地区的南京位居第21位，杭州位居第25位，苏州位居第72位，合肥位居第79位。总体来看，粤港澳大湾区被国际组织视为一个创新协同明显的科技集群，而长三角地区创新城市力量也比较强大，但更加分散。在长三角地区和粤港澳大湾区，上海、香港和澳门等作为传统中国连接世界的重要门户城市，作用不可或缺，深圳与杭州作为国内科技创新城市，民营经济发达，体制灵活，市场活跃，广州和上海作为中国传统的门户城市，海外人才相对较多，国际交往比较密切。上述几个城市本身也拥有不少高科技产业巨头，作为两大人才高地内部的人才磁场，对于海外高端科技人才具有很强的吸引力。虹桥国际开放枢纽作为长三角一体化发展国家战略重要承载地，将开展国际人才管理改革试点，为境外高层次专业服务人才来华执业及学术交流合作提供签证、居留、永久居留便利等，这代表长三角地区海外人才政策开放水平的继续推进。

香港和澳门两个特别行政区拥有很多国际化人才，是粤港澳大湾区国际化发展的重要人才来源。抗击新冠肺炎疫情成果显示中国内地在抗疫方面的制度优势，而国际化程度很高的香港一度受疫情困扰。作为内地经济总量最大、创新经济活跃的广东省，为香港和澳门提供了广阔的合作空间，香港和澳门可以更好地把握大湾区发展机遇，与广东乃至整个内地加强人才合作，充分利用人才优势发展科技创新产业。无论是香港还是澳门，因为经济体量相对有限，无法突破既有经济结构，需要得到大湾区创新活力的激发，与大湾区其他部分建立更加紧密的经济联系是必然选择。不过由于一些制度、观念等因素的隔阂，形成统一的大湾区共同体理念尚待时日。坊间有一种说法，长三角越来越像一个省，珠三角越来越像一个市。在原珠三角加港澳基础上建立的粤港澳大湾区，很大程度上已经通过快速交通网连成一个类似于超级城市，各种制度、观念的隔阂也将在便捷的交通和密切的往来中逐渐弱化。

中国政府和用人单位需要利用海外人才熟悉的方式和渠道来接触和吸引他们，如果操持主办者本身就是海外人才最好，因为这类人最了解海外人才熟悉的方式和渠道。近年来，直接把政府官员和国有企业的中高级管理人才派到国外相关行业任职和学习，成为一种培养国际化人才的方式。因为单人培养投入的成本较高，这种做法需要精心设计，力争达到效果最大化。主管部门和派出企业要对这种创新做法及时总结经验教训，对派出人才海外以及回国后进行持续跟踪，使优化后的派出方式更好地服务于国际化人才培养工作。长三角地区的上海市曾经派出年轻干部出发前往跨国企业的海外总部，接受为期一年的实务培训。从跨国企业总部学习管理经营方式，是上海干部选拔培养的探索尝试。长三角地区的浙江省玉环市持续多年，每年选出 1 名公务员，远赴 1000 余公里外的韩国唐津市进行为期一年挂职锻炼，主要是在韩国地方政府学习公共治理相关经验。这些具有国外实践工作经验的国内人员成为原有国际化人才基础上的可靠补充。

结　论

中国持续四十多年的对外开放从最初的东南沿海地区作为突破口，到沿边、沿江、内地全面开花，如今进入构建以国内大循环为主体、国内国际双循环相互促进的新发展格局。东南沿海地区的领先优势，正是在于引领内地制度变革先声，承接国外先进国家地区产业转移，粤港澳大湾区承接的很多是香港、澳门、台湾以及欧美等，长三角地区承接的以欧美日和台湾等为主。这两个地区作为国内两大龙头城市群，正因为引进了大量的海外人才，所以能够在经济技术发展水平和与世界先进水平竞争能力等很多方面都走在中国前列。

正在朝向中华民族伟大复兴道路迈进的中国如今面临更为复杂的国际形势，新冠疫情等逆全球化因素不断涌现，中美贸易屡受挫折，中美战略竞争局面日益凸显，这一切都表明中国的发展不会一帆风顺，各种内外部风险和阻力不可避免。复杂的国际局势反映到人才领域，表现在部分国内留学生赴美深造受限，海外人才引进敏感度不断增加，顶尖人才国际争夺更加激烈，人才安全防范措施进一步收紧等。长三角地区和粤港澳大湾区秉承人才优先发展战略，分别结合本区域对外开放前沿和新兴产业高地优势，对上述三类海外人才分类施策、统筹吸引，显著提升海外人才政策的有效性。由于海外人才政策的示范性较强，很多开放性海外人才政策常常在两个地区内个别特殊区域先行先试，形成可复制可推广的经验后再应用到其他地区乃至国内其他地方。中国各地相互借鉴，因地制宜，共同促进人才强国战略在本地的落地实施，这也是新发展理念在人才工作领域的鲜明体现。

参考文献

［1］王辉耀：《人才战争：全球最稀缺资源的争夺战》，中信出版社 2009 年版。

［2］魏敏、杨国庆：《新公共管理视野下的猎头参与选拔干部》，《领导科学》2015 年 1 月中。

［3］郭庆松：《人才发展——突出问题及对策研究》，人民出版社 2018 年版。

［4］高子平：《国际人才吸引力指数报告（2019）：全球大变局的视野》，上海社会科学院出版社 2020 年版。

评价与开发

对于粤港澳大湾区企业员工创新能力建设的建议

——基于企业领导风格、企业文化与员工创新能力的关联研究

刘廷扬[*] 向 炜[**]

摘要: 本研究为提出对粤港澳大湾区企业员工创新能力建设的建议,针对广东省外资企业员工进行研究,探讨领导风格、企业文化与员工创新能力的关系。共收集511份有效资料,实证结果发现民主型领导风格和创新型企业文化与员工创新能力呈现正相关。创新型企业文化在领导风格和员工创新能力中起到调节作用。这些结果为大湾区企业强化员工创新能力之管理作为提供了实质依据。

关键词: 领导风格、企业文化、员工创新能力

一 绪论

(一)研究背景及动机

根据英国 Social Earth 公司调查,95%的受访者认为创新的影响力在于"创造更活络、更有竞争力的经济环境",88%的人则同意,创新是带来新工作的最好方法(林奇伯、左凌,2015)。而影响组织创新能力

---

[*] 台湾高雄师范大学人力与知识管理研究所。
[**] 百朗商贸(深圳)有限公司薪酬福利专员。

的要素中，最重要的两点分别是企业文化与领导阶层的领导风格（黄柏翔，2002）。因此本研究针对企业领导风格、企业文化与员工创新能力之间的关系进行探讨。由于粤港澳大湾区是未来中国迎向新时代的重要计划，且中国的GDP至少40%是外资企业和合资企业贡献的，故本研究选择位于大湾区范围内，且已有相当基础的广东省外资企业员工为对象，外资分别是来自美国、欧洲、日本和中国台湾。

(二) 研究目的

本研究目的如下：

1. 探讨领导风格对员工创新能力是否有正向显著影响。
2. 探讨企业文化对员工创新能力是否有正向显著影响。
3. 了解企业文化在领导风格和员工创新能力之间是否起到调节作用。

二 文献探讨

(一) 领导风格

1. 领导风格之定义

有关"领导"的定义众说纷纭，如果从各角度来描绘领导，就会产生不同结果的"格式塔现象"，难以清楚界定。研究者对领导的定义如表2-1。

表2-1　　　　　　　　　　　　　领导定义

学者（年代）	领导的定义
Robbins（2001）	是一种人格特质，针对达成组织目标去影响群体活动的能力
Yukl（2002）	影响部属的历程，整合管理者的人格特质、领导行为、互动方式、角色关系和组织目标，亦为激励部属努力达成目标、维持团队合作关系、实现既定的任务并争取外部团体的支持
谢文全（2004）	领导是在团体情境里，透过与成员的互动来发挥影响力，以导引团体方向，并纠合群力激发士气，使其同心协力齐赴团体目标的历程

续表

学者（年代）	领导的定义
Haushalter, Sandy & William（2007）	领导是一种影响力，当人们开始领导时，就是发挥其影响力

资料来源：修改自杜怡洁，2015。

综合上述学者对领导观点的论述，领导是一种能力或者影响力，通过引导组织成员共同努力完成一些目标的过程。

2. 领导风格之测量

本研究对象是一般企业员工，采用邱礼文（2014）研究所使用的量表，按照 Lewin、Lippitt 与 White（1939）提出的 3 构面：权威型、民主型以及放任型，基本信效度 Cronbach's α 在分别为 .786、.794、.751，全部大于 .7 具有高信效度，故予直接采用。

（二）企业文化

1. 企业文化的定义

企业文化的定义，学界至今未有一致的看法。研究者对于企业文化的定义如表 2-2：

表 2-2　　　　　　　　　　企业文化定义

学者	企业文化定义
蔡进雄（2000）	企业文化是组织与内外在环境长期互动的产物，包括信念价值、行为规范、态度期望、典礼仪式等，形成组织的独特现象
Martins & Terblanche（2003）	企业文化是由过去实行结果良好而被组织内部接受的一系列基础假设，可在组织内人员互相行为与态度上体验到
Daft（2006）	企业文化是一个组织的所有成员所共同享有的重要价值观、信仰、思维方式与行为准则
张新基（2008）	企业文化是组织在面临外在环境的竞争及内部的控制时，所发展出来的一套基本假定及信念，并予以实践，提供了组织成员行事的准则及规范
Yaman（2010）	企业文化是由组织成员分享共同的信仰、价值观、规范、符号、仪式、习俗、情感、互动、活动、情绪、预期、假设、态度、行为形式，政策，传统和观念等

资料来源：修改自陈淑惠（2014）、刘辅政（2012）。

综合上述,企业文化是由组织内部共同信仰、信念与价值观的一群人所建构而成,而组织也因成员的不同,而形成不同的氛围。

2. 企业文化的类型

(1) Wallach(1983)依据组织成员内互动的情形、组织气氛、工作环境,将企业文化分为三类:①官僚型文化:组织的权责、架构划分明确,有清楚的工作与任务责任,工作内容已规格化且标准化。②创新型文化:重视成员挑战、冒险、创新,尊重个人独特性,容许成员冒险。③支持型文化:组织工作环境相当开放、和谐重视成员参与、团队精神与人际关系,对员工采取支持、信任、开放的态度(转引自李美玉,2011)。

(2) Sonnenfeld(1989)针对企业文化的不同、与组织成员适配的重要性,分为四类:①学院型文化(academy culture);②俱乐部型文化(club culture);③棒球队型文化(baseball team culture);④堡垒型文化(fortress culture)。

(3) O'Reilly、Chatman 与 Caldwell(1991)找出个人对企业文化偏好的八大构面,分述如下所列:①创新型;②团队导向;③结果导向;④积极进取性;⑤支持型;⑥果断力;⑦注意细节;⑧强调报酬。

(4) 谢文全(2007)认为组织是一个由人来完成工作的体系,因此其文化也可以从重视工作与尊重人性两个层面来建构并可以交叉成优质、任务、关怀、疏离四种类型。

本研究采用 Wallach(1983)所提出将企业文化分为官僚型、创新型和支持型三类型作为探讨。

3. 企业文化之测量

本研究的构面采用 Wallach(1983)的论点,并参考学者李美玉(2011)的中文译编,其量表包含三个构面 12 个问项,由官僚型文化、创新型文化、支持型文化所组成。整体构面 Cronbach's α 达到 .844,予以直接采用。

(三) 员工创新能力

1. 员工创新能力的定义

研究者归纳与总结出一些观点如表 2-3。由表可知创新能力在解释上有不同的面向，然后世多数学者以 Rhodes 在 1961 年的创造力研究再加以分析解释。

表2-3 创新能力定义

学者（年度）	创新能力定义
叶玉珠（2000）	个体在特定的领域中，产生具有原创性与价值性产品之历程
Drucker（2006）	是赋予资源创造财富的新能力，他是可以被训练、被学习的
洪素苹（2008）	经由适切判断产出创新的响应或工作。举凡想法或是生活中在各领域中所做出的具体行为，具有新颖、实用，且为团体所认可，皆可称为创新能力
张世慧（2011）	创新能力是个人心智运作与动机、人格特质、知识、社会和文化环境等因素互动，形成具独创性（新颖、新奇）和有用性（有价值、适当、重要、有质量）构想，以解决问题的历程或能力

数据源：张原诚，2015。

2. 员工创新能力之测量

本研究的员工创新能力之测量是根据 Zhou 与 George 的定义，主要考虑公司员工创新能力的结果，故采用 Zhou 与 George（2001）所提出十三个衡量创造力的量表的指标加以适当翻译修正。基本信效度 Cronbach's α 在 .90 左右，最低也达到 .89，故予以直接采用。

（四）各变量关系之研究

1. 领导风格与员工创新能力之关联性

Liden、Wayne 与 Stilwell（1993）发现管理者和员工间保持良好之正面关系对组织创新能力的发展有其帮助。

组织环境会对创新能力造成影响，而主管的领导就是组织环境的一环。因此，主管领导风格也是有效决定员工创造力的组织背景因素之一，学者认为员工受到上司鼓励、支持、信任、自主则较易产生具创新性的想法（Amabile and Gryskiewicz，1987）。

Amabile（1997）进一步提供有关三者关系研究，其认为营造与部属沟通、对团队及个人支持的气氛，并且主管明确给予部属目标，及工作自主性，加上明确的规划与回馈，整合团队互相信任与支持，将增进员工创新能力。

Zhou 与 George（2001）研究管理者行为对员工创新能力的影响发现，乐于给予部属帮助的主管或是喜欢跟部属一同讨论新事物的主管，对于员工创新想法的表达是具有正面性的激励作用。

根据以上文献所呈现的结果，故本研究提出假设一：

H1：领导风格对员工创新能力有显著影响。
H1－1：权威型领导风格对员工创新能力有显著影响。
H1－2：民主型领导风格对员工创新能力有显著影响。
H1－3：放任型领导风格对员工创新能力有显著影响。

2. 企业文化与员工创新能力之关联性

Sethi、Smith 与 Park（2001）于新产品的研究中指出，组织因素对新产品的发展结果有决定性的影响，像是组织架构、文化、程序皆会影响，透过鼓励创新的文化，能让员工感受到组织的思考重点，有助于提升创新能力。

刘上嘉（2008）在企业文化、主管领导风格与组织创新绩效的研究中，发现企业文化与组织创新有显著正相关。

综合上述学者们的研究结果归纳得知，企业文化会提高员工的创新能力，故本研究推论企业文化会影响员工创新能力。并提出假说二。

H2：创新型企业文化对员工创新能力有显著影响。

3. 领导风格、企业文化与员工创新能力之关联性

黄柏翔（2002）曾探讨影响组织知识创造之内外部因素，透过质化研究方法进行，最后得到以下的结论：影响组织知识创造之内部因素（一）企业文化（二）领导风格。

洪春吉、赵皖屏（2009）在企业文化与组织创新之关系——以金融业、钢铁业、光电业实证研究中结果显示，在企业文化之创新文化构面

最能影响产业组织创新,而创新之根源取决于领导者是否支持企业注资源支持组织成员从事各项学习活动,来提升组织,并建议未来把领导加入研究主题中,了解领导、企业文化的交互作用与组织创新的关系。

从前述之相关研究理论可以得知,领导风格、企业文化与员工创新能力之间有着紧密的关系,故本研究推论出假设三:

H3:企业文化在领导风格与员工创新能力之间产生调节效果。

H3-1:创新型文化在权威型领导风格与员工创新能力之间产生调节效果。

H3-2:创新型文化在民主型领导风格与员工创新能力之间产生调节效果。

H3-3:创新型文化在放任型领导风格与员工创新能力之间产生调节效果。

三 研究方法

(一) 研究架构

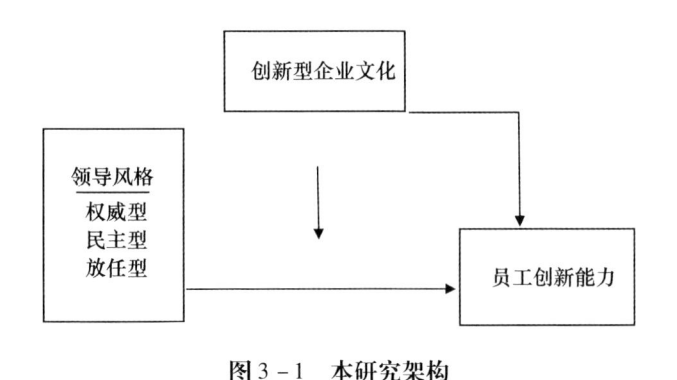

图 3-1 本研究架构

(二) 研究对象与抽样方法

1. 研究对象

本研究以大湾区的主要地区广东省的外资企业为研究对象,考虑地区性对企业文化的影响,分别选择在广东省内的美资、欧资、日资、台资公司。

2. 抽样方法

本研究采用网络问卷调查法,因研究者地缘关系采用便利取样(convenience sampling)进行发放问卷,主要由公司内之专人协助发放网络问卷。

(三) 研究工具

1. 研究变项之操作性定义

本研究所探讨的变项构面包括领导风格、企业文化与员工创新能力三部分,兹将各变项定义说明如下:

(1) 领导风格

本研究参考邱礼文(2014)研究所使用的量表,将领导风格分为"权威管理型"、"民主开放型""放任型"三个构面加以衡量,衡量方式为李克特五点尺度。

(2) 企业文化

"企业文化量表"根据 Wallach(1983)所编制,参考学者李美玉(2011)的中文译编,其量表包含三个构面 12 个问项,本研究工具由"创新型文化(innovative culture)"的 4 个题项所组成,衡量方式为李克特五点尺度。

(3) 员工创新能力

本研究的员工创新能力是根据 Zhou 与 George(2001)所提出十三个衡量创新能力的指标加以适当翻译修正,衡量方式为李克特五点尺度。

(四) 数据处理与分析

本研究于问卷回收后,先删除无效问卷再对有效问卷加以处理,经由数据编码建文件后,以 SPSS 22.0 进行统计方法分析,以验证各假设。各分析方法包括描述性统计分析(Descriptive Statistics Analysis)、相关分析(Correlation Analysis)、回归分析(Regression Analysis),以及单因子变共数分析(One-Way ANOVA)。

四 研究结果与分析

(一) 描述性统计

本研究针对受访者之背景变项进行描述性统计分析如下:

本研究采用网络发放问卷的方式,总浏览量是 1115 人,完成人数 564 人,完成率是 51%,其中有效问卷 511 份、无效问卷 53 份,受测者的个人变项包含性别、年龄、受教育程度、工作年限和公司属性共计 5 项目。样本之基本数据分布情形如表 4 – 1 所示。

表 4 – 1　　　　　　　　研究样本基本数据表

变项	组别	次数	有效百分比
性别	男性	231	45.2%
	女性	280	54.8%
年龄	20 岁以下	33	6.5%
	20—29 岁	298	58.3%
	30—39 岁	121	23.7%
	40—49 岁	49	9.6
	50—59 岁	8	1.6
	60 岁及以上	2	0.4
教育程度	国中	13	2.5%
	高中	249	48.7%
	大专	132	25.8%
	本科	106	20.7%
	硕博士	11	2.2%
服务年资	一年以下	47	9.2%
	2—3 年	166	32.5%
	4—5 年	140	27.4%
	6—10 年	80	15.7%
	11—15 年	35	6.8
	16—20 年	20	3.9%
	21 年以上	23	4.5%

续表

变项	组别	次数	有效百分比
公司属性	美国	58	11.4%
	欧洲	79	15.5%
	日本	153	29.9%
	中国台湾	221	43.2%

(二)相关分析

关于权威管理型领导、民主开放型领导、放任型领导与员工创新能力之关系,如表4-2所示。根据相关分析之结果,领导风格中的"权威管理型"与"员工创新能力"呈低度负相关,其相关系数为 $-.234$ ($p<.01$);"民主开放型"与"员工创新能力"呈中度正相关,其相关系数为 $.586$ ($p<.01$);"放任型"与"员工创新能力"关系不强,其相关系数为 $.031$。

表4-2　　权威管理型、民主开放型、放任型领导与员工创新能力之相关分析

	权威管理型	民主开放型	放任型	员工创新能力
权威管理型	1			
民主开放型	-.279**	1		
放任型	.285**	.057	1	
员工创新能力	-.234**	.586**	.031	1
平均数	2.13	3.94	2.83	3.72
标准偏差	.794	.748	.706	.602

注:** $p<.01$。

关于创新型文化与员工创新能力之关系,如表4-3所示。根据相关分析之结果,企业文化中的"创新型文化"与"员工创新能力"呈高度正相关,其相关系数为 $.703$ ($p<.01$)。

表 4 – 3   创新型文化与员工创新能力之相关分析

	创新型文化	员工创新能力
创新型文化	1	
员工创新能力	.703**	1
平均数	3.88	3.72
标准偏差	.759	.602

注：** $p < .01$。

综上所述，可发现企业文化中"创新型文化"与"员工创新能力"之变项间具有相关性，"权威管理型"、"民主开放型"领导和"员工创新能力"变项间具有相关性，然而变项间是否具有主效果，需进一步以多元回归分析验证探讨。

(三) 多元回归分析

1. 各构面间之关系

关于权威管理型领导、民主开放型领导、放任型领导与员工创新能力之回归关系以及创新型文化与员工创新能力之回归关系，如表 4 – 4 所示。

领导风格中的权威型领导（$\beta = -.234$，$p < .001$）、民主开放型领导（$\beta = .586$，$p < .001$）和创新型企业文化（$\beta = .703$，$p < .001$）对员工创新能力回归系数达到显著水平，民主开放型、放任型领导风格和创新型企业文化对员工创新能力都是正向影响。故本研究假设 H1 – 1、H1 – 2、H2 获得支持。

表 4 – 4   各构面间之回归分析

变数	权威型	民主开放型	放任型	创新型文化
创新能力	-.234***	.586***	.031	.703***

注：*** $p < .001$。

2. 调节效果之验证

依本研究架构,首先以员工创新能力为依变项,模式一进入回归分析为领导风格自变项,模式二进入回归分析的为企业文化之调节变项,模式三进入回归分析的为领导风格与企业文化之交互作用项,分别呈现如表4-5至表4-7。

表4-5 创新型文化在权威型领导与员工创新能力之间之调节作用

研究变项	员工创新能力					
	Model 1		Model 2		Model 3	
	β	t	β	t	β	t
权威型领导	-.234***	-5.442	-.067*	-2.071	-.067*	-2.083
创新型文化			.687***	21.200	.697***	21.537
权威型领导×创新型文化					.090**	-2.868
R^2	.055		.499		.507	
$\triangle R^2$	.055		.444		.008	
F	29.616***		252.568***		173.516***	

注:*$p<.05$,**$p<.01$,***$p<.001$。

表4-6 创新型文化在民主型领导与员工创新能力之间之调节作用

研究变项	员工创新能力					
	Model 1		Model 2		Model 3	
	β	t	β	t	β	t
民主型领导	.586***	16.312	.187***	4.334	.225***	5.146
创新型文化			.573***	13.273	.601***	13.903
民主型领导×创新型文化					.132***	3.813
R^2	.343		.512		.526	
$\triangle R^2$	.343		.169		.014	
F	266.066***		266.902***		187.523***	

注:***$p<.001$。

表4-7　创新型文化在放任型领导与员工创新能力之间之调节作用

研究变项	员工创新能力					
	Model 1		Model 2		Model 3	
	β	t	β	t	β	t
放任型领导	.031	.696	-.017	-.530	-.013	-.416
创新型文化			.704***	22.277	.702***	22.095
放任型领导×创新型文化					-.020	-.626
R^2	.001		.495		.495	
$\triangle R^2$	.001		.494		.000	
F	.485		248.666***		165.670***	

注：*** $p < .001$。

由表4-5可知，创新型文化在权威型领导与员工创新能力之间产生调节效果（$\beta = .687$，$p < .001$），故本研究之H3-1获得支持；由表4-6可知，创新型文化在民主型领导与员工创新能力之间产生调节效果（$\beta = .573$，$p < .001$），故本研究之H3-2获得支持；由表4-7可知，创新型文化在放任型领导与员工创新能力之间产生调节效果（$\beta = .704$，$p < .001$），故本研究之H3-3获得支持；故本研究假设H3获得支持。

五　结论与建议

（一）研究假设与实证参考

本研究之研究假设与实证结果汇总如表5-1。

表5-1　　　　　研究假设与实证结果

	研究假设	实证结果
H1	领导风格对员工创新能力有显著影响	部分成立
H1-1	权威型领导风格对员工创新能力有显著影响	成立
H1-2	民主型领导风格对员工创新能力有显著影响	成立

续表

研究假设		实证结果
H1-3	放任型领导风格对员工创新能力有显著影响	不成立
H2	创新型企业文化对员工创新能力有显著影响	成立
H3	企业文化在领导风格与员工创新能力之间有调节效果	成立
H3-1	创新型文化在权威型领导与员工创新能力之间有调节效果	成立
H3-2	创新型文化在民主型领导与员工创新能力之间有调节效果	成立
H3-3	创新型文化在放任型领导与员工创新能力之间有调节效果	成立

(二) 研究结论

1. 领导风格对员工创新能力之关系

领导风格对员工创新能力有显著影响，显示当主管领导风格更多权威型和民主型的时候，员工的创造力会更高，因此支持本研究假设 H1-1 和 H1-2，而不支持本研究假设 H1-3，综合来看可推论本研究 H1 部分成立。而创新型企业文化，员工的创造力都会越好，本研究假设 H2 成立。

2. 企业文化对领导风格与员工创新能力之调节关系

创新型企业文化对权威型领导风格与员工创新能力的调节效果达到显著水平，故假设 H3-1 成立；创新型企业文化对民主型领导风格与员工创新能力的调节效果达到显著水平，故假设 H3-2 成立；创新型企业文化对放任型领导风格与员工创新能力的调节效果达到显著水平，故假设 H3-3 成立；故支持本研究 H3 成立。

(三) 研究贡献与管理意涵

1. 研究贡献

有关领导风格或者企业文化对员工创新能力的研究间的交互作用影响的研究并不多，因此本研究之发现弥补了既有文献的缺口，即创新型企业文化在领导风格与员工创新能力间起调节作用。

2. 管理意涵

员工的创造力虽然是员工个人的属性，但是领导的领导风格和企业的创新型企业文化以及它们之间的相互作用依然对员工的创造力产生显著的影响，由表4-8交互作用可以看出：高创新型企业文化的员工创新能力无论权威型领导高低都会比低创新型企业文化的员工创新能力高，所以创新型企业文化对于员工创新能力非常重要。由表4-9交互作用可以看出：高创新型的企业文化中员工的创造力比低创新型的企业文化中员工的创造力高，当民主型领导越高，员工创新能力越高。因此良好的领导和良好的企业文化都很重要，而企业文化显得格外重要，可以直接决定员工创新能力的高低，进而影响公司的好坏，甚至可能决定公司的命运。

从本研究的实证结果来看，领导风格中的"民主开放型"领导和"创新型企业文化"对员工创新能力的影响最大，如果一个企业需要发展成为有创新能力的企业，则企业的领导风格的选择可以偏向民主开放型领导和发展出具有创新型的企业文化，员工的创造力就会有所不同，企业的创新能力就会很不一样。

（四）研究限制与建议

1. 研究样本

本研究因采用便利抽样，没有选定相同的行业特征做不同公司属性的比较，建议后续研究者可设定行业作为研究对象做不同资本来源的比较。此外本研究属于横断性研究，未来可以考虑进行长时序的追踪研究。

2. 研究量表

本研究之问卷设计，采用国外学者问卷之中译版本，没有根据研究对象做修改，因此可能会有偏差，往后可以考虑主管评鉴或同侪互评的方式来衡量，以减少样本之误差。

3. 研究方法

本研究研究方法只采用了问卷调查法，但由于问卷纯然采用个人观点，因而未必能完全准确的反映出真实情况，未来可以加入更多方法可使研究更完善。

参考文献

一　中文部分

陈淑惠：《台南市国民中学教师知觉教师领导与学校企业文化关系之研究》，南台科技大学教育领导与评鉴研究所硕士论文,台南市,2014年。

邱礼文:《企业文化、领导风格、组织资本与组织创新之关联性研究——以台湾自来水公司第七区管理处为例》,高雄应用科技大学企业管理系硕士在职专班硕士论文,高雄市,2014年。

杜怡洁:《半导体产业员工组织承诺对主管领导风格和工作绩效之中介作用——员工幸福感之调节效果》,高雄师范大学人力与知识管理研究所硕士论文,高雄市,2015年。

洪春吉、赵皖屏:《企业文化与组织创新之关系——以金融业,钢铁业,光电业实证研究》,《台湾银行季刊》2009年第3期。

黄柏翔:《影响组织知识创造之内外部因素分析研究——以个案公司为例》,台湾师范大学工业科技教育研究所硕士论文,台北市,2002年。

李美玉:《企业文化对主管领导型态、工作倦怠与工作绩效影响之研究——以高科技产业为例》,育达商业科技大学营销与流通管理系硕士论文,苗栗县,2011年。

林奇伯、左凌:《简单学创新》,《Cheers快乐工作人杂志》2015年第182期。

刘辅政:《企业员工企业文化、领导风格知觉对于工作投入影响之研究》,高雄师范大学人力与知识管理研究所硕士论文,高雄市,2012年。

刘上嘉:《企业文化、主管领导风格与组织创新绩效的关系研究》。成功大学经营管理研究所硕士论文,台南市,2008年。

谢文全:《教育行政学》。台北市高等教育2007年版。

张原诚:《学生美感经验、创意自我效能与创造力之研究:教师创造力教学的多层次调节式中介效果》,台南大学教育学系教育经营与管理博士论文,台南市,2015年。

二　英文部分

Amabile, T. M., "A Model of Creativity and Innovation in Organizations", *Research in Organizational Behavior*, 10 (1), 1988.

Amabile, T. M., "Motivating Creativity in Organizations: On Doing what You Love and Loving what You Do", *California Management Review*, 40, 1997.

Amabile, T. M. & Gryskiewicz, S. S., *Creativity in the R&D laboratory*, Technical Report Number 30, Greensboro, NC: Center for Creative Leadership, 1987.

Csikszentmihalyi, M., "Society, Culture, and Person: A System View of Creativity", *The Nature of Creativity*, 1988.

Gardner, H., "Creativity: An Interdisciplinary Perspective", *Creativity Research Jour-*

nal, 1, 1988.

Liden, R., Wayne, S., & Stilwell, D., "A Longitudinal Study on the Early Development of Leader-member Exchange", *Applied Psychology*, 78 (4), 1993.

O'Reilly III, C. A., Chatman, J., & Caldwell, D. F., "People and Organizational Culture: A Profile Comparison Approach to Assessing Person-organization fit", *Academy of Management Journal*, 22 (1), 1991.

Sonnenfeld, J. A., *Managing Career Systems Channeling: The Flow of Executive Careers*, Homewood, IL: Irwin, 1989.

Sternberg, R. J. & Lubart, T. I., *Defying the Crowd*, New York: Free Press, 1995.

Zhou, J. & George, J. M., "When Job Dissatisfaction Leads to Creativity: Encouraging the Expression of Voice", *Academy of Management Journal*, 44 (4), 2001.

粤港澳大湾区创新发展中企业家测评技术的应用研究

——以无领导小组讨论为例

时 浩

（河北正择人力资源服务有限公司）

摘要： 粤港澳大湾区的建设，是以习近平总书记为核心的党中央作出的重大决策。"十四五"时期将是粤港澳大湾区迈入实质性建设的关键五年。夯实粤港澳大湾区创新发展的人才基础，才能充分发挥粤港澳综合优势，打造富有活力和国际竞争力的一流湾区和世界级城市群。企业家是粤港澳大湾区创新发展中最具稀缺性的资源，企业家测评是促进粤港澳大湾区人才建设的一项重要途径。然而，目前企业家测评应用中普遍存在测评标度不明确、测试题目编制不科学、测评程序不规范等诸多问题。本文将充分讨论无领导小组讨论技术的实际应用，探讨目前企业家测评中普遍存在的问题及产生的原因，并从构建胜任素质模型、规范实施流程等方面提出相应的对策建议，以期为粤港澳大湾区人才建设提供借鉴或参考。

关键词： 企业家测评技术，无领导小组讨论，粤港澳大湾区

一 引言

在经济高质量发展的新时代，深化人才机制改革、夯实创新发展人才基础成为粤港澳大湾区建设的重要基础。在"十四五"规划《纲要》中，提出了激发人才创新活力，深化人才发展体制机制改革，全方位培

养、引进、用好人才，充分发挥人才第一资源的作用的相关内容。《粤港澳大湾区发展规划纲要》明确提出，要创造更具吸引力的引进人才环境，加快建设粤港澳人才合作示范区。广东省"十四五"规划《建议》中，也提出了人才强国，吸引国际级人才的相关内容，为推进粤港澳大湾区的建设发展提供坚实政策基础。

在推进粤港澳大湾区创新发展中，企业家是最具稀缺性的人力资源，精准地测评企业家的知识、能力、素质和潜在特征在一定程度上能够加快建设素质优良、结构合理、梯队完整的企业家队伍，进而有利于促进产业和企业转型升级。在众多的测评技术中，无领导小组讨论由于具备诊断全面性、评价效度高等优点，成为企业家测评的重要工具。本文将融入实际案例研究探析无领导小组讨论在企业家测评环节的应用。

二 无领导小组讨论应用

无领导小组讨论是采用情景模拟的方式对企业家候选人进行集中甄别的评价方法，信度效度较高。通常，企业家具有强烈的创新意识，勇于承担风险，善于推动企业改革发展，他们往往是企业经营者、创业者或者中高级管理人员，可通过无领导小组讨论技术来综合评价企业家候选人的优劣。

（一）调研分析阶段

1. 构建胜任素质模型

胜任力通俗来讲就是一个个体在组织中能够胜任某个岗位的能力，包括知识、技能和职业素养等，与工作绩效有密切的关系。研究提炼企业家候选人的胜任素质模型，可以预测企业家候选人未来的工作绩效，有效区分企业家候选人的绩效优劣。但胜任力往往跟企业家候选人所在的行业、具体的岗位和公司的发展战略息息相关，对于胜任素质的提炼就需要考虑具体的情况。构建企业家素质模型，同时也体现了企业的战略要求，可以在一定程度上反映企业对所有管理者的基本测评标准。下图为某行业企业家素质模型示例，其中选取了战略规划能力进行了详细的分级描述，如表1所示。

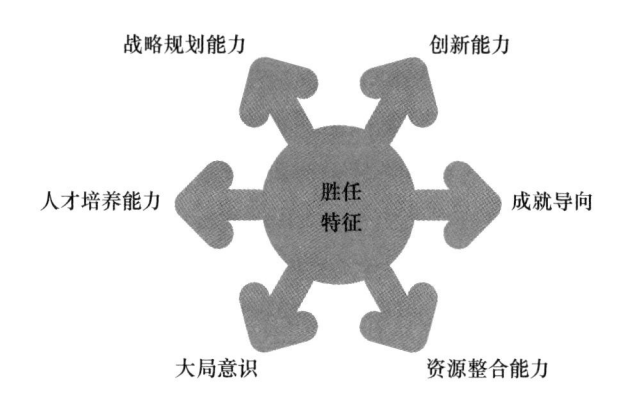

图 1　企业家素质模型示例

表 1　　　　　　　　战略规划能力分级描述

战略规划能力		分析研判组织内外部环境，制定组织发展的中长期规划，并能把发展规划层层分解，有效推进各阶段目标实施落地的能力
	1	了解组织的战略目标，以及与日常工作的联系，清楚工作范围内的主要任务在组织战略发展中的定位
	2	能够根据组织战略安排工作，分清轻重缓急，协调资源，关注短期目标对长期战略的影响
	3	在落实组织战略过程中，能够结合局部的工作资源和条件，设计合理的方案或措施，并推动落地
	4	能够统筹安排自己管辖的全部工作，推动各项组织战略目标的落地，并采取合理措施，防止组织战略目标在落地过程中出现偏差
	5	能够根据组织内外部环境变化，预判对组织发展的影响，妥善采取相关措施，为组织长远发展出谋划策

2. 设计评分标准

评分标准是无领导小组讨论技术不可或缺的一部分，也是直观体现企业家候选人所测能力的真实水平。在设计评分标准时，应充分考虑已经构建的胜任素质模型，筛选出对于无领导小组讨论技术能够测评、易于测评的要素。例如无领导小组讨论技术比较容易测评的要素包括言语表达能力、团队合作意识、时间观念、沟通协调能力等基本素质。但对于企业家候选人的评分标准设计时，更应考虑其应具备的核心能力。

各个测评要素的评分标准应根据企业家候选人岗位的具体要求划分权重或分值，按照一定的梯度设计评分等级，一般设计三个或四个等级为宜。以某金融公司的中层管理者招聘为例，确定其胜任素质模型后，根据公司业务发展和实际要求，提炼适用于无领导小组讨论的测评维度，选用了战略规划能力、团队管理能力、系统思维能力、专业素养和人岗匹配度等，来综合考核企业家候选人是否能够胜任此项工作。

表2　　　　　　　　　　中层管理者评价标准示例

测评要素		人员素质模型维度（100）					合计
		战略规划能力	团队管理能力	系统思维能力	专业素养	人岗匹配度	
分数		25	25	20	15	15	100
维度释义		分析研判组织内外部环境，制定组织发展的中长期规划，并能把发展规划层层分解，有效推进各阶段目标实施落地的能力	了解、清楚业务发展对人才的需求，合理配置团队，有效激发团队成员的工作热情，积极培养与发展他人，以提高团队的整体能力	思考问题全面、深入有条理，能够对工作目标和任务进行系统考量，善于总结和归纳问题本质和规律，提出工作思路	对工作相关知识的精通了解，通过掌握工作应具备的相关专业知识和技能，解决工作当中疑难问题的能力	员工的形象、性格、个性特征及价值观和企业文化、职位的匹配度	
评分等级	优秀	23—25	23—25	18—20	13—15	13—15	90—100
	良好	19—23	19—23	15—18	11—13	11—13	75—90
	一般	15—19	15—19	12—15	9—11	9—11	60—75
	较差	13—15	13—15	10—12	7—9	7—9	50—60

（二）前期准备阶段

1. 开发面试题目

无领导小组讨论的题目开发难度高于一般面试题目，开发者必须研究分析企业家候选人行业性质、政策信息、组织环境、职位工作内容和典型案例等资料，选择合适的题目类型，设计合理的情境，按照测评要素和评分标准具体要求，最终形成企业家候选人面试题目。在此仍以某金融公司中层管理人员为例，设计其无领导小组讨论题目，示例如下。

试题样例

背景资料：

2010年6月，某大型金融公司成立，十年以来，公司业务范围逐年扩大，员工总数逐年增加，于2018年成为行业内较为知名的金融公司。公司领导为进一步促进公司各方面业务的发展，努力向"成为世界一流金融企业"的目标奋进，拟在全公司范围内开展"挖掘组织动能，创新管理模式"的咨询项目，研究公司目前存在的管理问题，进而从管理上进行突破，实现公司变大变强。2019年6月公司成立了项目组开始调研，历经5个月的时间，项目组于2020年11月10日结束调研，总结出了如下管理问题。

1. 金融公司的操作风险和企业内部的各个职能部门息息相关。虽然公司业务已经做到了一定规模，但公司内部风险管理体系仍不够健全，导致公司管理职责分散，也没有针对操作风险设立相关管理部门。面对复杂多变的金融环境，若一直采取被动应对措施，造成的操作风险将持续扩大，最终将会给公司造成严重损失。因此，优化内部风险管理体系迫在眉睫。

2. 公司投资业务规模不断扩大，整体向利好方向发展。但经过调研，发现了一些潜在问题。公司投资策略依然沿用的是2012年制定的版本，金融市场变化莫测，如今时代已经改变，虽然目前的投资项目尚未表现出不良后果，但几年后就可能带来投资严重偏差，给公司带来不可估量的损失。因此，研究制定顺应新时期金融市场的投资策略刻不容缓。

3. 公司在 2013 年建立了金融大数据分析研究系统，该系统为公司收集、统计、分析金融数据和规避金融风险贡献了巨大力量。至 2019 年该系统已运行 6 年，系统中设置的相关参数及分析方法已无法满足当下的金融业务的需求。为得到某项数据，相关人员不得不耗费大量时间分析整理。更新优化金融大数据分析研究系统事不宜迟。

4. 2010 年至 2019 年公司已顺利度过创业期和成长期，向成熟期过渡。经调研，公司同样出现了成熟期企业的共性问题。公司内业务流程日趋僵化，部分高层激情消失，官僚化倾向凸显，个别部门工作效率低下。变革管理模式已成当务之急。

5. 创新是引领发展的第一动力，创新驱动实质上是人才驱动。近些年金融公司有很多后起之秀，成为公司人才的主要竞争者。近三年公司骨干员工逐个被挖走，新入职的年轻人人数很多，但是有一部分往往解决了落户问题就跳槽走人，给公司人才储备带来严重问题，直接影响公司战略落地。创新人才引进机制及人才留任策略已成燃眉之急。

由于该公司人力物力有限，公司领导拟在 2020 年解决上述管理问题中的三个问题。

任务要求：

现在，请在座的各位组成一个专案工作组，就公司遇到的管理问题进行深入研讨，完成以下任务要求：

（1）请就上述列出的 5 个管理问题展开讨论。

（2）将 5 个问题按重要性排序，最终得出优先解决哪三个问题，并说明理由。

（3）针对其中最重要的 1 项，提出切实可行的提升和完善措施。

无领导小组讨论题目设计还应包括题目的指导语，用以告知企业家候选人基本的答题方式和评价要点等内容，以便讨论能够按照规定程序实施。

2. 组建无领导小组测评团队

组织内部的无领导小组的测评团队一般包括组织中高层领导、人力资源部相关人员，同时也可以聘请外部专业面试官加入。无领导小组的测评团队需要掌握无领导小组讨论的面试流程、评价标准、观察记录、打分要点等专业知识或技能，组织内部可定期组织相关的知识培训或实操演练，提升测评团队的评价能力。

3. 确定小组讨论人数

对于企业家候选人的面试，一般一个岗位的候选人数量不会太多，可按大类进行分组，每个小组的成员以 5—7 人为宜。人数过多，在限定的时间内会出现讨论不充分、候选人无法全面展示自我、面试官评价存在偏差等问题；人数过少，讨论无法展开，很容易达成共识，也不能体现候选人的真实状况。而对于面试官的人数，可根据具体小组人数安排，一般为 5—7 人，呈奇数特征。

（三）实施评估阶段

1. 具体实施阶段

（1）企业家候选人入场

在具体的面试现场，企业家候选人应听从现场工作人员的安排，在工作人员的引导下排队进入考场。示意面试官后，根据现场环境找到座位，坐下听从面试官的安排。

（2）宣布考试规则和纪律

待所有企业家候选人坐好后，主面试官指导工作人员发放面试题目、纸笔等材料，宣读无领导小组讨论面试指导语，讲明流程和讨论规则等。

（3）个人陈述

企业家候选人根据题目要求准备个人陈述阶段的答题内容，然后按照要求进行回答，一般时间控制在 3 分钟以内。

（4）自由讨论

个人陈述结束后，企业家候选人可自行进入自由讨论环节，时间为 20—30 分钟。这个阶段是面试官观察评价企业家候选人最重要的环节，每个细节都直接决定了企业家候选人最后的得分。在这个阶段，企业家候选人可以根据题目内容，充分展示自己在问题解决方面的思路，并与其他小组成员就问题的解决进行深入讨论，最终形成小组的智慧结晶。

整场讨论过程中，面试官只需认真观察小组中各位企业家候选人的表现，并进行详细的记录，不对讨论的过程做任何指导或点评，整场讨论完全由小组自主安排。随着讨论的开展，小组中的优秀候选人会渐渐显露出来，成为小组的带头人，带领其他候选人推进整场讨论。同时，企业家候选人的专业素养、战略规划能力、团队管理能力、系统思维能力和人岗匹配度等各方面能力或素质都会慢慢展现出来，面试官要仔细观察、记录每一个企业家候选人的发言情况、情绪变化、团队表现及对整个讨论的进程产生的影响等。

（5）总结陈述

一般为小组推选一名代表总结小组的讨论成果，并向面试官阐述问题解决的思路和结果。

（6）面试追问

小组讨论结束后，为更深层次地挖掘每个企业家候选人的真实能力，可对候选人就讨论过程中的一些行为和思路进行追问，或者事先设计好结构化的追问问题进行群体面试，以缩减二次面试的时间或程序等。

2. 评价与总结

在小组讨论结束后，面试官应召开评分讨论会，根据过程中所记录的情况，对每个企业家候选人的表现围绕其思维的深度、参与程度、团队合作情况、任务完成情况、与职位的匹配情况等方面，结合具体的评分标准，计算出企业家候选人的综合得分。面试结束后，面试官根据企业家候选人在测评过程中的表现撰写测评报告，旨在全面了解企业家候选人，找到其优势与不足，作为培养使用企业家候选人的重要依据。

三　无领导小组讨论亟待完善的主要问题及原因分析

围绕粤港澳人才建设的质量、结构等方面，通过查看对中国企业招聘现状的各种调查结果，对人力资源配置状况和人力资源需求分析，在招聘的各个环节中，发现了诸多普遍性的问题，影响了企业家候选人的测评效果。

（一）测评体系不完善，评价标准不明确

尽管近年来对于企业家人才评价指标的研究在深入，围绕人才测评的工具和认证手段也有了一定进展，但仍存在测评指标选择不合适、测评标度不明确等问题，缺乏比较有权威的、可操作性、系统性的评价体系。当前，企业家人才评价方式将人才价值差异强制限定在少数几个等级范围内，忽略了岗位胜任力的连续性差异，难以区分同一等级内不同人才的个体评价差异。

（二）题目设计不合理，与岗位实际脱节

目前，一般组织内部缺乏专业的无领导小组讨论题目开发团队，较为大型的组织多采用向第三方机构采购题目的方式，以满足企业家候选人的测评需求。对于组织内部团队开发题目的情况，往往能够结合岗位的工作实际，对组织环境、工作要求等了解较为详细，但是缺少题目开发的经验和专业技术，题目容易出现讨论点弱、争辩性差的问题。对于第三方采购题目，往往存在对组织了解程度不够，对岗位分析不足的情况，导致题目设计与岗位实际脱节的问题。

（三）面试官受主客观因素影响大，系统专业培训不够

目前国内专业面试官数量有限，面试官专业水平直接影响测评的结果。在无领导小组讨论实际评价中，一方面面试官容易被晕轮效应、疲劳效应和刻板印象等主观意识所影响，从而导致面试官对企业家候选人评价结果的不一致。另一方面事先未对面试官进行充足有效培训，那么面试官的评判准确性和各个面试官之间的一致性就会降低。人力资源外包服务机构、管理咨询机构以及人才培训测评机构等会推荐专业面试官，需要考察相关机构的权威性和专业性，避免机构本身的专业性欠缺导致面试官的专业度不够。

四 完善无领导小组讨论的对策与建议

中共中央、国务院发布的《关于营造企业家健康成长环境弘扬优

秀企业家精神更好发挥企业家作用的意见》指出，要加强企业家队伍建设规划引领，将培养企业家队伍与实施国家重大战略同步谋划、同步推进，在实践中培养一批优秀企业家。"十四五"的蓝图已经铺陈开来，在全面建设社会主义现代化国家的新时代考卷前，作为建设粤港澳大湾区的企业家，要勇于担当、敢于作为，肩负起实施多重国家战略的使命。而完善应用无领导小组讨论的相关技术，则是评价企业家的有效途径。

（一）构建全面的胜任素质模型，确保评价标准合理规范

把现有企业家中的标杆特质提炼出来，制定不同行业、不同序列企业家的胜任力。不仅要考虑到能够直接考察的外在的知识、技能，还要对不容易直接考察的内在动机、态度等进行评测，所以通过岗位分析、能力素质提炼、专家小组讨论后构建的胜任素质模型，以及相对应的评价标准，能够有效降低面试官的主观影响。

（二）设计有效的测评题目，提高试题的信度与效度

无领导小组讨论题目的设计开发是在整合各素质要素的基础上来完成的，既要结合企业实际岗位需要，又能让每一位企业家候选人有充分展示自己的机会，确保选拔有效进行。题目设计应明确考察方向、时间规定、符合企业实际情况、考虑企业文化、结合实际工作情景、内容具体并富有辩论性。题目的来源可从通用题库中精心选择，或者与专业机构合作进行针对性开发，以保证测评题目的有效性。

（三）建立健全面试官团队，保证测评的公平公正

组建面试官队伍，完善培训体系，提升评价的专业性和客观性。加大对大中型人才服务机构各种研发平台的扶持，推动其向高级猎头、高端培训、服务外包、管理咨询、市场拓展等高端化、品牌性服务产品升级，提升其向高端人才提供服务的能力。针对面试官开发设计专业化的提升计划，开展相应培训，重点内容可以包括：胜任素质模型构建，题

目开发、评价等技术,人事心理学,测评报告撰写等。

五 结论

当前,世界从一超多强转变为多极发展,全球经济进一步融合加深,社会资源共享加剧加深,文化种类包容性逐步增强,粤港澳大湾区的建设不仅是城市发展的必然要求,也是中国发展创新型城市、社会主义环境下深化改革的又一大胆尝试。在新发展理念引领下,企业家是建成国际一流湾区和世界级城市群的基础条件,企业对真正有能力的管理人才需求越来越迫切,通过各种途径招聘具有企业家特质的人才,对于企业发展至关重要。企业以科学、有效的测评方式为基础,可以全面、客观、公正地评价管理素质及现有干部的岗位胜任能力。在使用无领导小组讨论这一测评技术时,须加强专业测评团队的建设与培养,规范测评实施流程,合理设计开发题目与评价标准,同时合理组建无领导小组面试官团队,撰写测评报告等,这样无领导小组讨论技术才能更好地发挥其独特的优势,帮助企业选聘具有国际一流的战略科技人才、科技领军人才和创新创效人才,为企业高质量发展注入强劲动力。

参考文献

[1] 任红婷:《无领导小组讨论在HY公司中层管理者选拔中的应用研究》,河北地质大学,2019年。

[2] 林丁妮:《试论无领导小组讨论在企业招聘中的运用》,《商讯》2020年。

[3] 李远辉:《建立和完善粤港澳大湾区市场化人才机制的思考》,《探求》2019年。

[4] 王业军:《无领导小组讨论在人力资源面试中的应用研究》,《现代营销》(创富信息版)2019年第2期。

[5] 阳彩频:《浅析人才测评在企事业单位招聘中的应用》,《经济师》2019年第10期。

[6] Costigan R. D., Donahue L., "Developing the Great Eight Competencies with Leaderless Group Discussion", *Journal of Management Education*, 33 (5), 2009.

［7］Costigan R. D. , Donahue L. , "Developing the Great Eight Competencies with Leaderless Group Discussion", *Journal of Management Education*, 33（5）, 2009.

［8］Ensari N. , Riggio R. E. , Christian J. , et al. , "Who Emerges as a Leader? Meta-analyses of Individual Differences as Predictors of Leadership Emergence", *Personality and Individual Differences*, 51（4）, 2011.

粤港澳大湾区人才开发战略及评价体系

伊 聪

（东北大学）

摘要： 在粤港澳大湾区一体化发展的过程中，解决城市间发展差距大、制度差异性大等问题是实现发展战略的重要过程。因此，开发具有国际化特质的综合性、通用性人才是解决湾区发展问题的重要保障。在人才开发战略上，为了打通湾区经济体与国际经济体在制度上的差异，需要开发培养具有国际化公司运营能力的人才，以加速湾区金融、商贸、汽车等企业深入国际合作与竞争。为了促进湾区产业一体化升级，需要开发培养兼备国内外认证的人才，以有效升级国内生产认证和标准，加速产业链合规性对接国际。为了减轻城市发展带来的生态负荷，需要开发培养研究环保城市升级的人才，以提高湾区生态竞争力，缓解城市发展的生态压力。在专业人才评价体系上，可以建立具有综合性、通用性的人才能力评价体系。以改变仅靠学历、职称定位人才所带来的不足。可以考虑将现有评价机制融合先进用人评价体系，形成人才能力评价平台并建立专业人才库，健全人才评价体系。

关键词： 粤港澳大湾区，人才开发战略，国际化人才培养，能力认可机制

一 粤港澳大湾区人才开发战略分析

国家发改委在新闻发布会上曾在宏观经济运行情况方面做出分析，目前我国劳动力人口存在结构性问题，各地在引才引智时更要和地方经济发展的战略紧密结合。依据《粤港澳湾区企业大战略》、《粤港澳大湾

区发展规划纲要》、《粤港澳大湾区城市发展力研究》等相关政策公布的指导内容,可以充分认识到发展粤港澳大湾区的战略高度,粤港澳大湾区的发展就是为了打造世界级湾区城市群,以发展国际化产业和技术创新的方式为契机,来打造国际级的科技创新中心,并在此基础上为"一带一路"的建设提供市场和技术支撑,形成内地与港澳深度合作示范区,成为国际优质湾区。也就是说,推进湾区企业国际化、湾区产业链高品质一体化、湾区城市发展生态化是这个过程中的重要战略问题。如推进湾区企业的国际化会加强湾区企业的国际参与能力,可以提高区内核心产业的国际影响力;湾区产业链高品质一体化首先将会强化产业标准升级,对接国际,开拓深入国际化竞争,同时还将成为"一带一路"建设过程中的发展试点;湾区城建绿色化、生态化建设则是打造国际认可的宜居城市、推动湾区留住人才和推动内因经济可持续发展的必要保障。

众所周知,发展的过程是循环往复的,需要解决的问题随着环境的变化而不断发展。解决问题的关键在于人的参与,在于为湾区配备合适的优质人才。现阶段,湾区急需引进或开发高层次国际化人才、拥有和掌握前沿科技核心技术的领军人物人才、具有行业及产业影响力及话语权的顶尖人才。与世界其他湾区、国内先进地区相比,湾区人才国际化程度偏低。通过分析深圳市第6次人口普查数据,现有的含港澳台在内的常住外籍高端人才占比仅为1‰,远低于硅谷50%的国际高端人才占比,低于上海占比1%,香港占比10%。[1]

为了大湾区的优质发展,开发匹配战略的人才势在必行。本文就以上战略方向,分别阐述相应的人才开发战略。

(一) 开发培养具有国际化公司运营能力的人才

为打通湾区经济体与国际经济体制度上的差异,推动湾区整体国际化,必然需要开发培养具有国际化公司运营能力的人才,以加速湾区金融、贸易、汽车等行业深入国际合作与竞争。接下来以金融类公司为例,

---

[1] 陈杰刘、佐菁、苏榕:《粤港澳大湾区人才协同发展机制研究——基于粤港澳人才合作示范区的经验推广》,《科技管理研究》2019年第4期。

阐述开发培养具有国际化公司运营能力人才的动因、内容、方法及挑战。

在金融行业与大湾区其他城市相比，香港具有更为国际化的金融企业，利于带动整个区域产业的国际化发展，但由于粤港澳体制不同，若想使湾区发展为金融共同体，则需要在湾区成立更多的香港金融机构分支机构或对接机构，来完成区内国际化金融机构的扩大与深入扩张，使之覆盖大湾区形成整体，成为国际金融港口。所以，需要开发充足的具有国际化金融公司运营能力及经验的人才来进行支撑。

1. 粤港澳大湾区发展金融的动机

具有良好的金融产业背景。纵观大湾区内的各金融机构构成，香港现已发展成为世界级金融中心，可以将其作为强大的经济和金融底蕴的支撑，同时又涵盖了深圳、广州这样的正在参与全球竞争且经济和金融发展迅猛的城市，使之有成为强大金融板块的基础。通过2017年1月发布的《全球金融中心指数榜单（第22期）》的内容，我们可以明显看到，香港在全球金融中心的排名重新回到前三的位置，同时，与榜中排名第二的湾区城市相比，其指数差距已经缩减到只有12分。在榜单上，深圳与广州也同时上榜，并分别位列第20位、第32位，均高于上一期的榜单排名，这些使发展湾区成为国际型金融中心的目标提供了依据。

大湾区的金融发展趋势利好。分析粤港澳大湾区各个城市自1998年到2018年平衡面板相关数据可知，以区域GDP情况为经济增长指标，以区内财政收入及各个金融机构的贷款余额和存款为其他金融支持指标，来建立一计量模型，衡量区域经济增长和相关金融指标间的联系。并通过Eviews、Stata等一系列数据分析工具对数据进行实证研究与分析，得出结果表明，大湾区金融支持同经济增长的关系是一个长期稳定的增长关系。[1]

由此可见，推动大湾区金融业走向国际化的道路，参与国际竞争，打造粤港澳大湾区金融业成为新的国际金融港，是国家发展的重要战略。

2. 相应人才所需具备的能力

在金融行业领域，湾区旨在成为以香港为根据地的国际化金融中心，以香港为模板推进大湾区金融业发展升级，推进区内金融业务向适应欧

---

[1] 周天芸：《金融支持粤港澳大湾区经济发展的实证研究》，《南方金融》2020年第5期。

美模式监管而变动，从而提高服务国际企业能力，吸引更多跨国公司，建设国际金融平台。在湾区金融行业中，香港金融人才支撑着香港、美国、欧洲等国际市场的主要金融业务正常运作，但湾区其他区域存在着很大的人才缺口，限于"一个国家、两种制度、三个关税区、三个核心城市"的现实情况，除港澳外，其他城市的金融人才在接轨香港金融监管制度的过程中，要求人才熟悉国际法务、会计、税务、金融、资产管理等业务，在人才培养方面还有很多路要走，这就为开发具有国际化公司运营能力的金融人才提出了更高的要求。

具有国际型金融公司运营能力的人才是参与国际金融竞争的基础，足量的人才储备是国际金融中心崛起的重要条件。而相应的人才应具备以下特质：

（1）足够的国际化的视野与资本运作经验。国际金融背景复杂多变，高素质的人才需要熟练掌握国际市场、机构、监管、交易的规则，需要依据本国国情，应对国际经济动态。因此，良好的国际金融视野与经验，是把握国际金融脉搏、发展趋势的必要能力。

（2）优秀的跨文化交流能力。国际金融业归属于服务业，因此，强大的跨文化交流能力是在服务顾客的过程中减少因文化差异带来的摩擦、推进服务持续发展的重要能力，需要兼顾不同文化间的生态、社会形态、宗教信仰的差异，最终实现金融交流，求同存异、互利共赢。

（3）扎实的国际金融理论与操作技能。扎实的国际金融理论既包括传统的金融又涵盖现代金融，如此才能精准把脉发展趋势；丰富的操作技能既包括金融、财务、计算机技能，又包括数理分析、网络信息分析等新型数据操作技能。只有这样，才可以较好地解决实际跨国金融问题，避免争端。[①]

3. 人才培养方法

具有良好的国际型公司运营能力的人才可以通过外部引进及内部培养来获得。其中，使用外部引进的方式，可加快人才缺口填补速度。

在人才引进方面，需引进多层次人才，保障行业发展的人才储备。

---

① 许一帆：《金融国际化背景下高校金融人才培养模式探索》，《教育理论与实践》2013年第27期。

以金融业为例，可联合金融部门、人力资源管理部门以及教育部门，一方面拓宽人才引进，建立金融人才库，另一方面提炼精髓学科，建立知识库。同时，为了给相关人才更好的生活和发展空间，相应的进行人才的流动管理机制和人才服务保障机制必不可少。以此来助力大湾区吸引国际高端金融人才。

在人才培养方面，大湾区可以充分利用人才库、知识库等丰富的教育资源，推进学科建设及人才培养，形成多层次、多维度的人才培养，为输出领军型、紧缺型行业人才助力。

4. 急需解决制约人才发展的问题

目前，港澳地区同深圳、广州等城市之间的人才流动渠道并没有搭建完全，这成为制约外籍人才引进的重大瓶颈。自2015年以来，由港澳地区来粤的行业专家输入频次约为1.13万人次，同全部来粤专家输入频次相比占比8.7%，毗邻效应并没有得到充分体现。以2016年公布的政策为例，政府批复的16条用于创新驱动和发展自贸区的出入境政策中，适应人才问题的只占6条，且覆盖面窄，政策标准要求高，适用性差。通过1989—2018年广州的相关移民数据分析外籍人员流动时空演变特征，研究发现：在移民数量上，广州入境外国人在数量上稳步上升，由1989年的146万多人次上升到2017年的2930万人次，但由于严格的居留签证制度，九成多外籍人士滞留时间低于3个月，大部分属于短期滞留。

因此，要引进高端人才长留大湾区，还需政府提前做好相应制度的落实工作。

二 开发培养具有产业链国内外相应认证的人才

粤港澳大湾区产业链的高品质国际化升级是开拓深入国际化竞争的必行之路，也是"一带一路"建设过程中的发展试点。而高品质国际化升级的首要条件就是使产品及生产过程符合国际认证及标准要求，只有这样才能对接国际市场，带动湾区产业全面发展。

（一）制造业产业链升级的动机

解除进入国际市场的门槛限制。在全球新冠肺炎疫情的防控过程中，中国企业制造的 KN95 型口罩，因不满足美国国家职业安全卫生研究所（NIOSH）认证的 N95 标准，无法被欧盟、日本、韩国等七个国家和地区认可和采购。这体现了国内产业链产品认证及标准无法对接国际标准，问题严重并成为了制约国内产业国际化发展的重要问题。标准之争是全球制造竞争的制高点，也经常被作为贸易保护主义的操作工具。特别是在智能制造的基础共性标准、关键技术标准、网络设备标准等领域，通过设置技术标准门槛、跨国标差，迫使无国际认证的中国产品，无法参与国际市场竞争。

政府政策支持利好。依据《粤港澳大湾区发展规划纲要》中有关"发挥香港、澳门、广州、深圳创新研发能力强、运营总部密集以及珠海、佛山、惠州、东莞、中山、江门、肇庆等地产业链齐全的优势，加强大湾区产业对接，提高协作发展水平"等内容，可以看到提高制造业产业链标准升级，参与国际竞争，也是湾区国际化发展的重要战略。

（二）人才所需具备的能力

为了实现这一战略目标，我们的首要任务是开发培养具有相应认证及标准升级的人才。这类人才可以分为现有认证升级型人才和新认证标准攻克型人才。

对于将现有认证升级型人才，首先要有过硬的专业知识体系。需要熟悉国际相关认证及执行标准，熟悉产业链生产过程，熟悉国内现行生产工艺过程的认证及执行标准。需要摸清行业所涉及的认证，企业当下在行业内的位置，当下与国际认证进行对接时的必要需求，所对接认证的发展趋势等。其次，这类人才需要具备指导产业升级的能力。他们应了解生产全过程，可以从产品全周期中找到认证对标的关键节点，对重点问题进行突破改造，不断创新，将精益生产等思想有机融入企业，完成产业标准升级，实现对标国际，参与国际竞争。

对于新认证攻克型人才，除了需要具备升级型人才的能力外，还要具备良好的国际沟通能力，良好的国际行业认证经验。他们不仅需要了解国内认证情况，还需要贯通国际行业的企业发展方向及相关认证趋势。同时，这类人才还需要具备参与国际产业协会活动的能力与参与国际标准制定的能力。他们应能够依托现有产业，融入世界协会活动之中，为国际产业提出可行文案，参与并影响国际产业标准的制定，推进符合国内产业能力的认证标准的推出。

（三）相应人才培养方法

通过行业协会促进人才升级。在培养这类人才的过程中，专业的技术知识很难通过课本提取到，需要从先进企业、协会中获得相关知识。首先可以扩大行业协会人才库，使具备一定能力的人才加入行业协会，然后以协会为平台参与国际行业协会活动，获得高端知识。基于现有行业情况，提出符合国际行业发展趋势的方向的创新与整改方法，指导本国行业协会的发展，使本国行业协会认可度达到与国际持平或高于国际水平。进而升级成国际认证标准，推动国内产业链对标国际，扩大国际参与与国际竞争。

参与国际能力认证。为了满足国际能力认可，在进行这类人才的培养时，还要以参加相关国际认证培训为途径，以参加国际项目为积淀。以国际工程联盟（IEA）为例，依据工程人才类型、行业活动性质和特征、公众责任与学制，把工程专业人才划分为工程师、工程技术专家、工程技术员。得到了国际认可后，参与国际项目，提高人才质量。

培养国际影响力。对于高端人才的培养，要培养其加强参与国际标准化组织，加强同国际标准化技术协会的沟通，参与技术应用标准化、参与技术国际交流。同时还要着眼于国际技术趋势与需求，在专研国内行业技术能力的基础上，推动创新与新技术的实施与应用，形成强有力的技术来影响国际行业发展。提高国际影响力。[1]

（四）急需解决的问题

对于很多行业的认证，如医疗、航空等产业，国内并没有权威的认

---

[1] 万志宏、王晨：《中国对外直接投资与跨国公司国际化》，《南开学报》（哲学社会科学版）2020年第3期。

证及认证渠道，使得专业技术人员首先从认知上就落后于国际水平且无法方便地参与国际认证。因此，需要拓宽平台或提供相应组织来打通行业认证的沟通渠道。

对于国内很多行业协会，多以参与国内标准制定来确定企业商业技术价值，不关心国外相应技术的发展速度或难以跟上国际行业发展速度。需要增加行业协会的社会责任感和国际交流参与。

三 开发培养环保人才

诺贝尔经济学奖获得者罗默（P. Romer）在2018年提出内生经济增长理论，这也是构建经济发展与环境保护双赢格局的理论支撑。通常的经济增长源于外生经济，它受生态环境影响，受劳动力数量和素质的制约，这类经济会在人口红利、资源条件变化、高资本债务危机等因素的影响下，发生震动，有快速下行的可能；而理论中提到的内生经济，其增长源于新型知识出现所引发的技术变革或产业变革，是以知识作为生产要素，具有较强的发展性和持续性，在反复使用的同时无须追加额外成本，具有极强的增长活力。绿色发展理念就是可以引发产业变革的知识，因此，当内生经济理论与绿色发展理念发生碰撞，由此形成的绿色经济则成为"双赢格局"的基点。也是各大国际湾区进行绿色发展的基础理论。为了减轻粤港澳大湾区在发展过程中带来的生态负荷，需要着力开发培养研究环保城市升级的人才，提高湾区生态竞争力、缓解城市发展生态压力。[1]

（一）粤港澳大湾区发展生态城市的动机

发展绿色国际化都市是各大湾区正在努力实践的发展战略。各湾区正在逐渐去除高能耗高污染的产业，推进可持续的绿色环保企业发展。纵观各国际大湾区，东京湾区当年推行了产业振兴与扶植政策，这些政策以扶持新兴产业和低耗产业为目的，来替换资源消耗类型的产业，推

---

[1] 王文静、韩宝龙、郑华、欧阳志云：《粤港澳大湾区生态系统格局变化与模拟》，《生态学报》2020年第10期。

行进口化工原材料政策，达到减轻湾区环境污染的目的。政府还大力推行后石油危机产业，以大力发展中低能耗、高技术、新知识为特点的中高级化学工业为目标，减少化工行业的严重环境污染，进一步改善、提升环境质量；与之类似，旧金山湾区出台了"优先发展区规划"（PADs）与生态环境保护的"优先保护区规划"（PCDs），以及绿色建筑标准、节能环保的补贴政策与之共同形成了环境保护政策体系，将湾区打造为全球清洁能源研究中心的地位。[1]

政府政策推进。《粤港澳大湾区发展规划纲要》从规划角度，拟定了大湾区在政策的生态保护及绿色可持续发展部分。战略定位在于打造宜居、宜业、宜游的优质城市群生活圈；发展目标在于优化产业结构，保护环境与生态。为确保规划的落实，文件还分别提出了2022年前初步确定绿色、智慧、节能、低碳的生产生活方式，2035年前显著提高资源综合利用水平，生态环境保护显效，宜居、适业、宜游的国际一流湾区全面建成的时间表。其战略地位可见一斑。

（二）相应人才所需具备的能力

节能环保人才，在建设绿色生态城市、组建能源节约产业、优化城市垃圾处置等方向和相关工作上，可充分发挥核心能动作用。因此其人才组建的工作重点可具体划分为组建节能环保专业技术人才队伍和组建节能环保管理人才队伍。

对于节能环保专业技术人才，需要培养其专业深度，开发绿色能源、绿色材料、绿色技术，以此形成内因经济动力，推动底层绿色改革与发展。

对于节能环保管理人才，着重于培养将现有技术实用化，提出有效的监控、防治、处置、再利用文案，以解决城市生态发展、垃圾处理、清洁生产等为方向，进行科研，解决城市发展中的实际问题。

这两类人才都要具备以下特质：

1. 具备敬业奉献的职业精神。环保工作涉及一线从基础工作、涉及

---

[1] 王渊、赵宇豪、吴健生：《基于 Google Earth Engine 云计算的城市群生态质量长时序动态监测——以粤港澳大湾区为例》，《生态学报》2020年第23期。

城市运维工作，相关技术不发达，教育资源与成长空间不成熟。如果人才没有敬业奉献精神，很难坚持，服务基层。

2. 具备扎实精湛的专业技能。面对环保产业的转型升级，没有扎实的专业技术，就难以完成相关工作的升级与创新。同时，要结合信息技术、大数据、人工智能等知识，融合了数据处理、AI 技术、区块链等多个专业学科的综合技术，关注科技创新和应用实践，最终实现综合运用技能，形成复合型环保人才。

3. 更注重全球化视野。要建成国际型生态湾区，就要面临跨国文化沟通、国际规则与运作，这样才能参与海外环保市场竞争，进而推动知识更新，形成内生经济的动力，成为国际化环保人才。

（三）相应人才培养方法

打造扎实的知识底蕴。需要依据职业的发展与成长规律，基于工作过程与实践，使研究更具实际用途，并通过实用丰富理论研究，增强相关知识体系，发展核心科学，使学科知识底蕴丰富、厚重。

在人才培养过程中，根据环保企业人才需求要求，还要以校企合作为基础，使理论中的教学内容与企业中的实践问题得到有机结合，实现学术促进和企业发展促进的双促进的长远目标，最终达到专业核心课程的发展和实践落地应用有机结合，人员技能水平实质性提升。

构筑结合市场的学习机制。依据市场对人才能力、管理能力、经营能力的需求，设立高级经营人才和技能人才的学习机制建立。加大对如能源管理师、环境评估师等专业执业类学习的宣传与鼓励，使人才需求得到宣传，使更多有能力的人加入到相应的行业，提高主动型人才队伍的建设。[①]

（四）急需解决的问题

1. 绿色环保技术类的高等教育缺失。成为绿色环保人才的基础，在于推进新型、高精的绿色环保知识和技术的发现与发展，而这就需要具有足够的高等教育培养做为沉淀。现阶段，我国在培养绿色人才方面，

---

① 李晓园、钟业喜：《大数据视阈下人才与工业发展耦合研究》，经济管理出版社 2018 年版。

处于起步阶段，与绿色发展相关的专业在全国上千所高等院校中屈指可数，也没有相应的专科类高等学校，仅有少数高校，正在进行学科尝试。相关学科的发展、学校设施的配备、理论库的丰富工作，急需解决。

2. "绿色"教育存在误区。我国现有的"绿色"教育主要存在误区，将"绿色"教育的内容定义为爱护自然、减少垃圾。其实，"绿色"教育的内容应包括推进可持续发展的观念、发展清洁生产技术等问题。其核心问题在于以科学的手段来建立可持续发展社会的世界观和道德观。只有这样，才可以成为发展型环境人才建设。而学校在学科设置上也需要考虑到各学科理论教育的深度与实用性，需要统筹规划。

四　粤港澳大湾区人才评价体系

湾区的一体化发展是增强凝聚力，拉动区域产业的重点，为此我们制定了相应的人才发展战略，与人才发展战略相配套的，就是相应的评价体系。与已有人才评价体系相比，由于人才战略的时代特殊性，所开发的人才不再是单一个体人才，而是国际化、综合性的人才。那么配套的评价体系该如何发展才符合战略需求呢，我们应两步走。第一步，要突破国际化和综合性特点，使湾区人才快速形成一支学术一流，管理能力一流，面向国际的人才大军，使之先起到平衡湾区的作用。对这第一批人才给予更为优惠、宽松的政策扶持，一方面后顾无忧，扎根国内的同时耕耘于国际平台，逐渐使国内平台国际化。另一方面，形成榜样效应，带动更多的人才向高端人才方向进化，提高整体人才战斗力。第二步，打通国际能力平台壁垒，要鼓励人才进入国际平台的企业，参与国际协会活动，参与标准制定，以此推动从产品到生产的整链国际化。

（一）建立湾区内人才综合性、通用性能力认可机制

1. 建立人才综合性、通用性能力认可机制的意义

综观协同理论在粤港澳大湾区中的发展与应用，构建人才通用性发展框架具有合理性。人才通用性发展，指的就是要统筹粤港澳大湾区内人才能力水平，对其水平依照港澳标准，参考国内标准，吸收国际公司人才选拔系统优势，搭建的能力水平认证及描述平台。以此推进人才在

湾区内的高效集聚。

2. 建立人才综合性、通用性能力认可机制的办法

（1）确立评价指标。由于粤港澳大湾区将建成国际型湾区，加之历史社会环境复杂，可以考虑选取政策反应能力、战略分析与预测、执行能力、逻辑思维、获得项目的能力、学术能力、创新、先进工具应用、政治素养、国情分析、语言沟通、外事交流能力、表述能力、管理、合作能力等为指标，来综合进行人才能力的评估。

（2）进一步对指标进行划分汇总。将 16 类指标，依据性质划分为学习、决策、交际这 3 类，并做为公因子进行评估。评估过程中，第一类因子的主要评估内容在于对学术成果、创新案例、工具应用技巧、政治觉悟、国情实事分析成果、涉外宣传、表述清晰程度、组织及管理案例以及合作案例这 9 方面进行考评，用以反映可以通过后天培养的一组能力，又可称之为学习能力。第二类因子的主要评估内容在于评定政策反应案例、战略预测报告、执行目标完成情况、逻辑思维、项目获取案例，旨在评估人才的个人特质和思维格局，也可称作决策能力。第三类因子的主要评估内容在于国外语言考核和国际交往案例分析，旨在评估人才与国际接轨的能力，也称之为交际能力。

（3）聚类分析。以 K-Means 聚类分析为基础，对结果进行分析并赋值和划分，以此指导企业用人。当评估结果归于聚类一时，说明这类人才没有过高的优势，学习、决策和交际能力均有待提高。当结果归于聚类二时，说明这类人才具有较好的学习能力，但在决策和交际方面需要进行着重培养。当结果归于聚类三时，说明这类人才的学习、决策和交际能力都很突出，是所需求的高质量复合型人才。[①]

3. 目前面临的问题

人才配置方向问题。通过数据分析可知，在湾区各市均推出了人才吸引政策，而且人才吸引方向不限，即以行政方式开展人才争夺战。在人才争夺的同时，部分地区并未配套相应的所需人才类型定义，并未将人才能力与城市发展的匹配性和适应性考虑在内，仅简单地以人才数量

---

① 陈海贝、常菊、郑嘉唯：《中国特色新型智库人才能力评价研究》，《河南工业大学学报》（社会科学版）2019 年第 5 期。

作为考核依据，导致人才竞争重量不重质，不仅消耗了财政资源，也不利于人才的后期发展与成长。

人才平台不足。人才平台不足是影响人才通用性发展有效推进的关键因素、"硬环境"。目前粤港澳大湾区大科学装置平台、创新创业基地、孵化器等载体平台建设虽不断加快，但"规则化"、"数字化"平台载体建设不足，人才资格互认、行业规范对接、人才评价标准对接等不畅，仍难以满足人才通用性发展需要。

（二）构建大湾区国际化专业人才库

参照国外成功案例，引入合适的人才管理工具。以国外的意向书（Expression of Interest，EOI）系统为例，提高移民甄别的效率和有效性。是基于一系列限制条件促进移民得到永久居留资格的经济类移民管理工具，同时也是一种集人才库和移民管理为一体的创新型政策工具。外国人才进入意向书系统分为两个阶段：第一阶段是申请阶段，候选人准备进入人才库；第二阶段是审查程序，根据筛选标准，为空缺职位提供最佳候选人名单。[①]

结合大湾区实际情况，建立人才数据库平台。粤港澳大湾区在进行人才库建设时，可以考虑将大湾区作为一个整体，以深圳、香港这些已有的国际化人才大数据，为人才数据平台的基础数据，以科技人才专业、信用数据、科研成果为分项，进行数据库归类与筛选功能的编译，从而形成一个全区人员能力评定的共享式数据库。同时结合国际情况，将该系统有机地对接国际人才识别系统，并通过大数据云技术、AI 技术等动态评价、检测区内人才水平变化与流向，以便进行调控，形成"大湾区人才"资格信息管理系统，指导企业用人，减少中小企业人力成本，形成湾区内人才能力认可平台，为大湾区提供快捷、可靠的人才资源腹地。

参考文献

[1] 陈杰刘、佐菁、苏榕：《粤港澳大湾区人才协同发展机制研究——基于粤港

---

① 武立生：《区域产学研合作培养技艺融合型人才的探索》，《中国成人教育》2020 年第 15 期。

澳人才合作示范区的经验推广》,《科技管理研究》2019年第4期。

［2］周天芸:《金融支持粤港澳大湾区经济发展的实证研究》,《南方金融》2020年第5期。

［3］许一帆:《金融国际化背景下高校金融人才培养模式探索》,《教育理论与实践》2013年第27期。

［4］万志宏、王晨:《中国对外直接投资与跨国公司国际化》,《南开学报》(哲学社会科学版)2020年第3期。

［5］王文静、韩宝龙、郑华、欧阳志云:《粤港澳大湾区生态系统格局变化与模拟》,《生态学报》2020年第10期。

［6］王渊、赵宇豪、吴健生:《基于Google Earth Engine云计算的城市群生态质量长时序动态监测——以粤港澳大湾区为例》,《生态学报》2020年第23期。

［7］李晓园、钟业喜:《大数据视阈下人才与工业发展耦合研究》,经济管理出版社2018年版。

［8］陈海贝、常菊、郑嘉唯:《中国特色新型智库人才能力评价研究》,《河南工业大学学报》(社会科学版)2019年第5期。

［9］武立生:《区域产学研合作培养技艺融合型人才的探索》,《中国成人教育》2020年第15期。

粤港澳大湾区人才吸引力评价、人才核心能力体系构建与提升策略研究

张　行　张光静　金　鑫　肖　丹[*]

摘要： 在"得人才者得未来"的当前知识经济时代，人才已经成为组织胜利的关键要素，粤港澳大湾区内各个地区为了吸引更多优秀人才，竞相颁布了多项人才政策。本文在综合先前文献研究的基础上分析了大湾区对人才的吸引力情况，发现粤港澳大湾区目前在吸引人才上，还存在着诸多问题。根据本文分析，为适应粤港澳大湾区的发展，必须大力吸引创新人才，而这要求构建一套系统的人才核心能力体系，以此来吸引更多的符合大湾区发展的高端人才，以及进一步将大湾区打造成为中国人才建设高地，促进大湾区建设成为一流的国际创新中心。经过研究，我们认为大湾区的创新人才的核心能力由专业基础能力、创新能力、心理素质能力、协作沟通能力和自我发展能力构成。结合大湾区人才引进现状，本文提出了相应的建议策略。

关键词： 粤港澳大湾区；人才政策；政策吸引力；创新

---

[*] 张行：中南财经政法大学公共管理学院副教授，研究方向为人力资源管理。张光静：中南财经政法大学公共管理硕士研究生，研究方向为公共管理；金鑫：中南财经政法大学组织与人力资源管理硕士研究生，研究方向为人力资源管理；肖丹：中南财经政法大学公共管理硕士研究生，研究方向为公共管理。邮箱：1494512662@qq.com；电话：18225861400；邮编：430073。

一 研究背景

粤港澳大湾区包含有香港、澳门两个特别行政区和广东省内的广州、深圳、珠海、佛山、惠州、东莞、中山、江门、肇庆九个珠三角城市组成，总面积5.6万平方公里。推动粤港澳大湾区的建设是党中央、国务院以及习近平总书记亲自谋划、部署的重大决策，该战略主张香港、澳门两个特别行政区融入我国国家发展这一大的局势，以粤港澳大湾区的全面建设，以及加速粤港澳地区间的合作为目标，全方位促进港、澳地区与内地的利好合作与发展。粤港澳大湾区如何发挥战略优势，尽快成长为世界级一流港区，其中的关键要素是人才。新知识经济时代，无论是国家、地区或者企业，想要在当前激烈的竞争环境中取得胜利，自然离不开人才的竞争。谁能吸引到优秀的人才并且能够留住人才已成为世界公认的关键点。中国正处在由劳动密集型向知识密集型转型的关键时点，而粤港澳大湾区作为中国开放程度高、经济活力强、人力资本高水平的地区，其已经成为我国建设人才中心高地的前锋，2019年2月中共中央、国务院印发颁布的《粤港澳大湾区发展规划纲要》，纲要明确指出，将粤港澳大湾区建设成为教育和人才高地。随后，大湾区内各大城市各显神通，争相出台各种人才引进政策，"人才战争"一触即发。

大湾区为了引进人才出台了若干政策。例如，深圳市出台的"领航人才"计划和对创业人才的补贴计划，均表明了深圳市对创新创业人才及海外人才的重视程度；而广州市的"人才+产业"这一政策产业组合拳模式，旨在促进人才链、创新链和产业链的有机组合；东莞市目前处于经济转型关键期，为了提高人口素质，增加技能型人才，东莞市将人才政策的重点聚焦于高端人才和实用型人才两手抓；中山市打破传统，破除僵化的人才评价旧机制，全力打造人才强市新战略；江门市充分发挥土地优势，加大以房引才力度，通过优惠购房甚至赠房来吸引人才聚集，等等。

各个城市出台的政策也颇见成效，近些年来大湾区的人才集聚颇具优势。粤港澳大湾区高学历人才规模在2005年、2010年和2015年分别为402.26万人、649.59万人和858.78万人，而高技能人才规模分别为

413.04万人、558.99万人和588.47万人，这两大类人才规模都在不断上升（齐宏纲等，2020）。但是如果将各个城市单独比较分析可以发现，珠三角的人才集聚优势却明显低于香港和澳门地区，甚至低于内地长三角地区，高学历和高技能人才集聚水平也低于港澳地区。由此可见，大湾区的人才吸引力仍然有待提升，也意味着大湾区仍然需要不断优化人才吸引和发展政策。

二 文献综述

发展是第一要务，人才是第一资源，为了争夺第一资源，近些年来许多城市开展了一场声势浩大的"人才大战"。粤港澳大湾区在人才引进方面也相继出台了许多政策。在人才引进方面，安家补贴是大湾区各市、区主要采取的政策措施，旨在解决人才的落脚问题，也是人才引进最为关键的一步。对于高端人才的引进，大湾区各地出台了"珠江人才计划"、"孔雀计划"和"鹏城英才计划"等多种人才政策，以吸引国内外的高端人才，旨在提高自主创新能力，加速大湾区的经济发展。为了吸引人才，必须首要考虑这些人才最关心的一些切身利益问题，如子女入学问题，也相应出台了相关政策，为了保障引入人才的子女能够享受到优质的教育，大湾区各地相继出台各种利好政策，如跨学区择校等，此外，政府还有资金补贴来支持建设民办学校以及国际学校，满足人们不同的教育需求。医疗保障方式方面，除了免费体检，大湾区部分地区致力于提升高端人才的医疗保障服务，不仅给予本人高额的医疗保险补贴，还惠及到直系亲属的看病就医的优先性便利等。对于个人税收而言，大湾区也实行了一些税收优惠来吸引人才（黄英，2019）。比如，广东省以及深圳市的税收缴纳实行的是内地与香港地区的个人所得税的税负差，对在大湾区工作的一些境外的高端人才以及紧缺人才进行补贴，而这部分补贴不再收取个人所得税等①。

由大湾区各地出台的政策可以看出粤港澳大湾区的人才政策具有以

---

① 《财政部 国家税务总局关于粤港澳大湾区个人所得税优惠政策的通知》（财税〔2019〕31号）》。

下趋势：一，极具国际性和战略性。大湾区致力于成为世界的湾区，所以其政策的国际性特征明显。二，以地区需求为主导，各地区政策具有个性化。大湾区各个城市具有各自的特点，对人才的需求也各有侧重。因此，在引进人才的特点和人才政策方面各有特色。三，以人才需求为导向，注重服务的全面性和普惠性。地区政策都是以人才的需求为出发点，不断提高各项服务的质量，满足不同人群的不同需要。且除了服务于高端人才以外，服务内容也普及技能型人才以及应届毕业生等不同人群。四，激励方式多样化，惠及力度合理化。不同的地区对人才引进的激励方式也具有差异，就住房保障政策而言，不同的地区实施的政策也是不一样的。土地资源紧张而财政能力优越的政府以提供住房补贴为主，而财政能力有限、土地资源充裕的政府以人才公寓为主，各地政府量力而行，满足人才多元化的需求。五，人才工作区域合作化加强，人才竞争趋于有序化。经过前期的"人才大战"，大湾区九市二区逐渐认识到恶性竞争没有益处，为了整个大湾区经济的更好发展，各地区应该统一战线加强合作，这样才能更好地发挥地区优势，增强区域间人才的竞争力。目前，大湾区已经成立"粤港澳大湾区人才发展联盟"，未来将定期举行会议，共商大湾区人才交流合作与人才工作创新路径，以不断提升大湾区的人才吸引力，促进大湾区不断向前发展。

关于大湾区各地区的政策对人才的吸引力情况。2019年2月，清华大学经济管理学院以及"领英中国"一起合作发布了一篇报告[①]，这份报告研究解析了粤港澳大湾区的经济以及各方面人才当前的情况，并与人才流动的特点相结合后分析发现，粤港澳大湾区九市二区总体上显示人才净流入情况，特别是对高新科技人才的吸引力在国内更是首屈一指。新知识经济人才是建设粤港澳大湾区的重要的人力资本，齐宏纲等采用广东省2005、2010、2015年的人口普查面板数据以及香港和澳门的相关数据，研究得出的结果为粤港澳大湾区这一中国经济发达经济圈的人才主要集聚在香港和澳门，而珠三角地区的人才集聚程度低于长三角经济群以及京津冀地区，高学历水平的人才集聚较为均衡化，而高技能人才则主要集中在香港和澳门。由集聚水平来看，香港的人才集聚水平遥遥

---

① 《粤港澳大湾区数字经济与人才发展研究报告》。

领先,而佛山、东莞这种制造业较为发达的地区人才集聚水平偏低。由此可见,粤港澳大湾区的人才吸引力仍然呈现地域不平衡性,诸如内地珠三角地区的人才吸引力仍然有待提升。

综上所述,当前的大湾区在引进人才方面出台了各种政策,这些政策也取得了很大的成效,但是在对高端人才的吸引力方面仍然存在一些不足,以及地区间仍有较大差距。为了吸引更多合适的人才,培养本地区发展所需要的人才,让更多的人才愿意留下来,对此,构建人才核心能力体系十分重要,这不仅能够提高大湾区对人才吸引政策的精准性和效果,而且也能够加强对进入大湾区发展的人才的能力提升和培养的作用。

三 大湾区人才吸引力现状和评价

自 2017 年粤港澳大湾区建设上升为国家战略以来,各地区便不断出台新的人才政策以吸引不同行业的专业人才投入粤港澳大湾区建设。表 1 为中央和地区出台的人才相关政策。

表 1　　　　　　　大湾区近些年来实施的人才吸引政策

发布时间	文件名	发布区域
2018 年 11 月	《珠海市高层次人才支持计划实施办法》	珠海市
2018 年 11 月	《东莞市"十百千万百万"人才工程行动方案》	东莞市
2018 年 12 月	《广州市引进人才入户管理办法》	广州市
2019 年 1 月	《广东省人才工作发展条例》	广东省
2019 年 1 月	《深圳前海深港现代服务业合作区境外高端人才和紧缺人才个人所得税财政补贴办法》	深圳市
2019 年 1 月	《珠海市 企业新型学徒制实施办法》	珠海市
2019 年 1 月	《关于进一步集聚新时代人才建设人才强市的意见》	江门市
2019 年 2 月	《粤港澳大湾区发展规划纲要》	中央
2019 年 2 月	《肇庆市引进基层医疗卫生特殊紧缺人才"千人强基计划"实施方案》	肇庆市

续表

发布时间	文件名	发布区域
2019 年 3 月	《关于支持企业建立首席技师制度的实施方案（征求意见稿）》	中山市
2019 年 4 月	《前海深港现代服务业合作区境外高端人才和紧缺人才认定办法》	深圳市
2019 年 4 月	《惠州市加快推进珠三角（惠州）国家自主创新示范区建设实施方案》	惠州市
2020 年 2 月	《佛山市人才举荐工作实施细则》	佛山市
2020 年 3 月	《大亚湾区 2020 年人才工作要点》	大湾区
2020 年 5 月	《大亚湾开发区发挥市场作用支持企事业单位自主引才育才的十条政策措施（试行）》	大湾区
2021 年 1 月	《南海鲲鹏人才计划》	佛山市
2021 年 1 月	《港澳涉税专业人士在中国（广东）自由贸易试验区深圳前海蛇口片区执业管理暂行办法》	广东省
2021 年 2 月	《广州南沙新区创建国际化人才特区实施方案》	广州市
2021 年 2 月	《深圳市推进高度便利化的境外专业人才执业制度的实施方案》	深圳市

尽管各地人才政策方案具体内容各具特色，但大湾区人才吸引政策整体上呈现以下方面的共性特征：

1. 人才工作机制方面

大湾区人才工作机制逐步完善，吸引人才工作由党建引领、政府牵头、企业主导，形成了政企较为默契的配合工作机制，近些年来大湾区由政府出台很多吸引人才的政策，旨在为区域引进更多高端人才，且不同地区有针对性的人才政策方案有利于地区和企业快速且准确的寻找到合适人才。《大亚湾开发区发挥市场作用支持企事业单位自主引才育才的十条政策措施（试行）》就是一个很好的体现大湾区人才工作机制完善的措施，政府开放政策，在制度和财政上给予支持，由企事业单位自主引才育才，一方面可以引入符合企事业单位的专项专岗人才，另一方面也可以优化政府人才引入成本。

2. 人才激励机制方面

以政府为引导，完善人才激励机制，引入市场化人才激励机制，充分发挥市场在人才工作中的能动效应。按行业不同会制定不同的激励政策，确保激励方案发挥其作用。激励政策有法可依、有政可循，激励方式多样，从吃住行多方面全方位进行激励，确保政策真正落实到每个引进的人才身上。如广州南沙区规划建设的"青创人才公寓"解决青创人才的直接需求，便捷的生活措施让人才无"后顾之忧"，截至 2020 年 4 月，服务港澳青年超 3 万人次，充分体现了人才激励政策在人才吸引方面的强大作用。

3. 人才引进模式方面

多渠道引进模式并行。除了政府做到专项政策引进人才，也引入了市场竞争模式。在人才配置方面充分发挥市场作用，以市场需求为主要发力点，着重引进市场稀缺人才，以满足地区经济发展需要。近些年由市场反馈的人才需求，如珠海市高端人才需求、肇庆市基础医疗人才需求、深圳市境外专业人才等都是依据市场当前紧缺人才而相应出台了对应政策，政策更具针对性，一经出台都引起了广泛的关注也吸引了很多对口人才。

4. 人才培育方面

留住人才才是经济发展的关键点，人才培育也是近些年大湾区人才吸引政策的重点。政府相应出台人才培育政策，划拨专项资金进行人才培育支持工作。政府鼓励技术院校、企业等进行人才培育，如中山市下发《关于支持企业建立首席技师制度的实施方案（征求意见稿）》，直接支持企业培育人才，并在制度和财政上给予支持。

5. 人才服务平台搭建方面

政府在人才吸引方面逐渐搭建起人才服务平台，从落实人才安居到提升人才公共服务、营造人才发展氛围，形成一个较为全面系统的人才服务平台，让人才引进成为一个长期良性的人才生态环境。

尽管大湾区人才吸引政策近些年来已经有很大力度来推进，但是人才吸引方面仍存在一些问题：

1. 大湾区各地政策相差较大

不同地区政策各不相同，各地都是结合当地的实际情况制定相关人才政策，由于不同区域间的经济情况不同，会造成人才引进政策偏差较大，经济实力较强的地区，可以给出更具吸引力的人才激励方案，有利于吸引人才，而经济实力较弱的地区人才激励方案力度则偏小，引入人才会比较困难，会逐渐形成强区更强弱区更弱的局面。

2. 人才引进方面各地区合作不够紧密

各地主要以当地为中心，制定和执行相关的人才吸引政策，粤港澳大湾区可通用人才吸引政策较少，未能形成地区互动式的人才共同引进合作模式，政策的不通用性，会造成整个大湾区吸引政策的分散、引入成本不一致等问题，不利于大湾区整体人才引进。适当调动各地区进行人才吸引政策互动，互相帮助，达到共赢。

3. 未能充分发挥市场在人才中吸引的作用

在人才吸引方面，政府目前起着主要的主导作用，从政策制定到执行，市场可参与机会较少，未能充分发挥市场在吸引人才的作用，因此可能导致人才资源配置不协调等问题，政府应该减少干预，让人才资源按市场需求配置，发挥市场的作用。

整体来讲近些年来大湾区政府政策在人才吸引上有很大的倾斜，企业也配合政府全力在吸纳人才，但是各地政策上的差异造成人才引进合作不密切，也是大湾区未来在人才引进上需要关注的问题，只有解决合作问题，才能真正达到大湾区共同协进。

四　大湾区人才核心能力体系构建

根据国家发布的《粤港澳大湾区发展规划纲要》，到 2035 年，大湾区形成以创新为主要支撑的经济体系和发展模式。并且《纲要》进一步指出，大湾区的协同创新环境要更加优化，创新要素要加快集聚，新兴技术原创能力和科技成果转化能力要显著提升。根据这一目标，粤港澳大湾区亟需具有科技和创新人才。

对粤港澳大湾区来说，其要形成以创新为主要支撑的经济体系和发展模式，必然需要科技创新人才。对这类人才来说，其必须具有较强的专业能力，助力粤港澳大湾区的发展。并且，这类人才还需要创新能力，即能够推动粤港澳大湾区成为全球创新高地，引领全球创新科技的发展。

大湾区的发展，也离不开协同带动，除了具备专业能力、创新能力，这类人才必须具备良好的协调沟通能力，能够在工作中展开合作，共同促进工作的开展。由于大湾区在不断的变化发展，日新月异的形势要求人才自身的素养要不断与之匹配，这就要求大湾区创新型人才必须具备发展能力，能够不断学习新知识、新技能，使自己能够紧跟时代步伐。

基于以上的简单分析，我们认为符合粤港澳大湾区的创新型人才，应当具有以下核心能力：

表 2　　　　　　　　　　创新人才核心能力

创新人才核心能力	核心能力指标
扎实专业基础	对专业知识的熟练掌握、运用和创新
创新能力品质	创新意识、创新品质和创新能力
心理素质能力	抗压能力、顽强意志、恒心与毅力
协作沟通能力	领导管理能力、沟通协调能力
自我发展能力	学习能力、规划能力、更新能力

五　提高大湾区人才吸引力策略建议

针对粤港澳大湾区目前存在的人才流动积极性不足、人才聚集力相对较弱等问题，我们认为为了进一步推动大湾区经济社会的良好发展，有必要完善大湾区人才吸引策略。大湾区的发展，不仅仅需要不断的吸引高素质人才，也要培养大湾区的人才，使之不断适应大湾区发展的需要。

结合以上的分析，我们认为应当从以下方面完善大湾区人才吸引策略：

1. 进一步完善和健全大湾区人才吸引政策体系

粤港澳大湾区需要不断完善人才吸引政策，服务于粤港澳大湾区的发展。首先，必须实行内外人才一致的政策。在粤港澳大湾区，有诸多著名高校和科研院所，这里有许多的高级人才。在加大吸引外来人才力度的同时，也要对留住本地优秀人才提供支持。第二，人才吸引和支持政策长期化。目前的许多人才吸引政策，多是一次性奖励或者一定年限内的分期奖励。人才在当地服务一定期间后，可以转化为对人才自身成长与发展的支持，让人才能够留住。第三，人才吸引政策要照顾到不同层次的人才。赖彦文和梁晓婷（2020）认为，大湾区的人才引进政策，需要注重梯度化。大湾区的发展，不仅仅需要高精尖、高学历的人才，也需要有熟练技术或者其他特长的专门人才。在制定人才吸引政策时，要考虑到对不同层次人才的吸引力。

2. 进一步拓宽吸引人才的渠道

粤港澳大湾区是中国的南大门，在引才育才上要不断拓宽渠道，吸引更多优秀人才。首先，前往全国各地著名高校宣讲，传达大湾区人才政策。第二，加强政策线上宣传力度，扩大信息覆盖面。第三，王康（2020）认为需要明晰地区发展定位，精准引进人才。因此，粤港澳大湾区可以与人力资源公司开展合作，对各行各业急需的高端人才，采用一对一式联系。

3. 加强大湾区的宣传力度

这里的宣传力度不仅仅是大湾区的人才政策宣传力度，更多的还是大湾区文化、城市治理等方面的宣传力度。这些年，杭州、成都等城市在宣传上表现得非常优秀，从而也使得这些城市成为中国人口净流入最多的几个城市。粤港澳大湾区可以通过举办各种国际会议和活动，挖掘大湾区深厚文化，加强人才对大湾区的内在向心力。

4. 加强城市治理，完善基础公共设施。

魏华颖（2011）认为在吸引外来人才上，要重点培育软环境，提高地区品质，通过不断培养人才对所在地区的归属感，达到吸引人才、留住人才的目的。郑姝莉（2014）认为，制度舒适物在中国高新技术人才流动过程中起着重要作用，也成为企事业单位吸引高新技术人才的关键法宝。粤港澳大湾区城市群是我国最发达的城市群，作为改革开放的前沿，要不断加强城市治理。第一，完善城市规划，提升城市的基础设施水平；第二，完善城市治理，提升城市的公共服务意识和水平；第三，加强人才在大湾区内部的流动与共享。

5. 不断强化对人才核心能力的评价与提升

在吸引人才进入大湾区以后，要注重对人才的培养，不断强化对人才核心能力的评价与提升。具体来说，就是要通过培训，不断加强人的专业能力，使之与大湾区发展匹配；就是要不断加强人才的创新意识和品质，提高人才的创新能力，推动大湾区的创新发展；就是要不断给予人才充分锻炼的机会，提高人才的综合能力，加强人才沟通和交流。

6. 打造和创新核心能力体系

（1）建设具有前瞻性、国际性的学科专业体系。

粤港澳大湾区应加强高等院校的投资建设，并在高等院校内开设、完善专业课程体系，对标国际、国内一流院校的课程设计，打造具有中国特色的学科专业体系，培养适合大湾区建设发展的高端人才。

（2）构建具有强应用性、操作性的创新实践体系，培养人才的创新能力品质。

大湾区的高校在培养学生理论专业知识的同时，还可以结合当地的发展实际，与当地产业联合，强化学生的实践应用能力，进一步培养适合本地发展的青年人才。

六　结语

粤港澳大湾区的发展离不开人才的引进和培育，目前大湾区在国家政策的推动下有着广阔的发展前景。吸引人才，需要大湾区有关部门和企业，开拓进取，锐意创新，敢于下真功夫。除了实打实的福利方面，大湾区要不断完善城市治理，加强城市间的沟通和人才流动，提高公共服务，使人才有愿意来、留下来的内生动力。

参考文献

[1] 邓琦：《促进港澳青年投身大湾区国际科技创新中心建设的挑战与对策》，《科技管理研究》2021年第2期。

[2] 朱峰、陈咏华：《粤港澳大湾区战略视角下我国青年发展试验示范区建设的想象力》，《青年发展论坛》2019年第1期。

[3] 谢宝剑、胡洁怡：《港澳青年在粤港澳大湾区发展研究》，《青年探索》2019年第1期。

[4] 曾峥、卢建红、盘健：《统一战线视域下港澳青年融入国家发展大局问题研究：以粤港澳大湾区建设为例》，《广东省社会主义学院学报》2020年第1期。

［5］全球化智库（CCG）：《粤港澳大湾区人才发展报告·第五届"中国人才50人论坛"圆桌会议》，广州，2018：18–21.［Center for China and Globalization,"Talent development report of Guangdong-Hong Kong-MacaoGreater Bay Area", *Round table meeting of the 5th "China Talent Forum"*。Guang zhou, 2018：18–21.

［6］齐宏纲、戚伟、刘盛和：《粤港澳大湾区人才集聚的演化格局及影响因素》，《地理研究》2020年第9期。

［7］曹国平：《粤港澳大湾区高技能与工程技术人才贯通研究——基于广东高技能人才队伍建设视角》，《科技管理研究》2020年第16期。

［8］黄炳超、黄明东：《要素变革视角下粤港澳大湾区创新复合型人才培养体系框架构建》，《高等工程教育研究》2020年第3期。

［9］陈标新、徐元俊、罗明：《基于粤港澳大湾区建设背景下的科技创新人才队伍建设研究——以东莞市为例》，《科学管理研究》2020年第1期。

［10］黄英：《助推粤港澳大湾区打造人才高地的税收政策研究》，《税务研究》2019年第12期。

［11］赖彦文、梁晓婷：《粤港澳大湾区高层次创新人才引进的探索》，《中国市场》2020年第13期。

［12］王康：《高质量发展背景下地区人才集聚水平比较研究》，《合作经济与科技》2020年第16期。

［13］魏华颖：《深圳吸引国际人才政策建议》，《特区经济》2011年第9期。

［14］郑姝莉：《制度舒适物与高新技术人才竞争——基于人才吸引策略的分析》，《人文杂志》2014年第9期。

［15］Peri G., Shih K., Sparber C. "STEM workers, H–1B Visas, and Productivity in US Cities", *Journal of Labor Economics*, 33 (S1), 2015.

［16］Chambers E., Foulon M., Handfield-Jones H., et al., "The War for Talent", *The McKinsey Quarterly*, 3, 1998.

［17］United Nations, *World Population Policies*, New York：Department of Economic and Social Affairs/Population Division, 2013.

［18］Florida R., "The Creative Class and Economic Development", *Economic Development Quarterly*, 28 (3), 2014.

［19］Florida R., Mellander C., Stolarick K., "Inside the Black Box of Regional Development-human Capital, the Creative Class and Tolerance", *Journal of Economic Geography*, 8 (5), 2008.

［20］Mellander C., Florida R., "Creativity, Talent, and Regional Wages in Sweden", *Annals of Regional Science*, 46 (3), 2011.

［21］Bereitschaft B., Cammack R., "Neighborhood Diversity and the Creative Class in Chicago", *Applied Geography*, 63, 2015.

［22］Rao Y., Dai D., "Creative Class Concentrations in Shanghai, China: What is the Role of Neighborhood Social Tolerance and Life Quality Supportiveconditions?" *Social Indicators Research*, 132 (3), 2017.

［23］You H., Bie C., "Creative Class Agglomeration Across Time and Space in Knowledge city: Determinants and Their Relative Importance", *Habitat International*, 60, 2017.

［24］刘晖、李欣先、李慧玲:《专业技术人才空间集聚与京津冀协同发展》,《人口与发展》2018年第6期; Liu Hui, LiXinxian, Li Huiling, "Spatial Agglomeration of Professional and Technical Talents and Integrated Development of Bei jing-Tianjin-Hebei", *Population & Development*, 24 (6), 2018.］

［25］段晓红、张国民:《简论创新人才及品质特征》,《山西农业大学学报》(社会科学版) 2004年第3期。

［26］魏登才:《论创新人才的特征》,《湖北社会科学》2004年第11期。

［27］应中正、姬刚、严帅、胡小溪:《新时代背景下创新人才的特征与培养路径探索》,《思想教育研究》2011年第6期。

基于表情分析的人才测评技术

石红霞

(才标企业管理咨询（上海）有限公司)

摘要：目的：人才测评工作是一项非常重要的工作，同时又是难度极大的一项工作，为了寻找到一种更加有效的工具，能够帮助测评者去伪存真，以最快的速度对被测评者进行客观、精准的判断，才启动了这项研究工作。方法：从人的生理机制出发，找到人气质类别的生理基础，发现影响人思维模式与行为方式的内在动因，在气质类型与行为表现之间建立因果联系。结果：在研究中，不但发现人的气质类型与人的思维和行为之间的巨大相关性，还找到了人气质外显的线索即人的面部表情。结论：基于表情分析的人才测评技术有巨大的实践价值，是科学、高效、客观、精准的一种人才测评方法。

关键词：人才测评；气质；人格；表情识别

一 引言

美国心理学家麦克利兰的冰山理论很好地诠释了人性的复杂性。我们所能看见的个体特质只是浮在海面上的冰山一角，而大部分特质和这些特质的动因因素却完全浸没于海水之下，有些甚至连当事人自己都不知晓。寻到一种客观的评估工具，如同 X 光机一样，能够透视冰山下的神秘部分，成为人才测评工作者和心理学研究者的共同愿望。遵照科学研究的根本原则，要了解事物发展的基本规律，必须要深入到事物的本质，要了解人格发展的规律，同样也要深入到人的思维和行为的内在动因，而不能被外在的行为表象所迷惑。

二　人的本质

关于人类是先有存在还是先有本质的问题，一直是存在主义探讨的话题。存在主义认为世上的万物都是先有了本质然后才有了存在。比如一张椅子，在它成为椅子的那一刻起，它的材质、形状、使用功能等已经确定，亦即它的本质先已确定，它后来就以这样的本质存在着。而人却不同，人出生的时候是张白纸，后来的一切都是自己书写上去的，因此他是先有了存在，然后才有了本质。存在主义的理论为人类后天的奋斗提供了依据和动力，留给人无限的遐想空间，受到人们的认同和追捧。

情况真是这样吗？首先，我们要思考一个问题：人作为世界的一部分，他有没有可能超越事物发展的一般规律。其次，做过父母或是带过小孩的人都有一个常识，孩子刚生下来就不相同，他们已带了各自的秉性，表现出很大的个体差异。人也应该是先有了本质，然后才有了存在。

接下来，我们就要讨论人的本质是什么？人类的本质与人的本质不是一个概念，人类的本质是人区别于其他物种的独特性质，而人的本质则是个体区别于他人的一些特质。人和人之间的不同来源于心理过程在速度、强度、灵活性和稳定性方面的差异，而心理过程的产生则要以人的生理机制为基础。决定个体差异的最重要生理机制就是人的神经系统。神经系统相当于人体的指挥与协调系统，正是这个系统在完善度、精密度、协调度等方面的不同，才带来了个体之间的巨大差异。

三　人格的构成

人格 = 气质 + 性格：气质是心理活动表现在强度、速度、稳定性和灵活性等方面动力性质的心理特征，体现人格的生物属性。性格是对现实稳定的态度和习惯化的行为方式，与后天的成长环境有密切的关系，体现人格的社会属性。气质是人格的内因，环境是人格发展的外因，外因要通过内因发生作用。同样气质类型的人，尽管生存环境不同，依然会存在很多共性。

四 人的气质特点产生的生理机制

(一) 斯佩里左右脑分工理论

大脑两半球有各自独立的功能。美国心理生物学家斯佩里博士（Roger Wolcott Sperry，1913.8.20—1994.4.17）通过著名的割裂脑实验，证实了大脑不对称性的"左右脑分工理论"，左半脑主要负责逻辑理解、记忆、时间、语言、判断、排列、分类、逻辑、分析、书写、推理、抑制、五感（视、听、嗅、触、味觉）等，思维方式具有连续性、延续性和分析性。因此左脑可以称作"意识脑"、"学术脑"、"语言脑"。右半脑主要负责空间形象记忆、直觉、情感、身体协调、视知觉、美术、音乐节奏、想象、灵感、顿悟等，思维方式具有无序性、跳跃性、直觉性等。因此左脑发达的人理性思维优越，右脑发达的人感性思维优越。

人类的大脑结构相似，功能却有很大的差别，这一方面是由于大脑的各个功能区神经细胞的数量在个体间存在差异，另一方面则由于人体的神经细胞本身也存在着差异。

(二) 高级神经活动特点：

神经系统是怎么工作的呢？苏联生理学家巴甫洛夫发现，高级神经活动的基本过程是兴奋和抑制，它们又有强度、平衡性和灵活性三个基本特质。神经过程的强度是指，神经细胞能接受刺激的强弱程度以及神经细胞持久工作的能力有强弱之分。神经过程的平衡性是指兴奋和抑制两种过程的力量是否平衡，有平衡和不平衡之分，且不平衡又有兴奋占优势和抑制占优势两种情况。神经过程的灵活性是指兴奋和抑制两种过程相互转化的难易程度，有灵活和不灵活之分。

正是个体神经系统在强度、平衡性和灵活性三个方面的差异造成了人各自不同的气质特点：

神经细胞能接受刺激的强弱程度决定了个体的敏感性，敏感的人能感受到很微弱的刺激，对刺激的耐受性就不高。

神经过程的平衡性决定了人情绪的稳定性，有的人情绪兴奋性高而抑制性低；有的人情绪兴奋性低抑制性高。兴奋性太高会造成人的亢奋状态，抑制性太高则会造成人的抑郁状态，兴奋和抑制达到平衡才能形成稳定的情绪状态。很多精神疾病患者都有狂躁和抑郁双向障碍，就是由于兴奋和抑制的平衡调节能力出现了问题。

神经过程的灵活性决定了个体反应的快慢和动作、言语、思维、记忆、注意转移的速度等，灵活性还表现在人适应环境的能力。

人的气质还与情绪中枢（丘脑、下丘脑、杏仁核等）的特点也有关联，情绪中枢的发达程度决定了人体的唤起水平，使人在感觉兴奋性水平、腺和激素水平以及肌肉的准备性方面产生差异：高唤起既可能使人兴奋、激动，也可能使人焦虑不安；低唤起水平既可能使人放松愉快，也可能使人厌倦冷漠。

五　气质类型的划分

通过上面的分析，我们可以看出，决定人气质类型的主要有五个维度：思维方式维度；敏感性维度；灵活性维度；稳定性维度；唤起水平维度。人的气质特点，跟他在五个维度上所处的位置密切相关。

我们知道世界充斥着矛盾，矛盾的对立统一是推动这个世界发展的根本动力。矛盾也是推动人格发展的主要动力，个体内部本身就存在着矛盾，比如大脑的左右半球，就是一对矛盾，它们有对立的能力，比如抽象与形象、理性与感性，也有统一的控制机体感觉和运动的功能。左右脑的力量此消彼长，双方都想控制主导权力，斗争越激烈，创造力就越强大，具有卓越创造力的人是左脑和右脑都很发达的人。

矛盾激烈的个体，自身体会的却是痛苦，他们有时要为这种矛盾付出惨重的代价，要么成为天才，要么成为疯子，疯子与天才只有一步之遥。

个体与个体之间也存在着矛盾，比如，世界上有很理性的人，也有很感性的人；有敏感的人，也有不敏感的人；有很灵活的人，也有不灵活的人；有稳定的人，也有不稳定的人；有高唤起的人，也有低唤起的人。敏感与不敏感、灵活与不灵活、稳定与不稳定、高唤起与低唤起、这些就是一对对的矛盾。

人的气质类型可以用五对矛盾加以定义：

感性 ←——————→ 理性（思维方式维度）

敏感 ←——————→ 不敏感（敏感性维度）

灵活 ←——————→ 不灵活（灵活性维度）

不稳定 ←——————→ 稳定（稳定性维度）

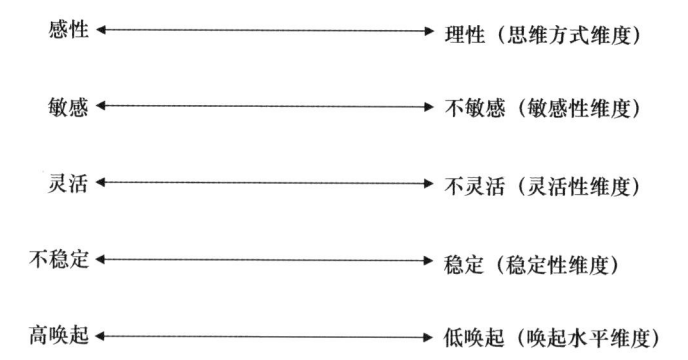

高唤起 ←——————→ 低唤起（唤起水平维度）

这五个维度之间不是孤立、分裂的，彼此间具有很大的关联性。稳定性就与一个人的理性程度密切相关，感性通常与敏感性密切相关，灵活性通常与低唤起密切相关，不灵活一般与不敏感密切相关，高唤起总是与不稳定性密切相关。相关联的两种特质往往容易统一在一个人身上，以此为依据，我们可区分出五种最基本的气质类型

J型人：最理性、最稳定的一种人

M型人：最感性、最敏感的一类人

S型人：最灵活、唤起水平最低的一类人

H型人：最不稳定、唤起水平最高的一类人

T型人：最不敏感、最不灵活的一类人

六 五种人格的行为表现及其动因

（一）J型人的行为表现

理性程度高，头脑聪明，学习能力强；做事有方略，善于决断；统筹能力强，行事效率高。他们的敏感性中等偏下，不易受外界影响。他们的灵活度居中，不高也不低，做事能把握原则，又不拘泥于条条框框，具有很强的执行力。他们的稳定性很高，遇事冷静，不会冲动，也不会慌张，很有定力。他们的唤起水平居于中等，既没有很重的焦虑情绪，又有一定的危机意识，懂得居安思危，未雨绸缪，他们为人沉稳，行事从容。但是过于理性而缺乏情感的J型人又会表现得冷酷寡恩。

(二) M 型人的行为表现

情感丰富，多愁善感，富有同情心。感性还为人的想象力插上了翅膀，造就了他们的艺术天分。M 型人的敏感性高，情绪容易受外界影响，他们很在意别人对自己的态度，疑心重，时常压抑自己的情绪，维持自我在他人心目中的良好形象；敏感还会放大人对伤害的感知程度，让他们变得谨小慎微，不放过每一个细节，因此，他们是很在意细节的一类人。M 型人灵活度中等偏上，他们对环境的刺激比较敏感，会根据环境的变化适时调整自己的行为，表现出较高的灵活度，敏感度太高的 M 型人则没有这个能力，他们启动了防御机制，排斥外界的刺激，反而表现得固执和执拗。M 型人行事小心谨慎，但却缺乏原则，优柔寡断，容易被暗示。M 型人的稳定性中等偏下，他们常给人造成一种假象，看起来温和平静，实则内心暗流涌动，因为敏感会导致人的兴奋性提高，耐受性削弱，为了减轻感受性太高带来的困扰，有些 M 型人会不自觉地启动防御机制，刻意忽略外界信息。启动了防御机制的 M 型人，看起来都有些沉静和内向。M 型人的唤起水平较高，外界的风吹草动，都会引起他们的警觉，有较重的防御心理。很多 M 型人非常勤快，喜欢料理家务，部分人还有严重的洁癖。

(三) S 型人的行为表现

S 型人的思维居于理性与感性之间，他们既不明达，也不糊涂，不一定善感，却善于揣摩人心，情商较高。S 型人的敏感性中等，他们行事精确度不高，大大咧咧，凡事好商量，容易与人相处。S 型人的灵活性很高，灵活性高会带来几个结果，一是思维灵活，懂得见机行事，善于应对突发事件，容易抓住机会；二是善于掩饰自己、迎合他人，嘴巴甜、会说话，人际交往能力强；三是角色转换快，多面人生。他们遵从实用原则，一切以对自己有利为原则，而不是以社会公义为准绳。太灵活的人还喜欢寻找捷径，不遵守规则和秩序，他们中的一些人有极强的冒险精神。S 型人的稳定性居中，他们的兴奋过程与抑制过程处于相对平衡状态，情绪较稳定，生活中的 S 型人，性格大多比较随和，很少乱发脾气。S 型人的唤起水平很低，他们是进入睡眠状态最快的一类人，如果无事可做，几分钟之内就能听到他们的鼾声，这不是一个好现象，为了维持警醒，他们会主动去寻找刺激，因为这个原因，生活中我们看到的有些 S 型人喜好猎奇，爱好游乐，常常呼朋唤友，宴饮娱乐，他们的这些行为实际上是为了对抗自己过低的唤起水平，而他们本人可能并不清楚这些行为背后的真正动因。

（四）H 型人的行为表现

H 型人的思维偏感性，基本是跟着感觉走，但他们不像 M 型人那样多愁善感，也没有 M 型人的想象力，他们的感性只是缺乏理性的结果。他们的行为完全被情绪左右，容易激惹，行事鲁莽冲动，自我控制能力较差。H 型人的敏感性次于 M 型人，事物的发展遵循了物极必反的原则，实际上，他们的情绪中枢非常发达，对外界刺激反应的激烈程度高过任何一种人格，但他们感觉的精细程度却弱于 M 型人，感而不敏。这让他们变成了一个无视他人感受，一味宣泄自己情绪的人。因此，他们的人际关系并不好。但这不能说明他们是坏人，他们有口无心，心无城府，不仅如此，他们中的一些人还有非常热忱的一面，关心弱者，喜欢打抱不平。H 型人的灵活度中等偏下，他们完全被情绪控制，很难根据环境的变化适时调节自己的行为，不似 S 型人那样机变，善柔，也不如 M 型人处事那样有弹性。H 型人的稳定性极差，他们的情绪总是处于兴奋状态，抑制的情形较少。生活中的 H 型人总是斗志昂扬、情绪高涨。H 型人的唤起水平很高，他们很难安静下来，总是不停地忙碌。高的情绪唤起，带给他们焦虑感，为了缓解这种不良情绪，他们必须将高唤起转化成某种行动，所以，有相当一部分 H 型人表现得较勤快，也有一部分 H 型人到处惹是生非，还有一部分 H 型人纵情声色。

（五）T 型人的行为表现

T 型人的思维偏理性，他们左脑能力中等偏上，仅次于 J 型人，有一定的逻辑能力和分析判断能力，但做事的精密程度不如 J 型人高。T 型人的右脑极不发达，他们缺乏想象力，感情匮乏，没有生活情趣，不懂浪漫。T 型人的敏感性极低，他们对外界的信息感觉迟钝，总是后知后觉，如果对着一个 T 型人含沙射影，一定达不到预期的效果，因为他们压根不知道针对的人是他。因为不敏感，他们不喜计较，对人宽厚，容易与人相处。T型人的灵活性很低，他们的思维以直线为主，不会拐弯抹角。他们行事的风格是直来直去，不会虚与委蛇。他们是生活中的老实人，不善撒谎，不会害人，更不敢作奸犯科。与T型人打交道，无需设防，他们是表里如一的一类人。T型人的稳定性仅次于J型人，他们性格平和，缺乏激情，但并不阴郁，低敏感度让他们不容易受环境影响，情绪起伏较少，为人沉稳。T型人的唤起水平不高，几近于S型人，但他们与S型人采取的却是完全相反的生活策略，S型人主动寻找刺激提高机体的兴奋度，T型人却顺其自然，他们不善交际，不喜娱乐，安于平静的生活，没有很强的上进心，不追逐功利，生活单调，却自得其乐。

世界上的人千姿百态，五种人格并不能涵盖全部人群。如果用五种人格的特质到生活中去比对，会发现很多人只有部分符合，有的人甚至觉得J、M、S、H、T五种人格的特质在自己身上都有体现。这就牵扯到人格的复杂性。单纯一种人格的个体数量较少，很多人都是复合人格，在他们身上有两种或两种以上的人格特质存在。

每个孩子的基因都来自父母双方，同时具有父母两方的特质是个大概率事件。当然，人也不可能同时带有五种特质。特质与特质间，实际上是一种连续的线性分布，超过了一定的界限，就被归为另一类别，在某种程度之内才被视为同一类别。比如，有的人性子很急，他认为自己带了H特质。实际上，J和M两个特质在一起也会导致人的急躁，但这样的急躁与H型人的急躁程度有所不同，所以不能被表面的假象所迷惑。

根据五种基本人格排列组合的可能性，我先建立了自己的理论框架，后经过长期的实践验证，总结出25类基本人格。不同种族、不同国家的人，他们的人格类型基本都包含在这25类人格之内。因为这种人格理论是基于5对矛盾的极点而构建的，我把它称为5E人格。

七 人格的外显

了解了气质特点是人思维和行为的根本动因以后，如何确定人的气质类型成为一个棘手的问题。我们知道，人在社会中生存，往往会有意或下意识地掩饰自己的某些动机，大部分人都有一张人格面具，想在短时间内了解一个人并不是件简单的事。在机缘巧合之下，我接触到了中国最传统的一门学问——面相学。现在，走在大街上可能还会有算命先生拉住你，要给你看相。如果看过《麻衣神相》这本书，你可能也会产生同样的冲动，见人就想评头论足一番，有时还能得到积极的肯定。但随着品鉴的人多了，问题会逐渐暴露出来，你会发现例外变得越来越多。在这些看相算命的著作中，我发现了一个普遍现象，他们很善于给例外找各种理由，如果预测得不准，他们就会说是因为当事人的德行发生了变化。比如救了某个人，积了功德等等诸如此类的说辞。

凡科学的论断，必定有严密的逻辑关系，有明确的因果关联。比如，我们说两点决定一条直线，它只所以成为一个定理，是因为没有例外，例外太多的结论一定有问题。所有的算命术和相术，采用的都是归纳法，而且是不完全归纳法，它们的准确性局限在一个较小的范围之内，不是放之四海而皆准的真理，但也不能因此完全否定它们的价值，千百年来还能流传下来的东西，一定有某些合理成分，取其精华，去其糟粕，必有所得。

我从中受到的启发是：人的气质特点，是否会在人的面相上留下痕迹呢？经过多年的研究，我有了惊人的发现，只要仔细观察，就会发现每个人的面部表情都丰富之极。人每天的喜怒哀惧都会通过面部表情表达出来，天长日久，人的气质特点就会在脸上表露无遗，因为人的气质特点最终表现出来的是喜怒哀惧程度的不同。这些固化的表情就仿佛是活化石昭示着一个人人格发展的历程。

敏感的人多哀、多惧，他们的表情或紧张，或谦卑；

灵活的人多喜悦的心灵体验，他们的面部表情舒展而张扬；

不稳定的人多怒，他们喜欢发脾气，脸上自有几分暴戾之气；

不灵活，不敏感的人，没有激烈的情绪表达，他们的脸上有一分木然；

理性的人，心中有坚定的信念，他们的眼神明澈而镇定；

感性的人容易受环境的影响，有较好的情感能力，他们的眼神或温和，或迷离。

人的所有内在特质就这样不知不觉地写在了自己的脸上。知道一个人的气质特点，基本就能预测一个人的思维和行为的倾向。因为先天的生理特质才是人思维和行为的最根本动因。以前，我的苦恼的是如何发现这些气质特点，现在有了面部表情这一线索，人格测评的主观性问题得以彻底解决，摆脱了裁判员与运动员角色重叠的沉疴痼疾，能够帮助人们从客观的角度，更好地认识自己和他人。

八　实践的验证

当一种理论不是基于经验的归纳总结，而是建立在演绎推理的假设构想之上时，它必须接受实践的检验，我从思想发端到充分自信经历了十几年的时间，经受了无数的案列验证，理论的科学性与准确性充分得到彰显。我服务的企业都是一些大型央企，不但要求政治正确，还强调科学严谨，得到他们的认可，是我信心的重要来源。

九　实践的价值

（一）发现人的潜能

一个人存在潜能，一定是不良教育和不合适生存环境的产物。基于公众对现今教育模式的诟病，可以想见，多少孩子的能力被埋没在了应试教育的书山题海之中。现实中的确如此，有些年轻人，当我指出他们有某些能力的时候，得到的往往是否定的回答。有个女孩，她认为自己是个很理性的人，一点也不感性，因为从小到大，她就是按照父母的期望，学校的要求，一步步走过来，最后考进了一所工科院校。她性格有些内向，不喜欢与人交流。据我观察，她是个 JM 型人，不但具备较好的感性思维，还有很强的创造力。事情的发展完全验证了我的判断，经过一段时间的辅导，她不但能把一份海报设计得图文并茂，极具水准，还成为了一名优秀的营销人才。这样的案列不胜枚举。很多用人单位抱怨新生代员工不好用，原因在于我们的学科教育与实践应用产生了严重脱节。在分数为王的背景之下，孩子的感性思维被完全扼杀，而感性思维不仅是创造力的基础，还是人情商的重要来源。

(二) 正确的人岗匹配

所谓的人才都是相对于岗位而言，每个人的才能都有一定的局限性，选择合适的人去做正确的事才是一个企业成功的不二法门。基以岗位分析的胜任力模型，是企业在招聘工作中关注的焦点。而实践中的难点却是我们很难获取对方在能力、人格、品德等方面的准确信息。每个面试官在做判断时都难免带有主观性，人们更喜欢那些与自己类似的人，而这样的人却未必适合这个岗位，所以，选错人的事情时有发生。比如，一个企业的老板选择了一个 S 型的人去做采购，结果导致采购成本大幅攀升 30%。选择了 M 型人去管理生产，结果导致生产效率大幅下降，常常完不成订单。而这两个岗位最适合的人选却是 JM 型人与 JT 型人。企业的管理者往往更关注绩效考核，殊不知，选错了人，再好的考核制度都要大打折扣。

(三) 合理的团队构建

5E 人格是基于人格的五对矛盾而构建的，因此它还反映了人性相生相克的规律。人性相克的根本原因是在某些方面存在巨大的分歧，而人性相生的原因则是在某些方面类似或互补。生活中，我们会看到这样的现象，有些夫妻性格有差异，却能生活得很幸福，而有的夫妻却将这些差异演绎得水火不容。那是因为，差异在一定的限度内是互补，超过了这个限度就变成了相克。企业的团队建设也是同样的道理，如果相克的力量太重，就会带来严重的能量内耗，给企业造成巨大的损失。好的团队也会有分歧，但一定不能产生破坏性的冲突。

十　结论

在科学技术高度发达的今天，我们对世界的认识达到了前所未有的高度，然而人类对自身的认识却受到很大的局限，能看清自身，需要更高的视角。基于表情分析的人才测评技术解决了人才评估中的主观性问题，具有巨大的实践价值，是科学、高效、客观、精准的一种人才测评手段。

机制与体系发

粤港澳大湾区人才优化配置体系与相关策略探析

李中斌[*] 黄诗琦[**]
（福建农林大学 经济管理学院）

摘要：中国经济正处在转型发展的关键时期，人才是推动国家、地区经济发展的动力引擎，是实现经济结构转型、提升区域功能的关键要素。本文在分析人才优化配置的理论的基础上，构建了粤港澳大湾区人才优化配置的框架体系，提出促进粤港澳大湾区人才引进的相关策略，进而提出了粤港澳大湾区人才优化配置的相关策略。

关键词：粤港澳大湾区；人才；优化配置

从国际经济发展新潮流来看，科学技术是第一生产力，人才资源是推动国家、地区高效发展的动力引擎，是实现经济结构转型、提升区域功能的关键要素。当下经济发展已由"要素驱动"向"创新驱动"转变，伴随着人口红利的逐渐消失，各区域对人口质量红利的争夺愈发激烈，而由于交通、环境、人口的承载力已接近饱和，给不少区域的人才优化配置带来新的挑战和历史机遇。粤港澳大湾区也亟需在新一轮的经济发展机遇中进行人才优化配置，并根据大湾区实际未雨绸缪，充分探讨和研究大湾区人才优化配置的相关策略。

---

[*] 李中斌，辽宁营口人，福建农林大学经济管理学院人力资源管理专业负责人，教授，博士生导师。

[**] 黄诗琦，福建南平人，福建农林大学经济管理学院硕士研究生。

一 人才优化配置的理论与框架体系

（一）人才集聚理论

人才集聚是人才流动的一种独特现象。经济要素具有局部集中的特征，并呈现不均衡性，而人力资本是一种特殊的经济要素，也会形成逻辑空间或物理空间的集中，引发人才集聚。由此，人才会受经济、社会、环境及单位条件等综合因素的影响，从综合竞争力相对较弱的区域或机构集聚到综合实力强的特定区域或机构，形成高度人力资本。

人才集聚效应的发挥和资源合理配置的程度息息相关，单纯的人力资本不会创造生产价值，一定量的人力资本只有和物质资本达到最佳配置时，才能创造生产价值，并真正发挥人力资本的效能和价值。人力资本的不断流动也是人才为实现自身价值最大化进行的投资。

通过对人才集聚效应及影响因素的分析，可以发现人才集聚效应是一个极复杂的经济现象，不仅受到经济、制度、技术和文化在内的客观因素的影响，还受到人才自身规律的影响，这些因素和规律从不同角度影响了人才集聚的形成和效应的发挥。因此，在制定人才引进政策时，不管是从宏观角度还是微观角度出发，都应针对人才的具体情况，多角度深层次全面分析，制定相互配合的人才引进、人才配置、人才评价、人才使用机制，降低人才引进的无效成本，提高人才引进的效应。

（二）粤港澳大湾区人才优化配置的框架体系

1. 基本思路

人才优化配置是一个庞大而复杂的系统工程，主要是为解决重点产业布局与人才结构不匹配的问题，主要针对性地围绕以下三个问题展开：

一是产业对人才的需求是什么。通过行业研究、问卷调研和实地走访等形式，摸清产业的"需"，明确产业发展周期、产业链的组成、产业链薄弱环节及关键技术瓶颈，最终明确产业技术攻关对人才的需求，即产业发展的特定阶段中产业链各核心技术环节对人才的数量和质量需求是什么，并编制人才目录。

二是人才供给来自于哪里。通过对高层次人才的专利、论文等成果、数据进行监测，开展科学计量及科技情报研究，对全球掌握关键核心技术的人才分布状况进行系统分析，了解国内外与产业技术链条相匹配的基础研究类、应用开发类领军机构、核心人才的国别、机构和团队分布等，绘制人才地图，建立目标人才数据库，锁定目标人才。

三是如何在产业创新体系中有效配置人才。在完成人才需求和人才供给研究的基础上，探索如何精准对接"供"与"需"，在产业创新体系中科学配置及使用各类人才，通过建机制、搭平台和强服务等措施，促进人才供求对接，在人才引进的全链条过程提供一体化的服务，为人才提供良好的创新创业环境，最大限度地发挥人才效能。

2. 人才配置体系

人才配置体系主要包括：（1）外部资源层，包括国内外开设产业技术相关专业的院校及产业基础研究和应用开发的科研院所、企业，这些机构是产业人才的主要引进来源；（2）公共资源层，由省（区、市）内（或国内）开设产业相关专业的院校及科研院所组成，这些机构承担产

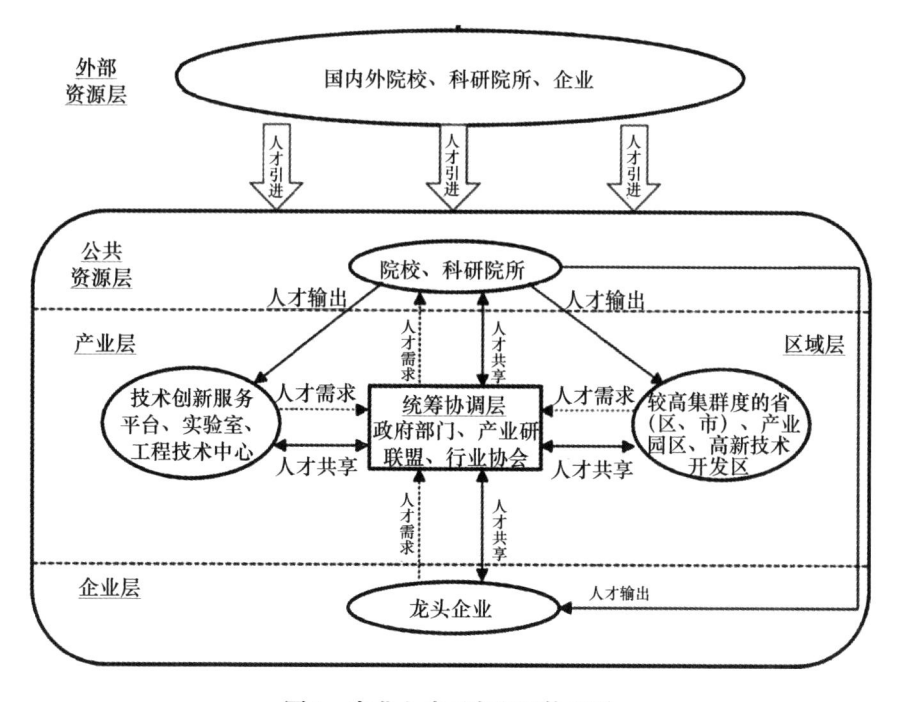

图1 产业人才开发配置体系图

业人才培养任务；（3）产业层，由重点实验室、工程实验室和工程技术中心等平台组成，是人才的主要配置载体；（4）区域层，由地理空间上拥有较高产业集群度的省（区、市）、高新技术开发区、产业基地、产业园区和专业镇等组成，是重要的人才平台载体；（5）企业层，由产业链各环节的龙头企业组成，它们对人才的需求量最为集中，是高端人才创新创业的主要载体，是人才配置的重要方向；（6）统筹协调层，由政府部门、产学研联盟和行业协会组成，负责连接人才与产业，制定人才引进方案、实施人才信息监测与前沿跟踪，及时根据产业发展需求调整引才策略，加强人才资源共享，使各个层面有机结合。如图1所示。

二 促进粤港澳大湾区人才引进的相关策略

有什么样的人才，大湾区就有什么样的竞争力，有什么样的未来。大湾区要择天下英才而用之，从短期看，通过政策导向，吸引一批具有一定影响力的科学家、企业家和艺术家等高层次人才和年轻有活力的青年人才；从长期看，需要不断优化政策环境，深化人才发展体制机制改革，加大人才培养力度。

（一）坚持人才配置的市场导向

在充分发挥政府这只"看得见的手"在人才引进、培养、流动方面的导向作用之后，必须进一步优化市场环境和制度环境，根据市场需求，让各层次人才参与竞争，把最优秀的人才资源配置在最合适的岗位。同时要对人才资源配置的市场化程度提出高要求，减少人才管理服务中政府干预过多和监管不到位问题，为人才的科研、创业提供宽松包容的环境，让人才自主自觉地奔向需求多、效益高、有价值的地方去。

（二）坚持产业留人、人才兴城的战略导向

要大力发展战略性新兴产业，把产业规划和人才引进规划匹配起来，对劳动力需求结构进行测算，使其符合产业结构的调整，达到产业留人、人才助推产业发展的双赢效果。对于人才来说，相比入户低门槛和优厚的待遇，他们更看重的是机遇和未来的发展空间。有了完善的产业基础，

方能制造就业岗位，人才才有用武之地，毕竟，决定人才是否留下的关键，还是人才的发展空间和大湾区发展的潜力。

（三）坚持人才服务的精准导向

大湾区的公共服务和资源承载能力尚不充足，与吸引人才落户的速度不相匹配，因此，除了给予户口、住房、补贴等优惠政策外，还要同步推进安居、子女教育、医疗、养老等配套政策的制定与落实。要长期留住人才，地方财政在公共服务配套方面必须持续加大投入，持续改善营商环境和政府服务，不断优化大湾区社会的硬环境和软环境，创造品质生活，提升大湾区生活的丰富性和舒适度，让大湾区成为各类人才创新创业、实现梦想的热土。

（四）坚持人才引进的科学导向

大湾区发展是一个综合体，既需要科技研发人才，也需要文化、教育、卫生等社会事业类专业人才，也需要各行各业中的领导指挥型人才、经营管理类人才，还需要扎根一线的技能型人才和社会工作人才。大湾区要根据自身实力和定位的不同，在引进人才的过程中拓宽人才认定的视野，全面协调人才资源配置，在充分满足"明星"产业人才需求的同时，保障作为大湾区经济发展基础的"金牛"产业的正常运行，提高大湾区综合效能。

三　粤港澳大湾区人才优化配置的相关策略

（一）选用适合的人才工作模式

当前我国地方推动人才发展主要存在三种模式，即城市化进程的人才工作模式、工业化进程的人才工作模式以及创新经济发展人才工作模式。并且，不同工作模式的人才工作特征及内容都有所差异，粤港澳大湾区目前正处于工业化快速推进阶段和经济新旧动能转换、产业转型升级的关键时期，人才工作模式也相应处于"工业化进程的人才工作模式"跨入"创新经济发展进程的人才工作模式"的进程中。因此，建议粤港澳大湾区人才工作部门根据大湾区的社会经济发展情况，准确判断所处的人才发展阶段和发展模式,结合适度超前思路,采取与之匹配的人才开发和管理对策,增强人才工作的应需化水平和精细化程度,以人才工作差异化的方式实现人才引领创新、创新升级产业、产业集聚人才的"正向循环"的区域发展之路。

(二)加强基础性人才工作

1. 开展产业人才统计和调研。一是建立产业人才统计和调研的常态化长效机制。着力破除各地人才"家底不清"的问题,着眼于区域人才现状和人才实绩贡献,以《中华人民共和国职业分类大典》为主要依据,突破现行"队伍"统计边界,构建以"职业"为主的人才统计新构架。在新构架中,一是制定人才分类目录,横向上以具体职业为分类,纵向上以人才实绩属性为分类,如国际顶尖人才、国家级特优人才、省级领军人才、省级拔尖人才等等;二是在人才分类目录的基础上,建立形成需求提出、调查研究、问题剖析、对策建议、落实跟踪、成效评估的迭代人才统计和调研机制。三是抓紧对重点产业特别是战略性新兴产业深入开展单个产业的人才需求调研,以期全面精准把握单个产业的人才队伍情况。鼓励和支持有条件的地区对本区域的产业人才需求状况开展调研、摸清家底、对标查找优势和不足,实现精准施策。四是通过固化调研合作伙伴,每年开展重点产业人才需求预测和产业紧缺人才目录的调研,通过几年调研数据的积累和成效追踪,即可全面掌握该区域产业人才队伍的动态变化趋势,规划更接地气、更具前瞻性的新常态下的人才工作。

2. 实施产业人才大数据开发。加快粤港澳大湾区产业人才大数据信息平台的建设和完善,特别是重点产业紧缺和关键人才数据库建设,通过信息化手段将数据库对接粤港澳大湾区社保系统、税务申报系统,及时获取新增人才、流失人才等信息,统计人才流动情况,对粤港澳大湾区产业人才信息进行管理、流动记录、人才类型标记、查询统计等,实现人才信息数据的实时更新和动态化人才管理,同时,充分运用云计算和大数据等技术对产业人才大数据开展聚类分析、关联分析,为用人主体和人才提供高效便捷服务,促进粤港澳大湾区人才工作从"经验加感觉型"走向"数据加事实型"。

3. 优化产业人才政策。一是进一步优化产业人才政策，对粤港澳大湾区重点产业的共性部分制定出台一份人才政策，并针对重点产业的产业特性再制定出台一份产业人才政策，这样对于产业企业而言，只要理解掌握共性和特性产业人才政策即可，便可进行对照申报，达到快捷享受人才政策红利的效果，同时也便于政府职能部门对于产业人才政策实现与时俱进、迭代优化。二是探索研究对职位或岗位进行补助支持的管理办法，只对岗位进行补助支持，所聘人才包括存量人才、增量人才。对政府而言，只要符合岗位支持条件即可，一方面解决人才工作长期以来存在的"存量人才与引进人才政策上不平衡"的问题，另一方面聘什么人来担任支持岗位由用人单位说了算，只要符合条件即可给予支持，这样可以充分发挥用人单位的主体作用。三是加快开发网上人才信息申报系统，审报对象按审报程序将人才录入系统后，系统按照事先设定的审报规则在第一时间过滤出符合初审的备选人才信息，对不符合者也可将不符合的原因直接反馈给审报对象，精准的政策审报工作既提质提速增效，又着实改善用户体验，激发审报对象的审报热情。

（三）构建人才精准供需平台

精准有效地培养和引进粤港澳大湾区产业发展所需的人才，需要加快构建粤港澳大湾区人才精准供需平台，力促人才需求侧和人才供给侧的精准对接，实现人才有效供给。

1. 构建人才需求动态监测机制。在粤港澳大湾区重点产业中建立人才需求监测点，制定人才需求监测点的工作流程和管理办法，以及监测信息数据标准和技术规范，依托数据库技术和信息系统开展人才需求信息的输入、统计、分析、预测和查询检索，定期发布人才需求目录和指数，为政府部门人才工作提供指导，为企业单位人力资源开发提供指导，为教研机构人才培养提供指导，为社会各类求职人员求职提供指导。

2. 绘制人才供需分布图。绘制产业分布图、产业人才需求分布图、产业人才供给侧分布图及"大湾区籍"人才分布图，以便于企业在人才招募过程中提供精准招聘参考。其中：产业分布图能够显示每个产业在各区域的分布情况，产业的集聚情况一目了然，这可为企业实现更为精准的社会招聘提供参考；产业人才需求分布图能够明确某一时间阶段企业人才需求，这可为政府职能部门更为精准地定位人才需求区域和对象提供参考；产业人才供给侧分布图主要绘制产业人才需求对应的院校、专业的分布情况，这可为企业在开展校园招募提供精准招聘参考；"大湾区籍"人才分布图主要绘制了"大湾区籍"学子在外的分布情况，这可为政府开展"归巢计划"精准定位目标，为企业赴外地开展"大湾区籍"学子校园招募提供精准招聘参考。

3. 培育重点产业人才储备池。根据粤港澳大湾区急需紧缺人才需求清单（目录），通过人才供给侧的战略合作机构，以政策支持的方式收储符合需求清单的人才，并根据重点产业人才的供需匹配度，向用人单位输出人才和项目。

（四）进行人才精准培养

进一步完善人才培养资助系统，健全多元化和各类专项人才培养机制，形成粤港澳大湾区重点产业立体化人才培养体系。

1. 建立完善的产业人才培训模型及运作模式。这个模型包含了下述几个步骤：①确定产业的关键人才；②建立关键人才的胜任素质模型和课程体系；③对产业关键人才进行素质测评；④依据测评结果进行有针对性的素质提升；⑤跟踪和检验培训效果。

2. 加强"大湾区籍"经营管理人才和专业技术人才的培养储备。依据产业人才培训模型及运作模式，对产业关键人才，由相关主管部门采取政府采购的模式，可委托专门机构开展相关培训工作，并鼓励和支持"大湾区籍"经营管理人才和专业技术人才到国内外著名大学进行硕士研究生及以上学历的进修。

3. 加快构建合作式产学研一体化的人才培养机制。与国内知名理工类院校合作，通过校内产学研合作模式、双向联合体合作模式、多向联合体合作模式、中介协调型合作模式等开展重点产业"高精尖缺"专业技术人才的培养。

4. 设立技师人才工作站。给予建站单位、技能导师经费等政策支持，以发挥高技能领军人才在传授技艺、技术创新、技术交流、技能攻关等方面的带动和辐射作用，推进粤港澳大湾区重点产业高技能人才的培养。

5. 组建粤港澳大湾区技能人才协会。依托协会组织开展"粤港澳大湾区工匠"评选、职业技能竞赛等活动，通过切磋技艺等，在交流学习中提升自身技能水平。

（五）建立人才精准评价模式

1. 改进"以业绩论英雄"的传统人才评价方式。注重把品德、能力、实效和贡献作为人才评价的主要参考指标，建立完善以岗位职责要求为基础，以能力、实效和贡献为依据的人才评价体系。

2. 丰富"多元化"的人才评价主体。切实转变政府职能，着力构建以用人单位、企业、行业协会等为主体的多元化人才评价体系，把评价的主动权交给用人单位和企业，让他们根据市场需求和检验去引进和培养人才，政府在转变职能的同时，强化监督管理，制定奖惩规则和纠偏保障机制，对于评价准确、慧眼识才的评价主体给予嘉奖和推广宣传，对于评价方法欠妥的评价主体应及时提醒、干预和制止，同时，采用行政保障和政策兜底的纠偏机制避免人才因评价失误造成人才流失。

3. 构建"分层分类"的人才评价体系。针对人才具有类别性、专业性和层次性的显著特点及人才的职业特点、专业性质、层次类别等合理确定人才评价的标准和内容，如企业经营管理人才应突出市场实绩评价、专业技术人才应突出同行认可评价，技能人才应突出职业技艺评价。又如在评价企业高层次人才时，可将人才年薪、所交纳的个人所得税额及人才在行业中的工作年限纳入人才评价指标中。

（六）精准建设人才工作品牌

1. 促成人才的优化配置。建议粤港澳大湾区通过营造人才优先发展良好环境，加大宣传力度，提高人才政策在全国的知晓度。除此之外，建议粤港澳大湾区在北京、上海、广州、深圳、苏州、杭州、成都、西安、武汉等人力资源聚集丰富的城市设立"大湾区籍"人才服务工作站，依托工作站开展政策宣传、招才揽才等。

2. 打造粤港澳大湾区引才品牌。建议粤港澳大湾区重点产业的企业在国内、国际人才市场中招揽高精尖缺人才，一方面在赴外揽才和参加国际性、区域性的重大人才交流活动时，优先组织粤港澳大湾区知名、有影响力的产业龙头企业组团参会，实现发挥名企群集效应，共同打造粤港澳大湾区引才品牌；另一方面策划、举办"粤港澳大湾区人才交流合作大会"，邀请粤港澳大湾区人才战略合作伙伴、国内外人力资源服务机构、高等院校、高职中职学校等人才供给侧单位参会，优先组织粤港澳大湾区产业规模龙头企业的人才需求侧单位参会，通过校企合作交流、猎头与用人单位对接活动等让人才供需两侧机构充分对接、交流合作。同时，举办产业人才高峰论坛、行业专场人才交流会、创客路演等方式扩大粤港澳大湾区人才工作品牌影响力。

3. 打造粤港澳大湾区品牌。组织粤港澳大湾区名企开展"粤港澳大湾区名企名校行"、"大湾区籍学子实践行"等活动，通过粤港澳大湾区区情宣讲、人才政策解读等方式，提升粤港澳大湾区的知晓度和影响力，大力鼓励和支持"大湾区籍"学子"归巢"创新创业和名校外籍学子来粤港澳大湾区创新创业。

（七）建设粤港澳大湾区人才发展银行，广吸全球人才

粤港澳大湾区人才发展银行是未来服务于粤港澳大湾区人力资源的一个创新平台模式。人才银行与传统意义上的金融银行的不同之处在于，它是一个对人才进行"借"和"贷"的双重中介服务机构，一方面对人才信息进行收集、存储和分析，并针对其不同特点提供人才测评、职业生涯规划和能力拓展培训等服务；另一方面与用人单位建立起桥梁关系，将各种人才信息传递给需求方，帮助企业分析所需人才并给予推荐。该银行能实现就业人才管理工作流转自动化、流程规范化、管理工作系统化，并且通过网络和数据库将企业的人才需求信息和岗位基础信息进行组合分析，通过就业人才供应与需求分析进一步优化就业人才管理业务流程，形成就业管理的良性循环。

四 结束语

大湾区的发展与进步是一个循序渐进的过程，大湾区的管理者在经营一座大湾区的过程中要稳扎稳打，不可急功近利。在引进人才优化配置的过程中能够做到像企业家一样去思考市场中的供需关系，引才引智更要用人留人，既要吸引人才落户，更要留在当地，了解人才真正想要怎样的个人发展前景和大湾区生活方式，理解人们对于美好大湾区生活的种种向往，不断造就出令世界瞩目并具有中国特色的优秀大湾区建设范本。

参考文献

［1］智联招聘 CEO 郭盛：《"人才争夺战"促进资源优化配置，利于经济均衡发展》，http：//www.p5w.net/money/zh/201804/t20180426_2116029.htm，2018－04－26/2018－05－27。

［2］颜彭莉：《二线城市频放"大招"，人才争夺硝烟渐浓》，《环境经济》2017 年第 13 期。

［3］《2018 中国城市商业魅力排行榜发布》，南京、苏州、无锡上榜新一线，http：//news.jstv.com/a/20180426/1524787061935.shtml，2018－4－26/2018－5－27。

［4］《2017 年高校毕业生招聘报告：新一线城市受应届生青睐》，http：//yuqing.people.com.cn/n1/2017/0621/c209043-29353156.html，2017－6－24/2018－05－27。

［5］《北京市引进人才管理办法（试行）》印发，http：//news.163.com/18/0322/12/DDGJPI1M0001899N.html，2018－3－22/2018－05－27。

［6］《城市人才争夺众生相》，《领导决策信息》2017 年第 37 期。

［7］《上海发布人才高峰工程行动方案》，http：//politics.people.com.cn/n1/2018/0327/c1001-29890083.html，2018－3－27/2018－05－27。

［8］《中共广州市委广州市人民政府关于加快集聚产业领军人才的意见》，http：//www.rencai.gov.cn/index.php/Index/detail/7447，2016－3－01/2018－05－27。

［9］《广州高层次人才政策：顶尖人才最高可获千万元房补》，http：//news.163.com/17/1222/06/D688O19T0001875N.html，2017－12－22/2018－05－27。

［10］邝丽萍：《武汉市人才红利发展研究》，《科技创业月刊》2016 年第 8 期。

［11］《武汉实施资智聚汉"校友经济"引资 1.3 万亿元》，http：//news.163.com/18/0110/16/D7Q8P2UK00018AOQ.html，2018－1－10/2018－05－27。

［12］《四大资智聚汉工程：让武汉每天不一样》，http：//news.cnhubei.com/xw/wuhan/201709/t3990394.shtml，2017－9－18/2018－05－27。

［13］《武汉：种政策"梧桐树"迎人才"凤筑巢"》，http：//news.sina.com.cn/gov/2018-01-17/doc-ifyqqieu7187605.shtml，2018－1－17/2018－05－27。

［14］《南京人才安居大动作！高层次人才概念明确了》，http：//js.xhby.net/

system/2018/01/08/030781395. shtml，2018 - 01 - 08/2018 - 05 - 27。

［15］《南京这几类人才买首套房不限购，公积金可贷 120 万》，http：//www. jianhu. gov. cn/art/2018/1/8/art_ 1019_ 61248. html，2018 - 01 - 08/2018 - 05 - 27。

［16］《天津发布"海河英才"行动计划，大幅放宽人才落户条件》，http：//tj. sina. com. cn/news/2018-05-17/detail-iharvfhu4088040. shtml，2018 - 05 - 17/2018 - 05 - 27。

［17］《天津市"海河英才"行动计划正式发布》，http：//www. zgswcn. com/2018/0517/831000. shtml，2018 - 05 - 17/2018 - 05 - 27。

［18］王捷民、付军政、王建民：《北京世界城市建设与高端人才发展：实践与对策》，《中国行政管理》2012 年第 3 期。

［19］上海交大发布 2016 年《中国城市公共服务满意度调查》报告，http：//difang. gmw. cn/sh/2016-06-29/content_ 20761367. htm，2016 - 06 - 29/2018 - 05 - 27。

辱虐管理对员工主动性
行为的影响研究
——来自粤港澳大湾区企业的经验证据

朱 婧 顾文静
（广东财经大学）

摘要：基于资源保存理论，本文深入研究了辱虐管理对员工主动性行为的影响，构建了辱虐管理、主动性行为、情绪智力和传统性之间的关系模型，并以粤港澳大湾区不同行业196名企业员工为研究对象，对该理论模型进行实证检验。结果发现：上级领导的辱虐管理对员工主动性行为具有显著的负向影响，情绪智力和传统性在辱虐管理和主动性行为之间起着调节作用。即情绪智力高的员工会减弱辱虐管理与员工主动性行为之间的负向关系；传统性高的员工会减弱辱虐管理与员工主动性行为之间的负向关系。本文不仅丰富了辱虐管理影响机制的理论研究，同时，还有助于为企业管理实践提供相应的指导。

关键词：粤港澳大湾区；辱虐管理；主动性行为；情绪智力；传统性

一 引言

在逆全球化、疫情防控"常态化"的大背景下，粤港澳大湾区企业发展面临着前所未有的挑战，同质化现象愈演愈烈。企业要想实现高质量发展，仅仅依靠管理层的力量来取胜是远远不够的。员工作为企业人力资源的组成部分，充分调动员工工作的主动性是组织获取市场竞争力的关键①。激发员工工作的积极性,不仅有助于提升企业的市场竞争力,也可以使企业保持生命力和活力。

心理学研究中提出,个体受消极因素的影响较大。领导的行为、组织的环境以及员工个人特质等会对员工行为产生影响。陈梦媛(2019)提出,上级领导的管理方式能够直接影响下属的情绪和行为②。因此,分析不同类型的领导方式对员工工作主动性的差异影响,能够有助于企业在复杂的环境中赢得一席之地。通过对既往文献的分析,学者们对积极领导风格与员工行为之间的研究较多,而较少对消极领导风格进行研究。因此,从消极领导风格的角度出发,研究辱虐管理对员工主动性行为的影响至关重要。

辱虐管理这一概念自提出以来,已经成为国内外学者研究的热点,目前学术界在辱虐管理方面已经取得了一定的研究成果③。作为职场"冷暴力"的一种表现形式,辱虐管理不仅会对员工的心理以及行为产生影响,降低员工工作的积极性,还有可能会对企业的生产经营发展产生间接影响,如导致人们生活的幸福指数不能上升④、员工产生反向生产行为等。因此,本研究的第一个目的是研究辱虐管理与员工主动性行为之间的关系。

目前,关于辱虐管理、情绪智力以及员工主动性行为的研究主要集中在两两之间的关系,但将这三者整合起来进行研究却寥寥无几。由于辱虐管理是一个感知范畴的概念,往往会受员工个体特质的影响⑤,情绪智力高的个体能够主动调节负面人际关系的影响。此外,对领导行为的研究必须基于中国文化这一大背景,受传统儒家思想的影响,传统性文化价值观对中国人的影响较为突出。基于此,本研究第

---

① 侯昭华、宋合义:《辱虐管理影响工作投入的双刃效应——不确定性容忍度与认知评估的作用》,《经济管理》2020年第9期。
② 陈梦媛、孙玮:《辱虐管理与员工创造力关系研究》,《山东社会科学》2019年第9期。
③ Tepper B. J. , "Consequences of Abusive Supervision", *Academy of Management Journal*, 43(2), 2000, pp. 178 – 190.
④ 杨长进、唐丁平、梅晶:《辱虐管理与员工主动创新行为研究:基于动机和能力信念视角》,《科技进步与对策》2021年第3期。
⑤ 唐贵瑶、胡冬青、吴隆增、陈扬:《辱虐管理对员工人际偏差行为的影响及其作用机制研究》,《管理学报》2014年第12期。

二个目的是，引入情绪智力和传统性两个变量，构建一个双调节模型，验证其在辱虐管理与员工主动性行为关系中的作用。本研究的理论框架如图1所示。

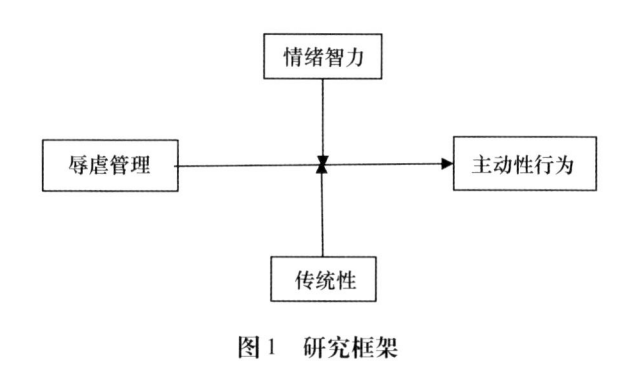

图 1 研究框架

二 理论与假设

（一）辱虐管理与员工主动性

Tepper（2000）指出，辱虐管理是员工对上级领导对其在言语上或非言语上的带有敌意的非肢体行为的感知[1]。辱虐管理虽然存在破坏性，但并没有涉及对员工身体的接触。这种非肢体的行为会通过破坏上级领导与员工之间的关系，影响员工对待日常工作的态度和行为[2]。

员工主动性行为是一种旨在改善组织环境或个体自身而进行的自发性变革行为[3]。Hobfoll（1989）指出，个体会积极获取周围有用的资源并设法对其进行保存，使其能够对资源持续性获取[4]。根据资源保存理论，当个体察觉到在现有资源即将失去时，将会倾向于对现有资源的保留。因此，当员工在遭受到上级领导辱虐管理时，不仅会引起员工一系

---

[1] Tepper B. J., "Consequences of Abusive Supervision", *Academy of Management Journal*, 43 (2), 2000, pp. 178 - 190.

[2] 吴隆增、刘军、刘刚：《辱虐管理与员工表现：传统性与信任的作用》，《心理学报》2009年第6期。

[3] ParkerS. K., Williams H. M., Turner N., "Modeling the Antecedents of Proactive Behavior at Work", *Journal of Applied Psychology*, 91 (3), 2006, pp. 636 - 652.

[4] Hobfoll, S. E., "Conservation of Resources", *A New Attempt at Conceptualizing Stress*, Am Psychol, 44, (3), 1989, pp. 513 - 524.

列消极的情绪,如愤怒和恐惧等;而且辱虐管理作为一种破坏人际公平的行为,也会使员工感受到资源受到威胁,长期处于压力情景下,员工的自律意识和工作自我效能感将会下降,为了恢复资源的平衡以及缓解压力,员工将花费大量的时间对资源进行补偿,对待工作的主动性也会降低。基于此,提出假设1:

> H1:辱虐管理对员工主动性行为具有负向影响。

(二) 情绪智力的调节作用

情绪智力是影响人们适应环境和压力的一个重要因素,是个体能够准确有效地处理情绪信息的能力[1]。基于资源保存理论,辱虐管理的发生伴随着的是领导和下属之间关系的紧张,当情感需求超过个体在人际交往中所能承受的范围时,就会影响情绪智力。在压力的影响下,情绪智力高的员工会积极使用现存资源去获取新的资源以减少资源的进一步损失;同时,员工也会积极维护现存资源以应对未来资源损失的情境。并且,在这种关系下,员工将较少获得主管的支持,为了完成工作任务,员工就必须投入更多的时间以及精力到工作中。

因此,对于高情绪智力的员工来说,他们具有良好的情绪调控能力。并且,情绪智力高的员工能够高效率的借助外在力量,以减轻上级领导负面行为带给自己的消极影响。此外,情绪智力高的员工能够较好地认识自己的情绪,并调整自己以最合适的情绪与他人相处,利用情感表达来获得同事的支持,工作的主动性自然而然的提高。基于此,提出假设2:

> H2:情绪智力在辱虐管理和员工主动性行为之间起调节作用,即员工的情绪智力越高,辱虐管理对员工主动性行为的负向作用就越弱。

---

[1] John P., Meyer. Natalie, Allen J., "Three-component Conceptualization of Organizational-commitment", *Human Resource Management Review*, 1991, 1 (1), 1991, pp. 61 – 89.

(三) 传统性的调节作用

作为最能描述中国人价值观和个性的变量之一，传统性这一变量代表着对中国文化的认可与尊重[1]。传统性这一概念最早由国内学者杨国枢提出，主要指的是个体的价值取向、认知态度以及行为意愿，主要有五个方面：遵从权威、敬祖孝亲、安分守成、宿命自保、男性优越[2]。在传统性观念的影响下，下属应该无条件服从和信任上级领导，体现出较强的"上尊下卑"的思想观念[3]。因此，在研究管理者辱虐管理行为时，不同传统性的员工可能会对此这种负向领导有不同的认知，进而产生不同的行为。

对于传统性高的员工来说，在面对上级领导辱虐管理时会表现出更多的容忍与宽容。并且在我国这种"高权利距离"的领导环境下，对于上级领导的专权和独裁行为，员工会表现出认可和尊重，并且认为上级领导的决定是不能违背的[4]。当受到上级领导辱虐时也不会产生不良的心理，因为对于员工而言，领导的评价不仅有助于员工职场晋升，而且领导评价也是员工绩效考核的来源之一。所以，尽管遭受了辱虐管理，员工也会遵循传统的思想，不断从自身找原因，自己消化上级领导所带来的负面影响，提高主动性以获取领导的重视。

与之相反，传统性低的员工更加注重公平，对职场中"上下尊卑"的等级关系极为排斥。他们将工作看作是与上级领导之间的平等交换[5]。因此，当上级领导对员工实施辱虐管理时，员工对其的信任将会

---

[1] 李云、李锡元、李太：《生涯适应力与科技研发人员离职倾向：职业成长机会与传统性的作用》，《科技进步与对策》2020 年第 7 期。

[2] 杨国枢、黄光国、杨中芳：《华人本土心理学》（下），重庆大学出版社 2008 年版，第 688—720 页。

[3] Farh J. L., Earley P. C., Lin S., "Impetus for Action: A Cultural Analysis of Justice and Organizational Citizenship Behavior in Chinese Society", *Administrative Science Quarterly*, 42 (3), 1997, pp. 421 – 444.

[4] Liu, Kwan, Fu, Mao, "Ethical Leadership and Job Performance in China: The roles of Workplace Friendships and Traditionality", *John Wiley & amp; Sons, Ltd.*, 86 (4), 2013.

[5] 刘效广、马宇鸥：《管理者亲社会违规对员工创新行为的影响》，《科技进步与对策》2021 年第 5 期。

受到影响①，根据资源保存理论，当员工遭受到领导不公平对待时，会感受到和谐上下级关系等资源受到损失，对待工作更可能产生消极的态度或行为。基于此，提出假设3：

H3：传统性在辱虐管理和员工工作主动性行为之间起调节作用，即员工传统性越高，辱虐管理对员工主动性行为的负向作用就越弱。

三 研究方法

（一）研究样本

本研究的调查对象选取的是粤港澳大湾区不同行业的员工，主要依靠纸质问卷和问卷星系统方式对数据进行收集。考虑到同源偏差问题，本次研究主要分两次对问卷进行调查，前后间隔8个月，共回收问卷275份，其中有效问卷196份，有效问卷回收率为71.27%。在性别方面，男性员工占比50%，女性员工占比50%；在年龄方面，31岁以上员工占比41.33%，26—30岁员工占比37.24%，25岁以下员工占比21.43%；在工作年限方面，工作10年以上员工占比31.63%，工作4—10年员工占比43.37%，工作3年以下员工占比25%；在学历方面，本科员工占比50.51%，研究生员工占比7.14%，大专员工占比25.51%，大专以下员工占比16.84%。

（二）变量测量

本研究选取的量表均已被国内外学者广泛使用，并采用李克特5点计分法对量表进行测量，其中，1—5代表"非常不符合"到"非常符合"。

辱虐管理：采取的是Tepper2000年设计的量表，该量表共有15个题项。量表信度系数为0.978，表明量表的可信度较好。

---

① 吴隆增、刘军、刘刚：《辱虐管理与员工表现：传统性与信任的作用》，《心理学报》2009年第6期。

主动性行为：采用 Frese 于 2001 年设计的量表，共有 7 个题项。量表的信度系数为 0.931，表明量表具有较高的信度。

情绪智力：采用 Law 于 2004 年开发的量表，共有 16 个题项。量表的信度系数为 0.977，表明量表具有较高的信度。

传统性：采用 Farch 于 1997 年开发的量表，共有 5 个题项。量表的信度系数为 0.871，表明量表的可信度较好。

此外，有研究证明，员工的主动行为会受性别、年龄、工作年限和学历的影响。鉴于此，本文将这 4 个变量作为控制变量。

四 数据分析和结果

（一）验证性因子分析

本研究使用 AMOS22.0 软件进行验证性因子分析，以验证各个变量之间的区分效度。考虑到辱虐管理和情绪智力的题项较多，在进行验证性因子分析之前，对变量进行打包处理，各打包成 3 个题项[①]。结果如表 1 所示，可以发现四因子模型（x^2 = 305.05，df = 129，x^2/df = 2.37，CFI = 0.96，TLI = 0.95，IFI = 0.96，RMSEA = 0.08）的拟合系数较好，表明变量之间的区分效度较好。

表 1　　　　　　　　　　验证性因子分析结果

测量模型	X^2	df	X^2/df	CFI	TLI	IFI	RMSEA
四因子模型	305.05	129	2.37	0.96	0.95	0.96	0.08
三因子模型	771.70	132	5.85	0.84	0.81	0.84	0.16
二因子模型	1369.35	134	10.22	0.68	0.64	0.69	0.22
单因子模型	1136.62	135	8.42	0.74	0.71	0.75	0.20

注：三因子模型由情绪智力、主动性行为以及辱虐管理和传统性合并组成的因子构成；二因子模型由辱虐管理和情绪智力合并组成的因子以及传统性和主动性行为合并组成的因子构成；单因子模型由辱虐管理、情绪智力、传统性和主动性行为合并组成的因子构成。

---

① 吴艳、温忠麟：《结构方程建模中的题目打包策略》，《心理科学进展》2011 年第 12 期。

(二) 描述性统计分析

表2所示为各变量间相关系数与描述性统计。初步分析结果显示，辱虐管理与员工主动性负向相关（r = -0.60，p < 0.01）。由此，相关分析的结果与研究预测基本一致，适合进一步做回归分析检验。

表2　　　各变量的均值、相关系数、标准差和信度系数

变量	M	SD	1	2	3	4	5	6	7
1. G	1.5	0.50	1						
2. A	2.2	0.77	0.22**	1					
3. WE	3.44	1.36	0.15*	0.74**	1				
4. E	2.48	0.86	-0.01	-0.15*	-0.17*	1			
5. AS	2.15	1.06	-0.07	-0.40**	-0.49**	0.03	1		
6. PB	3.90	0.96	0.00	0.52**	0.57**	-0.04	-0.60**	1	
7. EI	3.86	0.95	0.01	0.54**	0.59**	-0.07	-0.60**	0.91**	1
8. TR	3.58	1.02	-0.03	0.35**	0.31**	0.02	-0.44**	0.73**	0.75**

注：性别 = G；年龄 = A；工作年限 = WE；学历 = E；辱虐管理 = AS；主动性行为 = PB；情绪智力 = EI；传统性 = TR；**、*分别表示 P < 0.01、P < 0.05。下同。

(三) 假设检验分析

1. 主效应检验

为了对主效应进行验证，本研究构建了 M1 和 M2。其中，M1 将性别、年龄、工作年限、学历全部纳入模型中，作为控制变量进行研究；M2 加入控制变量以及自变量（辱虐管理）。结果如表3所示，辱虐管理对员工主动性行为具有显著的负向影响（M2，β = -0.41，p < 0.01），假设1得到检验。

表3　　主效应、情绪智力调节效应和传统性调节效应的检验

变量		员工创新行为					
		M1	M2	M3	M4	M5	M6
控制变量	性别	-0.12	-0.11*	-0.02	-0.02	-0.05	-0.05
	年龄	0.26**	0.22**	0.03	0.02	0.09	0.04
	年限	0.40**	0.23**	0.02	0.02	0.24**	0.19**
	学历	0.07	0.05	0.03	0.03	0.01	0.00
自变量	辱虐管理		-0.41**	-0.08*	-0.06	-0.22**	-0.14*
调节变量1	情绪智力			0.84**	0.79**		
调节变量2	传统性					0.52**	0.47**
交互项1	辱虐管理*情绪智力				0.10*		
交互项2	辱虐管理*传统性						0.28**
	R^2	0.36	0.49	0.84	0.84	0.69	0.74
	F	26.97	35.82	163.69	145.08	70.04	74.41
	ΔR^2	0.35	0.47	0.83	0.84	0.68	0.73

2. 情绪智力调节效应检验

本研究采用层级回归的方法对情绪智力的调节效应进行检验，首先对自变量和情绪智力采取标准化处理，并构造自变量与情绪智力的交互项。其次在M2的基础上引入情绪智力，构成M3；最后，在M3的基础上加入辱虐管理和情绪智力的交互项，构成M4。结果如表3所示。由表3可以观察出，自变量和情绪智力的交互项对员工主动性行为具有正向影响（M4，β=0.10，p<0.05），情绪智力的调节作用得到验证。为了进一步验证情绪智力的调节效应，本文绘制了情绪智力调节效应图。如图2所示，当下属的情绪智力较高时，辱虐管理对员工主动性行为的消极影响就会相应的减弱，由此可以说明辱虐管理对员工主动性行为的消极影响会受到员工情绪智力的调节，支持了假设2。

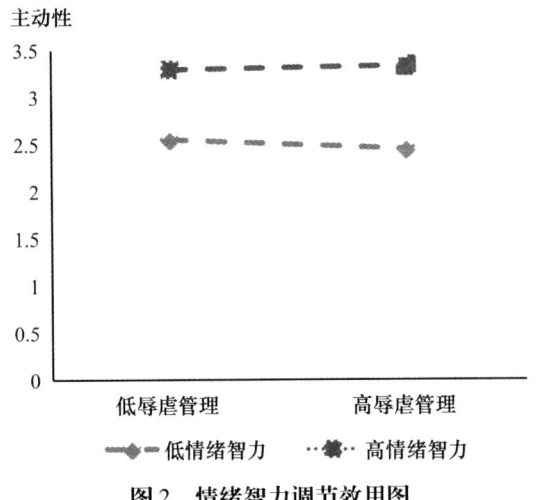

图2 情绪智力调节效用图

3. 传统性调节效应图

为了对传统性的调节作用进行验证，本研究将辱虐管理和传统性两个变量进行标准化处理，在 M2 的基础上引入传统性，构成 M5；在 M5 的基础上引入自变量和传统性的交互项，构成 M6。由表 3 可以观察出，自变量和传统性的交互项对员工主动性行为具有显著的正向影响（M6，$\beta = 0.28$，$p < 0.01$），传统性的调节作用得到验证。为了进一步检验传统性的调节效应，本研究绘制了传统性调节效应图。如图 3 所示，员工

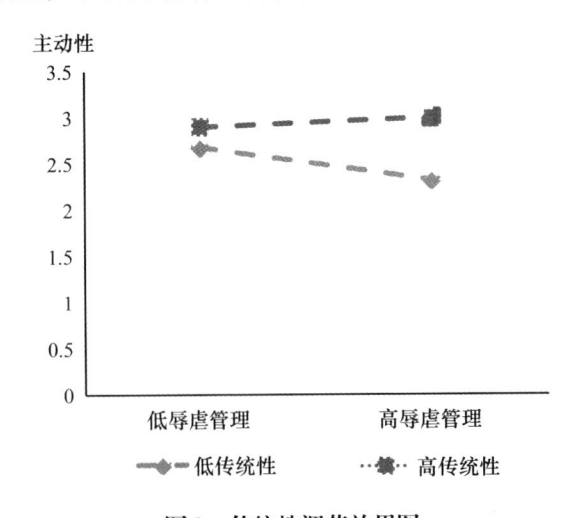

图3 传统性调节效用图

的传统性越高，辱虐管理对员工主动性行为的消极影响就会相应减弱，支持了假设3。

五 讨论与分析

（一）研究结论

本研究结果表明：辱虐管理对员工主动性行为具有负向影响，即当员工感受到上级领导辱虐管理时，其对待工作的积极性就会降低。其中，情绪智力和传统性在辱虐管理与员工主动性行为之间起调节作用，当员工的情绪智力越高时，辱虐管理对员工工作主动性行为的负向影响就越弱；当员工传统性越高时，辱虐管理对员工主动性行为的负向影响就越弱。

（二）理论意义

本研究主要的理论贡献有以下两个方面：首先，以往鲜有文献研究辱虐管理与员工主动性行为之间的关系。因此，通过本研究的结论，一方面可以拓展辱虐管理的结果变量研究，另一方面也丰富了辱虐管理与员工主动性行为两者之间的研究。其次，本研究也拓展了辱虐管理与员工主动性行为之间的边界。同时，尽管近几年学术界加强了对辱虐管理的研究，但大多数的研究都是基于西方文化背景的，对本地文化背景辱虐管理的研究还不多。本文立足实际情况，引入具有中国特色的传统性作为调节，有助于更加全面的理解辱虐管理的作用机制。

（三）实践意义

本研究的结果表明，辱虐管理会影响员工主动性行为。因此，企业在日常管理过程中需要防范上级辱虐管理行为的发生，在实现企业经营目标的同时，也需要坚持人本管理的理念，采取柔性化的人力管理模式，尊重员工的人格和尊严。此外，企业在甄选、考核和培训管理者时，需要加强对领导者行为的关注，注重对管理者道德品质的培养。并且，企业在管理过程中也需要加强对企业文化建设的重视，给管理者和员工营造一个良好的工作氛围。

另外，本研究的结果显示，情绪智力高的员工能很好地控制自己的情绪，主动消化辱虐管理带来的负向影响。因此，企业可以加强人力资源培训，有意识地培训员工情绪评估和情绪处理能力，增强员工压力处理能力，充分调动员工工作的主动性。

当今，价值观多元化、追求平等自由的90后已经成为职场主力军，他们的传统性程度与70、80后员工有所不同。因此，在企业日常管理实践中，应采取因人而异的管理方法，注重识别不同传统性程度的员工。同时，企业也可以有针对性地加强培训，使员工更好地适应组织的管理方式。

（四）研究局限与展望

本研究不可避免存在一定的局限性：首先，本研究的样本来源于粤港澳大湾区的企业，虽然有利于研究单个地区的情况，但由于地域经济发展以及文化价值的差异性，本文的研究结论是否具有普适性，还需要进一步加以验证。因此，后续可以对更广泛的地区进行调查，以进一步验证本文结论。其次，本文主要研究负向的领导行为对员工主动性的影响，未来研究可以从不同领导方式开展更进一步的探索。再次，在研究方法选取时，仅使用实证研究，方法使用较为单一。未来的研究可以结合多种研究方法对各个变量之间的关系进行研究。

参考文献

[1] 侯昭华、宋合义：《辱虐管理影响工作投入的双刃效应——不确定性容忍度与认知评估的作用》，《经济管理》2020年第9期。

[2] 陈梦媛、孙玮：《辱虐管理与员工创造力关系研究》，《山东社会科学》2019年第9期。

[3] Tepper B. J., "Consequences of Abusive Supervision", *Academy of Management Journal*, 43 (2), 2000.

[4] 杨长进、唐丁平、梅晶：《辱虐管理与员工主动创新行为研究：基于动机和能力信念视角》，《科技进步与对策》2021年第3期。

[5] 唐贵瑶、胡冬青、吴隆增、陈扬：《辱虐管理对员工人际偏差行为的影响及其作用机制研究》，《管理学报》2014年第12期。

[6] 吴隆增、刘军、刘刚:《辱虐管理与员工表现:传统性与信任的作用》,《心理学报》2009 年第 6 期。

[7] ParkerS. K. , Williams H. M. , Turner N. , "Modeling the Antecedents of Proactive Behavior at Work", *Journal of Applied Psychology*, 91 (3), 2006, pp. 636 – 652.

[8] Hobfoll, S. E. , "Conservation of Resources", *A New Attempt at Conceptualizing Stress*, Am Psychol, 44, (3), 1989, pp. 513 – 524.

[9] John P. , Meyer. Natalie, Allen J. , "Three-component Conceptualization of Organizationalcommitment", *Human Resource Management Review*, 1991, 1 (1), 1991.

[10] 李云、李锡元、李太:《生涯适应力与科技研发人员离职倾向:职业成长机会与传统性的作用》,《科技进步与对策》2020 年第 7 期。

[11] 杨国枢、黄光国、杨中芳:《华人本土心理学》(下),重庆大学出版社 2008 年版,第 688—720 页。

[12] Farh J. L. , Earley P. C. , Lin S. , "Impetus for Action: A Cultural Analysis of Justice and Organizational Citizenship Behavior in Chinese Society", *Administrative Science Quarterly*, 42 (3), 1997, pp. 421 – 444.

[13] Liu, Kwan, Fu, Mao, "Ethical Leadership and Job Performance in China: The roles of Workplace Friendships and Traditionality", *John Wiley & amp; Sons, Ltd.* , 86 (4), 2013.

[14] 刘效广、马宇鸥:《管理者亲社会违规对员工创新行为的影响》,《科技进步与对策》2021 年第 5 期。

[15] Frese M. , Fay D. 4, "Personal Initiative: An Active Performance Concept for Work in the 21st Century", *Research in Organizational Behavior*, 23 (2), 2001.

[16] Law K. S. , Wong C. S. , Song L. J. , "The Construct and Criterion Related Validity of Emotional Intelligence and Its Potential Utility For Management Studies", *Journal of Applied Psychology*, 89 (3), 2004pp. 483 – 496.

[17] 吴艳、温忠麟:《结构方程建模中的题目打包策略》,《心理科学进展》2011 年第 12 期。

培训与教育

粤港澳大湾区建设背景下交通运输类人才队伍建设研究

康 杰[*] 叶樊妮

（西南民族大学商学院）

摘要：湾区建设，交通先行。伴随着粤港澳大湾区建设的不断推进，迫切需要培养大量的交通运输类人才，本文通过多元回归分析，探讨交通运输类人才在经济发展中的重要性，并结合灰色系统理论，分析交通运输类人才培养的重点领域，并给出相应的建设意见。

关键词：粤港澳大湾区；交通运输类人才

一 引言

粤港澳大湾区包括广东省广州市、深圳市等 9 个城市以及香港特别行政区、澳门特别行政区，是我国开放程度最高、经济活力最强的区域之一[①]。2019 年 2 月颁布的《粤港澳大湾区发展规划纲要》明确提出，把粤港澳大湾区建设成具有重要影响力的国际交通物流枢纽和国际文化交往中心，以高速铁路、城际铁路和高等级公路为主体的轴带支撑网络化空间格局，为粤港澳大湾区经济社会发展提供有力支撑[②]。

---

[*] 康杰，男，西南民族大学商学院教授，博士。研究方向为人力资源管理。
[①] 李天惠：《基于 TOD 的大湾区轨道交通 PPP 项目经济可持续发展模式研究》，硕士学位论文，大连理工大学，2019 年。
[②] 搜狐网：由《粤港澳大湾区规划纲要》，《看物流领域发展新机遇》，https：//www.sohu.com/a/295710291_115035。

一直以来，以交通基础设施投资为主的基础设施建设被认为是经济发展的前提条件，因此交通基础设施投资与经济增长之间的关系从来都是学界重点关注的问题[1]，但交通运输只是作为经济性基础设施，作为物质资本直接参与生产，与人力资本、社会资本、文化资本等相比，还是存在着属性上的不同和功能上的差异[2]，而人力资本投资对经济增长的贡献远比物质资本的增加重要得多[3]。因此本文试图通过研究粤港澳大湾区建设背景下交通类人才的发展现状和需求，以及分析各类交通运输人才与经济增长的关联度，以期为粤港澳大湾区交通类人才培养提供参考和建议。

二 粤港澳大湾区交通建设现状

（一）广东省交通现状及趋势

如表 1 所示，广东省交通建设投资额从 2015 年的 3104 亿元增长到 2019 年的 4228.50 亿元，年增长率为 8.04%，带动铁路、公路、航运、航空等领域都取得了巨大进步，客运量 5 年增长 18402 万人，货运量增长 96186 万吨。

表1 广东省2015-2019年交通建设发展基础数据表

年份	GDP（亿元）	铁路营运里程（公里）	公路通车里程（公里）	内河通航里程（公里）	民航通航里程（万公里）	客运量（万人）	货运量（万吨）	交通固定资产投资额（亿元）
2015	72813.00	3859.00	216023.00	12150.00	237.29	137368.00	349832.00	3104.00
2016	80666.72	4265.00	218085.00	12150.00	255.23	144262.00	377645.00	3087.13
2017	89879.00	4307.00	219580.00	12108.00	280.44	148549.00	400601.00	3796.63
2018	99945.22	4630.00	217699.00	12111.00	277.49	154682.00	424996.00	3758.66
2019	107671.07	4825.00	220290.00	12111.00	306.05	155770.00	446018.00	4228.50

* 数据来源：中国统计年鉴、广东统计年鉴。

---

[1] 刘生龙、胡鞍钢：《交通基础设施与经济增长：中国区域差距的视角》，《中国工业经济》2010 年第 4 期。
[2] 李平、王春晖、于国才：《基础设施与经济发展的文献综述》，《世界经济》2011 年第 5 期。
[3] 西奥多·W. 舒尔茨：《论人力资本投资》，北京经济学院出版社1990年版。

（二）香港交通现状及趋势

香港道路使用率极高，截至 2018 年年底，香港的道路总长度约 2123 公里，铁路路线总长度超过 257 公里[①]，交通运输职工数达到 44.8 万人。根据香港《铁路发展策略2014》，铁路运营里程到 2031 年将超过 300 公里。同时香港机场也是全球最繁忙的机场，2018 年客运量达 7470 万人次，航空货运量 510 万吨。且香港位于远东贸易航线要冲，港口货柜吞吐量 1959 万标箱，位列全球第 7 位。

表2　　　　香港2015—2019 年交通建设发展基础数据表

年份	GDP（百万美元）	交通运输职工数（千人）	进出港旅客数（百万）	进出货物（千吨）	交通类消费开支（千美元）
2015	2599581	454.6	296.9	114910	278517
2016	2655977	449.8	296.7	116466	281791
2017	2756666	452.6	299.5	117717	286139
2018	2835161	450.9	314.7	109745	290408
2019	2799736	448	301.2	102758	295239

＊数据来源：香港统计年刊2020。

（三）澳门交通现状及趋势

澳门 2017 年末公路总长 427 公里，公路密度（每百平方公里土地公路长度）为 1428.1，位列全球第一。进出口总额为 109 亿美元，空运货物周转量 3343 万吨公里，航空客运量 277 万人，国际旅游人数 125 万人，收入 305.7 亿美元。

表3　　　　澳门2015—2019 年交通建设发展基础数据表

年份	GDP（百万澳门元）	交通运输职工数（千人）	跨境汽车流量（辆）	货柜毛重（吨）	交通事务局支出（千澳门元）
2015	362213	17.5	5131997	278201	1376485

---

① 钟小平等：《以可持续的发展机制引导需求和优化未来——香港综合交通发展模式及其对粤港澳大湾区发展的借鉴意义》，《中国公路》2019 年第11期。

续表

年份	GDP（百万澳门元）	交通运输职工数（千人）	跨境汽车流量（辆）	货柜毛重（吨）	交通事务局支出（千澳门元）
2016	362265	19.3	5070874	200306	1596705
2017	407328	19.1	4818794	174375	1700026
2018	444666	19.2	4927368	187069	1716190
2019	434670	19.8	5358583	167822	1773490

* 数据来源：澳门统计年鉴 2019。

三 基于多元线性回归模型的大湾区交通类人才的作用分析

（一）样本数据与来源

根据《国家中长期人才发展纲要》的定义，人才是指具有一定的专业知识或专门技能，进行创造性劳动并对社会作出贡献的人，是人力资源中能力和素质较高的劳动者[1]。交通运输类从业者均具备一定的专业知识和技能，创造了较多的社会价值，结合李维平对人才的定义[2]，将交通运输类从业者均认定为人才，根据《中国统计年鉴》和《广东统计年鉴》，统计广东省 2010—2019 交通运输类人才数如表 4 所示：

表 4　　　　　　广东省 2010—2019 年交通运输类人才数量表

年份	2010	2011	2012	2013	2014	2015	2016	2017	2018	2019
交通运输类人才数（万人）	160.53	162.38	160.58	173.06	181.71	184.87	186.80	192.31	195.86	227.07

（二）模型设定

模型中的各个变量均采用取对数方法，以消除宏观经济数据的异

---

[1]　张延平、李明生：《我国区域人才结构优化与产业结构升级的协调适配度评价研究》，《中国软科学》2011 年第 3 期。
[2]　李维平：《关于人才定义的理论思考》，《经济视角》，2010 年第 12 期。

方差。

$$\ln GDP = C0 + C1\ln P + C2\ln RM + C3\ln HM + C4\ln RV + C5\ln AM + C6\ln PV + C7\ln FV + C8\ln FAI + \varepsilon$$

其中，指标 GDP 表示国内生产总值，P 表示交通运输类人才数，RM 表示铁路营运里程数，HM 表示公路通车里程数，RV 表示内河通航里程数，AM 表示航空通航里程数，PV 代表客运量，FV 代表货运量，FAI 表示固定资产投资额，ε 为随机项。

（三）实证检验结果

首先采用 enter 法将所有自变量引入，通过模型残差独立性检验和共线性统计量诊断，最终自变量保留交通运输类人才数（P）、客运量（PV）、货运量（FV），固定资产投资（FAI）最终 OLS 回归结果如下：

$$\ln GDP = -5.717 + 0.841\ln P + 0.287\ln PV + 0.901\ln FV + 0.875\ln FAI$$

由表 5 可知：总体检验 F 值为 73.043，其相伴概率为 0，表明该模型整体上可信度高。DW = 2.588，表明自相关检验通过，而调整 R^2 = 0.960 说明模型拟合效果好。

表 5　　　　　　　　　　实证检验结果

变量	估计值	标准误	t 检验值	P 值
lnGDP	-5.717	2.574	-2.221	.068
lnP	.841	.397	2.116	.079
lnPV	.287	.065	2.342	.054
lnFV	.901	.217	4.147	.006
lnFAI	0.875	.202	2.302	.070
R^2	0.973	S·E		0.05626
调整 R^2	0.960	F 检验值		73.043
D-W	2.588	P 值		0.0000

从表 5 可知，从业人才的数量和 GDP 正相关，且人才数量的增加带动 GDP 的数量，近似等同于交通固定资产投资所带来的作用。故要重视

交通运输类人才的培养和引进，能有效带动大湾区经济社会发展。

四 基于灰色关联度的粤港澳大湾区交通运输类人才建设的重点分析

如前所述，交通运输类人才的培养和引进，能有效带动大湾区经济社会的发展。但在资源有限的情况下，需首先明确大湾区交通行业发展的重点，从而交通运输类人才引进和培养的重点，有的放矢，才能实现粤港澳大湾区2022年综合实力显著增强的目标。故结合灰色关联度理论对大湾区交通运输类人才建设的重点进行分析。

（一）灰色关联度理论简介

灰色关联度是对系统中两个序列间影响作用大小的计量，关联度越大，说明一序列对另一序列的影响越强。本文依据表1，采用灰色关联度讨论职工数、里程、客运量、货运量及投资额对广东经济发展的影响大小，确定推动广东GDP发展中交通运输类应着力的重点所在。

（二）交通建设中各要素对GDP的灰色关联度的计算

为使其具有可比性，在表1基础上增加2015—2019年的交通运输职工人才数，因为每个要素的量纲存在差异，故需要对原始数据进行预处理[①]。这里采用均值法消除量纲对其进行数据处理，再计算每个时点上母序列与各子序列差的绝对值 $\varepsilon_{(k)}$ 算每个时点上母序列与各子序列差的绝对值 $\varepsilon_{(k)}$。即：$\varepsilon_{(k)} = | X_0(k) - X_i(k) |$

再利用公式计算关联系数 $\eta_{(k)} = \dfrac{\min\{\varepsilon^{(0)}\} + \rho\max\{\varepsilon^{(0)}\}}{\varepsilon_{(k)}^{(0)} + \rho\max\{\varepsilon^{(0)}\}}$

式中 ρ 为分辨系数，$0 < \rho < 1$，这里取分辨率 $\rho = 0.5$。最终计算结果如表6所示

[①] 蔡伟民、康杰：《基于灰色系统理论的民族地区基层人才发展策略研究》，《西北民族研究》2012年第3期。

表6　　　　　　　　　　　关联度系数计算表

年份	交通运输职工数（万人）	铁路营运里程（公里）	公路通车里程（公里）	内河通航里程（公里）	民航通航里程（万公里）	客运量（万人）	货运量（万吨）	交通固定资产投资额（亿元）
2015	0.42	0.58	0.35	0.33	0.61	0.44	0.61	0.66
2016	0.61	0.54	0.46	0.46	0.66	0.54	0.66	0.76
2017	0.76	0.83	0.90	1.00	0.76	1.00	1.00	0.61
2018	0.44	0.66	0.46	0.46	0.51	0.58	0.66	0.61
2019	0.70	0.51	0.35	0.33	0.61	0.40	0.58	0.90

求关联度，即计算关联系数的平均值：$r = \frac{1}{n}\sum_{i=1}^{n}\eta_{(k)}$，并排序，最终结果为：固定资产投资额（0.71）>货运量（0.70）>民航通航里程（0.63）>铁路营运里程（0.62）>交通运输类职工（0.59）≥客运量（0.59）>内河通航里程（0.52）>公路通车里程（0.50）。

由关联度可见，交通运输类要拉动广东乃至大湾区的经济发展，除了保持一定的固定资产投资强度外，还需依靠货运、营运里程的拓展以及员工队伍的发展。

五　粤港澳大湾区交通类人才的发展对策

湾区建设，交通先行。随着交通基础设施的日益完善，资源配置、人才流动、区域合作愈发高效，湾区间的联系也更加紧密。因此更要加强交通运输类人才的培养，即应做好如下的工作：

（一）改变观念，重视交通类人才在促进大湾区发展的重要性

传统人才观念中，强调人才的创造性和杰出性，而忽视人才作为个体拥有的专业技能和对社会的贡献[1]，忽视了交通运输类人才所带来的作用，故当务之急，是重新认识交通运输类人才在大湾区经济建设中所

---

[1] 李维平：《关于人才定义的理论思考》，《经济视角》2010年第12期。

发挥的重要作用。

广东省历来重视交通运输类人才的培养和认定，并于2019年出台《广东省交通运输工程技术人才职称评价改革实施方案》，以加强交通运输工程技术人才队伍的激励和建设，但仍需在全社会倡导交通运输业是经济社会发展的基础性产业和服务性行业，交通运输人才是国家人才发展的重点领域之一的大人才观[①]，从根本上促进交通运输类人才队伍的建设。

（二）根据关联度，确定大湾区交通类人才培育的重点领域

如灰色关联度分析结果所示，货运量、民航通航里程、铁路营运里程等交通运输建设项目是带动大湾区经济发展的重要抓手，故应在以上重点领域加强人才的引进及培养力度。如交通工程技术类人才、仓储物流人才、铁路建设及运营等人才的培养力度。

在加大培养力度的同时，应积极引入交通类重点院校，培养交通运输人才中的高层次人才。在这方面，广东已经做了一些有益的尝试，如广州地铁集团与香港科技大学共同培养智能交通方面的研究生。但由于交通运输类人才中初级专业技术人才的基数较大，如何提升这部分人才的素质，带动全行业从业者的素质提升，也是当前亟待解决的问题。

（三）加大大湾区交通人才共享力度

作为连通全球、发展成熟的交通门户，香港、澳门在交通运输建设及管理方面具有较好的人才储备和培养经验，尽管在2017年深圳就已经成为香港人才就业城市选择的第8位（李卷书，2019），但良好的人才要素流通、良性人才生态系统的建成，还需广东继续加大探索力度。如前海、横琴、南沙三大自贸区的人才合作工作中，也可以考虑交通运输类人才共享力度，做大人才增量，以发挥人才优势，带动大湾区经济社会发展。

---

① 凌源源：《江苏交通运输行业人才队伍建设现状及发展》，《人才资源开发》2014年第24期。

参考文献

［1］钟小平：《以可持续的发展机制引导需求和优化未来 ——香港综合交通发展模式及其对粤港澳大湾区发展的借鉴意义》，《中国公路》2019年第11期。

［2］刘生龙、胡鞍钢：《交通基础设施与经济增长：中国区域差距的视角》，《中国工业经济》2010年第4期。

［3］李平、王春晖、于国才：《基础设施与经济发展的文献综述》，《世界经济》2011年第5期。

［4］西奥多·W. 舒尔茨：《论人力资本投资》，北京经济学院出版社1990年版。

［5］蔡利德：《粤港澳大湾区建设背景下交通类人才需求的研究》，《中国市场》2020年第1期。

面向 2035，粤港澳大湾区高技能人才内涵式培养基本问题思考

伍俊华

（辽东学院）

摘要：人才是第一资源。在中国经济走向高质量发展、亟须壮大实体经济的情况下，职业教育培养数量充足、能力过硬的高技能人才是支撑，也是保障。本文汲取当今世界职业院校高技能人才内涵式培养的经验，利用管理方法分析，从为谁培养人、谁来培养人、培养什么样的人、培养人什么、培养哪些人、怎样培养人以及培养人的模式等七个方面思考高技能人才培养的内涵。重点从怎样培养人和培养人的模式两个方面进行梳理和阐述，从实践层面上把控高技能人才培养同步发展的道德价值、社会价值、环境价值等，使湾区培养的高技能人才真正能够服务湾区，服务中国，服务人类。

关键词：粤港澳大湾区、高技能人才、内涵式培养、工匠精神

根据我国 2035 教育的远景计划，提出粤港澳大湾区高技能人才内涵式培养基本问题思考。立足于职业教育，提出创新办学方式，培养数量充足、能力过硬的技术技能人才。位于湾区的广东一直是全国职业教育的中心和排头兵。2020 年，广东省的 146 所技工院校共培养人才 1332 万人，位居全国第一。广东省人社部门以"广东技工"工程为引领，建设职业人才培训基地 74 个、职业人才公共实训基地 57 个、技能大师工作室 69 家；其中国家级职业人才培训基地和国家级技能大师工作室各42 个，实现 21 个地市全覆盖。在广东，社会观念正在快速转变，越来越多的城乡青年选择就读技工院校，走技能成才、技能报国之路，直接

推动了广东省技工教育实现跨越式发展。（材料来源：技能中国，2021年2月20日广工技工教育——我们的征途是星辰大海）相信随着粤港澳大湾区的整体布局不断发展，高技能人才培养将从广东辐射到整个湾区的各个地方，甚至可能成为"人才湾区"的特色品牌，服务湾区，服务中国，服务人类。

面向2035，粤港澳大湾区高技能人才内涵式培养的新愿景是什么样的？下面我将用管理学的方法，从为谁培养人、谁来培养人、培养什么样的人、培养哪些人、怎样培养人以及培养人的模式等七个方面思考高技能人才内涵培养的基本问题。重点从怎样培养人和培养人的模式两个方面进行梳理和阐述，从实践层面上把控高技能人才培养同步发展的道德价值、社会价值、环境价值等，使湾区培养的高技能人才更好地服务湾区，服务中国，服务人类。

一　培养定位问题

（一）为谁培养人

"为谁培养人"关系到教育的方向问题。为我们党培养合格的接班人，为社会主义事业培养合格的建设者，《中国教育现代化2035》中的"四个服务"决定了粤港澳大湾区的高技能人才培养一定要着力培养能够担当民族复兴大任的时代新人，一定要着力培养未来粤港澳大湾区经济社会发展需要、未来国家经济社会发展需要、人类命运共同体的实现需要的时代新人；一定要着力培养具有正确世界观、人生观、价值观的社会主义建设者和接班人，一定要着力培养思想进步、灵魂纯洁、技术高超、乐于奉献的社会主义建设者和接班人。

（二）谁来培养人

"谁来培养人"关系到教育的质量问题。习主席在《用新时代中国特色社会主义思想铸魂育人》中指出："思政课教师，要给学生心灵埋下真善美的种子，引导学生扣好人生第一粒扣子。"[①] 像习主席要求的，

[①] 习近平：《习近平谈治国理政》第三卷，外文出版社2020年版，第330页。

作为新时代教育工作者，必须具备以下六个方面的素质要求。一是政治强，共产主义信仰坚定。善于从大局方面看问题，在大是大非面前始终保持政治清醒。二是情怀深，爱祖国爱人民。心里始终装着国家和人民的需要，勇于参与伟大的社会主义实践，关注时代发展，关注社会进步。三是思维新，懂哲学。会用辩证唯物主义和历史唯物主义看待事物的发展变化，因势利导地引导学生树立正确的理想信念，帮助学生学会正确的思维方法。四是视野广，立意高远。包括知识面宽，尤其是哲学、历史学、审美情趣等修养积淀深厚。五是自律严，慎独修身，以身作则，时时处处自觉地弘扬主旋律，积极传递正能量。六是人格正，用人格魅力吸引学生，赢得学生的爱戴。这六点是粤港澳大湾区高技能人才内涵式培养的压舱石，不符合这六点要求的任何人都没有资格没有权利培养人，也培养不出什么像样的人。

（三）培养什么样的人

"培养什么样的人"关系到教育的宗旨问题。"德智体美劳"融合发展才能成为社会主义合格的建设者和接班人。高技能人才培养，高尚的品德是根本，而美和劳是成就高尚品德的重要途径，真才实学是要在不断的社会实践中去检验的，在这个过程中没有强壮的体魄是实现不了的。长期在一线工作的全国人大代表黄望明，被同事称为"客车神探""技能大师"。30余年的时间里，排除危及行车安全的重大故障200余起。黄望明认为，切实增强专业技术岗位对青年人的吸引力，培养、发展、激励青年成才是产业技术工人队伍建设的"造血"工程。粤港澳大湾区的高技能人才内涵式培养就是这样的"造血"工程。要结合湾区的规划建设需要，注重培养像黄望明这样的青年人，培养社会意义上的技术精湛的人，培养社会意义上的具有工匠精神的人，培养社会意义上的具有审美情趣的人，培养能够正确衡量道德价值、社会价值、环境价值的人。

（四）培养什么

"培养什么"关系到教育的层次问题。高技能人才内涵式培养的关键问题。我们曾经或正在经历科技一路高歌猛进、从一个胜利走向更大胜利的辉煌，科学技术是第一生产力，一切为了技术，技术领导技术，正在混淆经济发展的目的与手段、行为与技艺、实践与生产、真实与精确。正是这些被混淆的这些方面阻碍了人类的进步与发展。1958年，在一场名为"技术的问题"的研讨会上，海德格尔曾这样论述：在我们考察技术及其产品时，我们的认知主要涉及某种精确性，但精确性并不一定是真实性。精确性足够使技术运转，但要把握技术的本真实体，需要在精确性之下继续探索技术的本质及其揭示作用。海德格尔称，人的认知结构（épistémè）与其生产实践（technè）总是紧密联结的，而认知结构（épistémè）即用来揭示事物本质的知识（在哲学语言中，technè 指生产的知识，与单纯的实践 praxis 相区别。Technè 主要涉及"如何做"的问题，而相对应认知结构 épistémè 涉及"为何做、好好做"的问题）。[①]这里海德格尔强调指出技术工人在生产实践中被剥夺了将生产实践和认知结构相结合的权利，或者说拥有自己的意识形态和准则的权利。粤港澳大湾区高技能人才内涵式培养应该重视这个培养人什么的关键问题。技术与技术问题归根结底都是人的问题。只有解决了人这个根本问题，才能够真正解决技术与技术问题。

（五）培养哪些人

"培养哪些人"关系到教育推广和教育范畴问题。到2035年，我国总体上要实现教育的现代化，要迈入教育强国行列，我国要成为学习大国、人力资源强国和人才强国，到本世纪中叶，我国要建成富强、民主、文明、和谐、美丽的社会主义现代化强国。到2035年，我国要建成服务全民终身学习的现代教育体系，加强职业教育服务能力，形成全社会共同参与的教育新格局。全民教育、全人教育都体现出高技能人才培养将是国家行动，受教育者是全体公民。目前，粤港澳大湾区高技能人才培养对象除了湾区常住人口外，还应当重点培养周边农村青壮年，培养西北、华北、东北的偏远山区的农村青壮年。

[①] Yves Deforge, De l'éducation technologique à la culture technique—Pour une maîtrise sociale de la technique, 1993, 55.

二　培养渠道问题

"怎样培养人"关系到教育的路线。全国政协委员、全国总工会经费审查委员会原主任李守镇在关注这一问题时提出，要进一步畅通技术工人成长成才通道，为培养高素质劳动者提供良好"土壤"。粤港澳大湾区怎样才能让高技能人才快速成长起来，如何才能让越来越多的青年愿意吃技术饭？

（一）重视哲学思维习惯培养

哲学的目的在于向我们传达"概念的生命"。用哲学思维思考，"技术"一词的含义应该是通过一种有意识地、自觉地去操练精熟或接受指导而练成的行为，去产出一项事先构思的结果的本领或能力"（《le pouvoir（ou la capacité）de produire un résultat préconçu au moyen d'une action consciemment maîtrisée et dirigée》）。[1] 在这个定义里，技术不是单纯的专业知识的积累，它与技术紧密相关的文化和价值融合在一起，它与职业道德规范和哲学思维能力融合在一起，它还与人的审美情趣及表达融合在一起。它包含着技术本身的精湛，包含着技术的文化属性，也包含着技术的精神和思想。古希腊人已经发现对于任何技术活动都需要提出一个三段问题，即"如何做"、"为何做"、"止于何"。新中国成立以来，祖国的各行各业涌现出了无数的技术能手和大国工匠。比如，我们大家都熟悉的李瑞环、张百发等，他们对于那些缺乏工艺思维和技术逻辑的方案，总会自发地发现其中的缺陷，并进行改进。粤港澳大湾区的经济发展首先应该是思想和精神的发展，大湾区高技能人才的开发，首先应该是思想与精神的开发。有学者认为，职业技术教育内涵是文化性的，要通过将知识融入实践、了解这门技术形成的历史以及系统化理解技术所牵涉的社会关系，反思性地去掌握一项技艺。哲学的突出功用就是用来反思，如向工人下订单时、包工头带领工队施工时——，那些工头或

---

[1]　Yves Deforge, De l'éducation technologique à la culture technique—Pour une maîtrise sociale de la technique, 1993, 87.

具体执行的工人难道不会有一刻扪心自问:"为什么是这个目的?"他们为什么不问?因为他们从小到大没受过这样的教育和培养。要让受教育者理解,通过一种"被指导的反思教育",他们可以超越工程技术知识的实操性限制,并为以后成为一名"有教养、有学养的工程师"做好准备。

(二)重视历史思维习惯培养

最近,习主席向全国提出学党史活动,其意义是深远的。强调"加强党史的学习和教育,要着力抓好对广大青少年的教育。"① 西班牙历史学家何塞·奥特嘉·伊·加塞特认为:"对于技术的绝对崇拜实际上清空了人类生命、生活的意义,文化的缺失留下了万丈深渊。"② 人类生命的主题并不仅限于眼前的事物,更为重要的是人类利用前人留下来的智慧创造性地解决目前的问题,解决自身的问题,而后者在于"救赎自己的灵魂",获得精神的解放。现今世界有识之士都认识到解决人类根本问题的方法在世界的东方,应该从亚洲和东方的文明中去寻找另一种"驯服"的技术。可悲的是,我们越来越把技术工人的劳动从自由情感的维度变成规训理性的维度,越来越机器化,机器生产越来越占据绝对地位。面对机器人和人工智能,劳动者的核心竞争力表现在哪里呢?人工劳动的价值何在?不可否认的是:世界越发展,人在机器化生产中越重要,人的道德文化修养和综合文化素质修养越重要。因为,只有人能够从实践层面上把控技术进步的道德价值、社会价值和环境价值。

三 培养模式问题

"培养人的模式"关系到教育的成败。从教学到实践到教育出成果是一个有目的有方向的进程,在这个进程中形成了学习者的基本操作能力和意识形态,可以反过来促进下一个模块的教学,然后这种基本能力和意识形态越来越强,对教学形成了正向反馈。这里很关键的一点是意

---

① 共产党员网:《习近平在全国党史工作会议上的讲话》2010 年 7 月 21 日。
② 罗宾·乔治·柯林武德:《艺术原理》,(第十五版)牛津大学出版社 1982 年版。

识形态，意识形态必须对现实是有意义的。研究粤港澳大湾区高技能人才内涵式培养的意义也正在于此。

（一）社会意义的工匠精神培养模式

怀特海曾说过："就算你了解了所有关于太阳、大气层和地球自转的知识，你可能仍然拍不好夕阳的光芒"。[①] 古希腊人把"工匠思维"奉为准则，他们认为工人并不仅仅是一个执行者，在接受订购并"很好地"做活的过程中，工匠实际完成的目的其实超出了眼前的直接目的。与"技术绝对主义"和"技术自足思想"相反，个人认知结构的融入为他的行动赋予了意义，即与其客户的期望和谐一致。有人说，高技能人才的"手艺"就是他们的技术，而"行动力"就是他们的精神力量。促进他们形成某种个人兴趣以及自身的文化修养，是激发这种"行动力"的源泉。卢梭认为，最适合这一目的的手艺是"细木工活"，因为细木工的做工形式由实用性限定，但也深刻地蕴涵了审美的考究和品味。具体培养模式如下图：

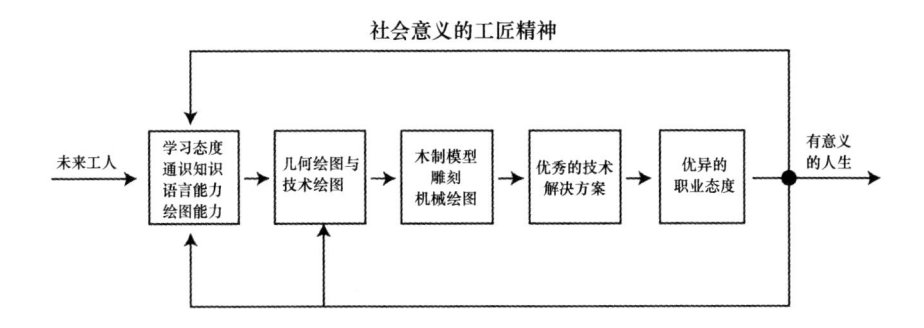

```
                    社会意义的工匠精神
     ┌─────────────────────────────────────────────────────┐
     │   学习态度                                          │
     ↓   通识知识   几何绘图与   木制模型   优秀的技术   优异的    有意义
未来工人→ 语言能力 → 技术绘图 → 雕刻     → 解决方案 → 职业态度 → 的人生
         绘图能力              机械绘图
              ↑_____│
```

卢梭的这项教育计划可以很好地嵌套进普遍操作能力的实施框架中，它有一个目标：战胜偏见；一个实践领域：细木工；以及一系列清晰的操作能力：比照实物功能和形式之间联系、比较这些联系、评判这些联系甚至建立这些联系。齐白石是近现代大画家，年轻时他曾经跟着师傅做雕花，那时候雕花匠雕的花样，几乎千篇一律。就是前辈传下来的一

[①] 阿尔弗雷德·诺思·怀特海：《科学与现代世界》，格拉斯哥、柯林斯/冯塔纳书社，第236页。

些花篮，齐白石就想创新，在雕的花篮上面加些葡萄、石榴、桃梅李杏等，他把能想到的都雕上去，目的是为了多赚点钱，结果，他成为了周边最有名的雕花匠。他名利双收，高兴至极，就更加大胆地创新。如果白石老人只是按照祖师爷的花篮雕刻，那就是雕花工，他运用脑子里所能想得到的（人的认知结构），就成为了雕花匠；一字之差，体现的是为何做、好好做的大道理。粤港澳大湾区的高技能人才培养，就是要让学生把技术工人和工艺学家的目和手段同时了解和掌握。

（二）社会意义的审美表达培养模式

技术的精进在很大程度上取决于文化和美学维度的融入，而这在以前通常是被忽视的。但在达成这种技术的精进或者说超越之前，工程师和教练必须首先在情感层面上关注到这些维度，它们或许在现下看起来没那么有用，但在日后可能会非常有用！在"爱弥尔论教育"中，卢梭想让爱弥尔学会一门手艺，但并不是为了让他成为一名工匠，而是让他在学习的过程中战胜偏见。这些偏见不仅包括社会偏见，也包括感知和认知的偏见，并以此比照、比较和确认那些感官无法触及的联系。具体培养模式如下图：

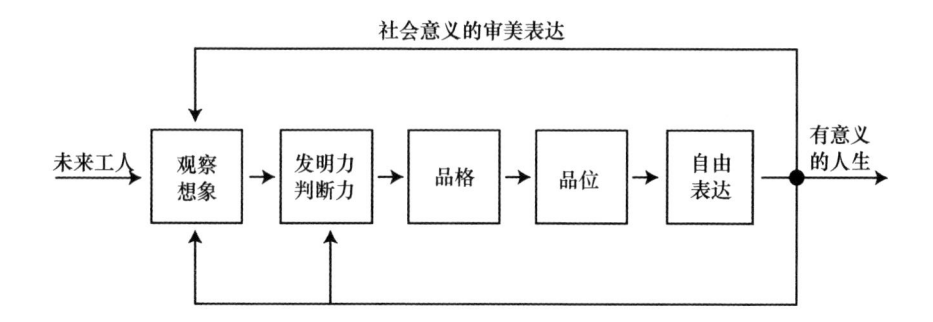

教学目的在于既培养人的动手能力，同时发展灵魂的基本素养。使人通过观察、想象、发明力、判断力，培育人的品格，对品位的自由表达以及对审美的渴望。齐白石从木匠到画匠再到大画家的人生历程，彻底实现了卢梭的教育梦想。从前面齐白石的例子，可以提出这样一个问题：为什么不从对我们周边日常生活中实实在在的技术观察中展开一种

反思呢？这样的思考往往就能够使技术具备了活力和更大社会价值和意义。

在新的时代背景下，粤港澳大湾区内教育资源丰富，应效仿粤港澳大湾区建设领导小组会议的模式，探索建立教育领域的粤港澳三地联席会议制度，并使之成为发挥粤港澳综合优势，创新体制机制的一个重要方面。在高技能人才内涵式培养方面注重协调配合、加大投入保障、勇于也善于探索，在新的起点再出发，为新时代新发展新战略提供新经验，创造新奇迹。

参考文献

[1]《习近平谈治国理政》第三卷，第 330 页。

[2] Yves Deforge, De l'éducation technologique à la culture technique—Pour une maîtrise sociale de la technique, 1993, 55

[3] Yves Deforge, De l'éducation technologique à la culture technique—Pour une maîtrise sociale de la technique, 1993, 87

[4] 共产党员网：《习近平在全国党史工作会议上的讲话》2010 年 7 月 21 日。

[5] 罗宾·乔治·柯林武德：《艺术原理》，（第十五版）牛津大学出版社 1982 年版。

[6] 阿尔弗雷德·诺思·怀特海：《科学与现代世界》，格拉斯哥、柯林斯/冯塔纳书社，第 236 页。

基于 SWOT 分析的澳门应用型公共行政博士学位课程发展研究
——以澳门高等教育发展为探讨方向

陈建新　李丽君　张　锐

摘要：随着社会朝向知识经济发展及高等教育的普及化，人们对高等教育需求不断提高的同时，也对发展具有实践导向性和职业倾向性应用型博士课程学位有了更多的期望。回归以后，澳门的高等教育事业在中央政府及特区政府的大力扶持下飞速发展，并取得了不少发展成果。本文基于 SWOT 分析对澳门应用型公共行政博士学位课程发展进行研究探讨，分析了公共行政博士学位课程的国际发展趋势以及澳门公务员培训发展的现况，并结合澳门高等教育发展过去的宝贵经验及澳门自身独特的优势，以推行澳门公共行政博士学位课程为澳门高等教育发展注入新动力，最后提出四个建议策略，即坚持背靠"一国"支持、善用"两制"之利、与粤港澳大湾区内的高校协同合作把握错位发展空间，以及大力推动智能化的发展模式。

关键词：高等教育；应用型公共行政博士学位课程；一国两制；知识经济

一　绪论

根据《教育概览 2019》[①]，由于不断变化的就业市场对技能的需求发

---

① OECD (2019), Education at a Glance 2019: OECD Indicators, OECD Publishing, Paris, https://doi.org/10.1787/f8d7880d-en.

展快于高等院校的预期，因此许多高等院校都开始提供更为灵活的进入高等教育的途径，平衡学术与职业技能的培养，并寻求与其他参与者（包括雇主、产业和培训机构）达成伙伴关系。随着全球经济体系朝向知识经济发展，社会各界人士对修读博士学位的需求及兴趣逐渐提升。一般而言，博士学位分为学术研究和应用型课程两个类别，传统学术研究博士学位（或称为哲学博士）主要专注于发展自身学术生涯，应用型博士学位则更专注于提升自身相关专业知识[1]。哲学博士偏重学术研究，研究内容与社会发展不平行的局限性更加明显。伴随着高等教育大众化的背景下，应用型博士实践导向性和职业倾向性，基于特定的职业或者行业，立足现实问题，逐渐受到关注。个别专业（如护理课程）更呈现出应用型博士学位课程增长迅速，学术研究博士学位课程逐渐下降的趋势[2]。Schon 认为应用型博士学位研究生培养的是"研究型应用性"和"复合型应用性"人才，致力于解决实践中的具体问题，而这些问题往往具有不确定性、独特性和价值冲突性，并不是传统上认为的纯粹的科技问题[3]。因而应用型博士学位具有一体两面的功能，即对理论和实践同时做出贡献，通过对专业知识的贡献发展自身专业实践能力，同时研究实践中与专业实践紧密相关的现实问题推动个人的专业发展。

前任澳门特区政府行政长官崔世安先生曾强调提升特区政府的治理能力和加强管治人才梯队的培养[4]，现任行政长官贺一诚先生亦强调提升公共治理水平的重要性，并把行政改革工作放于较重要位置[5]，而行

---

[1] Tarvid, A., "Motivation to Study for PhD Degree: Case of Latvia", *Procedia Economics and Finance*, 14, 2014, pp. 585 – 594.

[2] Nersesian, P. V., Starbird, L. E., Wilson, D. M., & et al., "Mentoring in Research-focused Doctoral Nursing programs and Student Perceptions of Career Readiness in the United States", *Journal of Professional Nursing*, 35, 2019, pp. 358 – 364.

[3] Schön, D. A., *Educating the Reflective Practitioner: Toward a New Design for Teaching and Learning in the Professions*, San Francisco: Jossey-Bass Publishers, 1987.

[4] 澳门特别行政区新闻局:《行政长官：澳门配合国家发展战略作出贡献》，[2018 – 10 – 1]，澳门特别行政区新闻局网页，https://www.gcs.gov.mo/showNews.php? DataUcn = 130820&PageLang = C。

[5] 澳门特别行政区新闻局:《贺一诚当选成为第五任行政长官候选人》，[2019 – 8 – 25]，澳门特别行政区新闻局网页，https://news.gov.mo/detail/zh-hant/N19HYk5Sqy; jsessionid = 6B67DDED0777BF1FE52169951D798255. app02? 0。

政改革的重点在于治理人才的培养。澳门公务员作为澳门人才队伍的重要组成部分，其能力素质的高低直接影响着澳门政府的执政能力和执政水准[①]。特区政府于《二〇二〇年财政年度施政报告》中指出，应与高等教育机构合作开办梯队储备和领导力培训项目，为特区政府培养专业及管理能力兼备的梯队储备，还要推动澳门高等院校逐步朝着市场化的方向发展。综上所述，应用型公共行政博士学位课程（以下简称 DPA）的发展可以为澳门高等教育发展注入新动力，不仅能为国家和澳门培育更多的治理人才，也为粤港澳大湾区打造教育及人才高地提供多一条交流路径。

为了更深入地以澳门高等教育发展为方向展开对 DPA 课程的研究，本文将会先回顾 DPA 的概念，并探讨本澳公务员的教育和培训状况，接着以 SWOT 分析对澳门发展 DPA 课程进行分析并提出发展策略。

二 文献回顾

此部分将先回顾相关研究的方向，再探讨 DPA 课程的国际发展趋势，然后检视澳门公务员培训发展情况。

（一）文献综述

如今全球正朝着知识型经济方向迅速发展，随着高等教育需求不断增加，中国内地也处于社会和经济发展的上行阶段，对高学历人士的需求非常迫切，因此扩大高等教育学额暂未对大学生就业问题构成重大威胁[②]。除了本科学位课程发展外，不少地区的政府也开始重视发展终身学习以适应社会和经济的发展，应用型研究生课程亦渐受重视。教育服务多是被视为有益品（Merit Good），尽管居民普遍对有益品处于较低的消费水平，但由于有益品存在较强的正面外部性，因此政府经常对教育

---

① 朴善玉、陈小平：《澳门公务员培训有效性影响因素与对策分析》，《陕西行政学院学报》2018 年第 1 期。
② Xing, C., Yang, P. & Li, Z., "The Medium-run Effect of China's Higher Education Expansion on the Unemployment of College Graduates", *China Economic Review*, 51, 2018, pp. 181–193.

作出补贴①，有学者透过比较中国内地、中国香港和台湾地区的高等教育的资助趋势，提出宜建立标准化和可及性的收费机制，以及可让社会参与的治理模式②，从而让高等教育更健康发展。基于高等教育发展的需要和挑战，中国内地亦有对高等教育的发展进行规划，"双一流"建设高校以国家发展定位去发展，而职业学院和私立院校专注于其学生、校友和外部专家的意见而决定其发展方向，私立大学则以市场为导向和执行力强③。

自澳门回归以后，特区政府秉持"教育兴澳、人才建澳"的施政理念，大力发展高等教育，使澳门的高等教育逐渐从精英化走向大众化。截至2020年，澳门共有十所高等院校，当中4所为公立（澳门大学、澳门理工学院、澳门旅游学院、澳门保安部队高等学校），6所为私立（澳门城市大学、圣若瑟大学、澳门镜湖护理学院、澳门科技大学、澳门管理学院、中西创新学院），各高等院校教研人员共2931人，学生34279人，课程280个。与回归初期相比，课程数量增加约50%，教研人员和学生均增加近3倍④，可见澳门高等教育发展已取得长足进步。除了量的体现，在国家支持下，澳门高等教育的科研能力也有所提高，截至2018年，澳门高校共拥有4个国家重点实验室、两个联合重点实验室等⑤。随着内地和澳门的高等教育的普及，澳门的研究生课程将会成为澳门高等教育发展的重要增长点，为了更具体说明研究生课程发展策略，笔者将以DPA课程作重点分析。

---

① Godwin, R. K., "Charges for Merit Goods: Third World Family Planning", *Journal of Public Policy*, 11 (4), 1991, pp. 415 – 429.

② Jacob, W. J., Mok, K. H., Cheng, S. Y., & Xiong, W., "Changes in Chinese Higher Education: Financial Trends in China, Hong Kong and Taiwan", *International Journal of Educational Development*, 58, 2018, pp. 64 – 85.

③ Hu, J., Liu, H., Chen, Y., Qin, J., "Strategic Planning and the Stratification of Chinese Higher Education Institutions", *International Journal of Educational Development*, 2018, pp. 36 – 43.

④ 澳门特别行政区高等教育局：《把握机遇携手并进——特区成立后的高教发展》，[2019 – 04 – 29]，澳门特别行政区高等教育局网页，https://www.dses.gov.mo/news/4717-2019-04-29-02。

⑤ 庞川、马早明：《2018年澳门高等教育的现状、特点与趋势》，载于吴志良主编《澳门经济社会发展报告（2018—2019）》，社会科学文献出版社2020年版。

(二) DPA 的国际发展趋势

Clayton 认为①，公共行政领域的博士学位课程不仅应以培养学术学者为目标，还应向从业人员开放使其接受博士学位的高等教育。Hambrick 指出公共行政博士学位应该使毕业生做好准备，以促进该领域知识的发展和有效利用②。Cordes 等认为公共事务领域的博士学位持有者主要是在学术界以外工作的，只有 42% 在美国学术机构工作③。NASPPA 的报告说明④，199 个项目的 8184 名已知学生中，毕业生的 49% 受雇于政府、23% 受雇于非营利性私营部门。此外，学术界以外对拥有博士学位的高层次人才的需求，造成学术界出现就业缺口，超过三分之一的公共行政硕士学位（后简称为 MPA）课程主任表示，他们试图聘请具有公共行政博士学位的人，但无法找到满足需求的人才。

DPA 课程是接续 MPA 的更高层次的专业学位教育，主要是为了提高在职公共管理者的服务、领导、研究，以及培训能力，强调培养学生的管理技能以便迎接现实世界中日益复杂的公共事务的挑战⑤。在美国各院校，DPA 教育项目是新开展的项目，现时并不多见。根据全美公共事务和行政院校联合会统计，美国共有 9 家院校开展了 DPA 学位教育，在校学生总数比较少。现时更多的院校把培养学术与实践的复合型人才作为自己的目标，比如哈佛大学肯尼迪政府学院的公共政策博士教育的目标不仅是培养下一代学术研究和教学人员，而且还要培养公共部门的高

---

① Clayton, Ross, "The DPA: Contributing to Society's Need for Scholarship and Leadership", *Journal of Public Administration Education*, Vol. 1, No. 1, 1995, pp. 61 – 66. JSTOR, www.jstor.org/stable/40215097.

② Hambrick, Ralph, "The Identity, Purpose, and Future of Doctoral Education", *Journal of Public Administration Education*, Vol. 3, No. 2, 1997, pp. 133 – 148. JSTOR, www.jstor.org/stable/40215166.

③ Cordes, Joseph, et al., "Undergraduate and Doctoral Education in Public Policy: What? Why? Why Not? Whereto?" *Journal of Policy Analysis and Management*, Vol. 27, No. 4, 2008, pp. 1009 – 1026. JSTOR, www.jstor.org/stable/30163585.

④ NASPPA, "NASPAA ANNUAL DATA REPORT 2017 – 2018", [2019 – 9], https://www.naspaa.org/sites/default/files/docs/2019-10/2019% 20NASPAA% 20Annual% 20Data% 20Report.pdf.

⑤ 陈振明：《MPA 专业学位教育与新型公共管理者培养》，《中国工商管理研究》2006 年第 2 期。

层次领导人才和政策分析人员①，且该公共政策博士学位得主分布在世界银行、国际货币组织、耶鲁大学、麻省理工学院以及其他学术机构、第三部门和其他私人机构。这说明公共行政博士教育致力于为美国培养高层次领导者，而不只是培养在学院进行研究的学术人才。

美国公共管理专业学位人才教育经过近百年的发展，形成了完整的学科体系，主要有多样化的公共管理学位课程，当中包括强调实践的 MPA 和 DPA、注重培养既能进行学术研究教学又能进行管理咨询和管理实践的哲学博士（公共行政）学位课程、跨院系跨学科的联合学位等各具特色的培养模式。此外，中国内地亦有在职博士和"服务国家特殊需求博士人才培养项目"，建立起政府与招生组织共同参与的招生计划管理的模式和适应硕博贯通式培养的博士生招生机制②。结合项目人才培养的实际需要，通过与政府需求部门、相关企业的高级管理者的反复研讨，修订和完善博士人才培养方案，可见 DPA 符合国际趋势和国家发展需要。

三　澳门公务员培训发展情况

从 DPA 的国际发展趋势来看，公共行政博士学位课程致力于培养高层次领导人才和政策分析人才，而公务员更是重点培养对象。

（一）澳门公务员学历状况

依据澳门行政公职局《澳门特别行政区公共行政人力资源报告（2000—2018）》数据显示，在拥有高等教育学历（高等专科学位、学士学位、硕士学位、博士学位）中，拥有学士学位的人数最多，所有拥有高等学历的人数都呈逐年上涨趋势，其中学士学位人数增长最多，硕士学位也有较明显增加。但自 2010 年起，拥有博士学位的公务员升幅最高（在 2000 年时仅有 2 名公务员拥有博士学位，在 2010 年拥有博士学位的公务员有 101 位，2018 年已经有 221 名公务员拥有博士学位），2010—

---

① Harvard Kennedy School, "PhD in Public Policy", https://www.hks.harvard.edu/educational-programs/doctoral-programs/phd-public-policy.
② 朱利斌、吴帆、汪华侨：《基于高品质学术型博士生培养的招生机制探讨》，《学位与研究生教育》2014 年第 6 期。

2018年的增幅为119%。同时2010年至2018年之间，拥有高等专科学位、学士学位、硕士学位的公务员的增幅分别是45%、70%和100%，同时期的整体公务员增幅却只有30%。可见特区政府对高学历公务员的需求正不断提高。

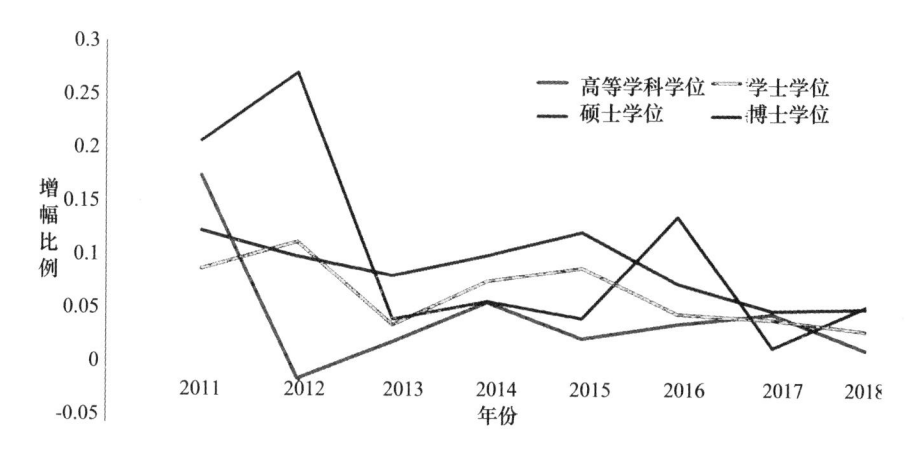

图1 不同学历的澳门公务员增幅（2011—2018年）

数据源：澳门特别行政区行政公职局，《澳门特别行政区公共行政人力资源报告》2011年—2019年。

注：这里统计的公务员数量不包括以包工契约或劳务提供契约或个人劳动合同制度任用的工作人员。

（二）澳门公务员培训状况

澳门行政公职局对公务员提供各个范畴的培训，主要划分为特别培训、语言培训及专业培训三类。依据行政公职局《澳门特别行政区人力资源报告整理》统计，特别培训中包含涉及公务员领域的各种范畴，并与各专业沟通合办课程；语言培训主要指中文、葡文、中文及葡文（翻译），以及英文课程，与本研究方向不同，因此没有进行统计；专业科技领域包含行政、秘书及公共关系、管理、社会心理学/沟通等方面，即为下表的行政方向。

根据下表，在语言培训范畴，特区政府没有与专业院校或大学合办任何培训课程；而特别培训范畴，特区政府则与专业院校或大学合办部分培训课程，但呈现下降趋势，由2014年的85个（47.0%）合办课程，下降至32个（22.2%）；相反，在专业技术培训范畴，特区政府主要跟大学或专科院校（国家行政学院、北京大学、澳门大学、澳门理工学院、澳门管理学院、业余进修中心、生产力暨科技转移中心、澳门科技大学、圣若瑟大学等）合作，而课程数目、总课时和学院人数行政方向领域占比均较大。可见特区政府对专业技术培训越来越重视，当中亦不乏针对中、高级公务员培训，例如澳门行政公职局、中国国家行政学院及澳门理工学院举办的"澳门特别行政区公共管理硕士（MPA）专业学位"课程，该课程是经中华人民共和国国务院学位委员会核准的国家学位项目；上海的中国浦东干部学院自2010年起开始举办的"澳门高级公务员专题研习班"，内容主要包括利用浦东学院的地处上海和长三角地区的实践经验和国际化环境资源优势，从微观的层面，深入地了解、剖析及探讨不同领域专题，配合现场案例教学、情节模拟教学，加强能力培养和行为训练，提高教学质量。

表1　　　　　澳门特区政府的公务员及其合办课程的概况

培训范畴	培训活动	2014 整体	2014 合办课程	2014 比例	2018 整体	2018 合办课程	2018 比例
特别培训	开办课程数目	181	85	47.0%	144	32	22.2%
特别培训	课时	7076	5145	72.7%	4914	2490	50.7%
特别培训	学员人数	5200	2690	51.7%	3996	952	23.8%
语言培训	开办课程数目	98	—	—	83	—	—
语言培训	课时	7823	—	—	5198	—	—
语言培训	学员人数	1832	—	—	1647	—	—
专业技术培训	开办课程数目	118	89	75.0%	128	86	67.2%
专业技术培训	课时	2664.5	2101	78.9%	2663	1773	66.6%
专业技术培训	学员人数	2905	2690	92.6%	3121	2064	66.1%

数据来源：澳门特别行政区行政公职局，《澳门特别行政区公共行政人力资源报告》2014—2018年。

注：依据澳门特别行政区政府，《澳门特别行政区人力资源报告整理》提供的课程协办机构中，特别培训课程全部为合办机构，专业书培训全部为协办机构。这里的行政方向包含：行政、秘书及公共关系、管理、社会心理学/沟通四方面。

四 结论与建议

综合上述观点及澳门现况,澳门高等教育(特别是应用型公共行政博士学位课程)发展的优势(Strength)、劣势(Weakness)、机遇(Opportunity)和挑战(Threat)分别为:

优势:特区政府自回归以来大力支持高等教育发展;人们普遍意识到高等教育的重要性,高等教育参与率高。

劣势:澳门土地空间匮乏,高端人力资源短缺,经济规模小,产业单一;

机遇:国家政策和澳门定位。

挑战:邻近地区高等教育发展水平高。

结合澳门高等教育发展的优势、劣势、机遇和威胁,可以提出四个发展策略(如表2)。

表2 澳门应用型公共行政博士学位的 SWOT 分析结果

	优势 S1. 政府支持 S2. 居民高参与度	劣势 W1. 土地空间匮乏,高端人力资源短缺 W2. 经济规模小 W3. 产业单一
机遇 O1. 国家政策和澳门定位	SO 策略 善用"两制"之利	WO 策略 背靠"一国"支持
挑战 T1. 邻近地区高等教育发展水平高	ST 策略 把握错位发展空间	WT 策略 推动智能化发展模式

(一)背靠"一国"支持(WO 策略)

长期以来,澳门高等教育发展受限于固有的土地空间狭窄及人力资源短缺的问题,随着《高等教育制度》的实施及粤港澳大湾区合作机制的逐步深化,澳门的高等教育迎来了难得的发展机遇和更大的发展空间,澳门应充分利用好国家给予湾区的利好政策，为国家及澳门培育更多优秀人才。以澳门大学的搬迁为例，澳门大学狭小的旧校园局限了大学的发展，2009 年，中央政府批准澳门大学在广东珠海横琴岛上建设新校区，面积比旧校园大 20 倍，[①] 此后，澳门大学的发展进入快速上升阶段，各项学术研究成果及国际排名都较搬迁前有大幅度的提升。[②] 澳门作为湾区西部的中心城市和区域发展核心引擎之一，在推动教育合作发展、建设人才高地和推动"广州—深圳—香港—澳门"科技创新走廊建设等方面发挥着非常重要的作用。现时澳门特区政府及各高等院校亦时常与内地方面的专家学者进行合作研究，开办相关培训课程以供澳门特区的公务员及学者进修，如国家行政学院与澳门理工学院共同开办的公共管理硕士（MPA）专业学位研究生课程。未来，DPA 课程的发展亦可参照此模式，邀请富有实践经验的内地学者和官员为特区政府培育更多治理人才，并有望透过各高等院校与内地构建完整的产业链。

（二）善用"两制"之利（SO 策略）

特区政府自回归以来，进一步完善高等教育制度，持续加大对高教的资源投放，协助提升高教素质，积极推动科研创新，其中高等教育基金于 2018 年开始成为澳门高教经费的单独一项，并于 2019 年提升了经费投入的预算。[③] 中央政府不断地深化了澳门高等院校与内地高校的科研交流合作，截至 2018 年，澳门已成立四所国家重点实验室，澳门大学与中山大学、澳门科技大学与广州中医药大学等设立联合实验室，澳门理工学院设立"机器翻译暨人工智能应用科技"教育部工程研究中心，澳门大学与清华大学、华东师范大学共建中国历史文化中心等合作都获得了国家和特区政府方面的大力支持。[④] 习近平主席在关于澳门高校工

---

① 澳门大学官方网站，《大学历史》，https://www.um.edu.mo/zh-hant/about-um/history-milestones/history.html。
② 陈志峰、马冀、周祝瑛：《澳门高等教育发展成效探究》，《高教探索》2019 年第 5 期。
③ 庞川、马早明：《2018 年澳门高等教育的现状、特点与趋势》，载于吴志良主编《澳门经济社会发展报告（2018—2019）》，社会科学文献出版社 2020 年版。
④ 中华人民共和国教育部：《内地与澳门教育交流合作生动体现"一国两制"优越性》，[2019 – 12 – 12]，http://www.moe.gov.cn/jyb_xwfb/s5147/201912/t20191212_411822.html。

作重要指示中提出，澳门高等教育发展应"培养更多爱国爱澳人才，创造更多科技成果，助力澳门经济适度多元可持续发展，助力粤港澳大湾区建设。"[1]正如现任特区政府行政长官贺一诚先生在《2020施政报告》中强调的，未来的施政要坚守"一国"之本，善用"两制"之利。[2]特区政府更应沿用过去发展中所取得的宝贵经验，对现有高教发展机制进行优化提升，同时也要推动高等院校在保障澳门学生升学的基础上进一步拓展生源，逐步朝高等教育市场化方向发展。

（三）把握错位发展空间（ST策略）

虽然澳门高等教育的发展受到特区政府和中央政府的大力支持及高度重视，但仍面临着许多强大的外部竞争，各高等院校还需继续保持现有优势，积极推进人才培育的改革创新，逐步走出一条适合澳门高等教育发展的路径。外部竞争以邻近地区的香港及广州为例，在国际排名方面，香港有不少大学的排名高于澳门的高等院校，根据泰晤士高等教育2020亚洲大学排名，澳门大学为澳门地区排名最高的高等院校，位列第37名，而香港大学等共五所高校排名均在澳门大学前；而在大学声誉方面，广州不仅拥有五所"双一流"大学，且由于发展时间较长，广州的高等教育产业体系已颇为成熟，已建成国家一流的大学园区即广州大学城。不过，澳门的高等院校与香港及广州的高校相比，也拥有着许多独特的优势。首先，作为多元文化交流基地[3]，澳门融会中西文化，教育体系强调"三文四语"的教学方式，其中不少课程的授课语言仍以中文为主，因此与以英文授课为主的、依循国际化轨道发展的香港高等教育相比或能吸引更多中国内地学生进修。另外，受惠于一国两制及中央政府给予的诸多政策支持，澳门与内地高等院校、科研机构及高新技术企业也开展培育人才的合作，诸多政策利好或可更灵活地为澳门高等院校

---

[1] 中国新闻网：《崔世安：充分认识习近平主席重要指示 大力推动高等教育发展》，[2018-06-16]，http://www.chinanews.com/ga/2018/06-16/8539394.shtml。

[2] 中华人民共和国澳门特别行政区政府：《二〇二〇年财政年度施政报告》，[2020-04-20]，https://www.gov.mo/zh-hans/wp-content/uploads/sites/5/2020/04/2020_policy_c.pdf。

[3] 政策研究和区域发展局：《粤港澳大湾区发展建设的文化使命国际论坛圆满结束》，[2019-08-13]，澳门特别行政区政府入口网站，https://www.gov.mo/zh-hant/news/296847/。

吸纳内地优秀人才。因此，澳门可学习香港及广州的高等教育的路径，博采两地之长，兼收并蓄，随着粤港澳大湾区的发展整合，澳门DPA课程的发展可以瞄准粤港澳大湾区生源，走更为灵活的错位发展之路。

（四）推动智能化发展模式（WT策略）

2020年，随着新型冠状病毒肺炎疫情在全球蔓延，澳门各高等院校相继采取网上教学的措施，以减轻疫情对教育领域的影响。鉴于澳门的土地资源匮乏和网络通信技术的快速发展，网上教学或可成为未来澳门高等教育发展的重要部分之一，这次危机也可以被视为是一次高等教育变革的机遇。大力发展网上教学不仅可以打破地域和时间的界限，为更多的学生及老师提供机会和平台，以澳门DPA课程发展的构思为例，由于中国内地许多优秀学者都会被选派至政府机构担任官职，若想邀请这些专家学者来澳进行教学工作，签证办理可能会有些问题，而远程教学可被视为解决该问题的良策，各高校可考虑透过智能化的高教发展模式来弥补出入境限制所带来的不便。在新型冠状病毒肺炎疫情的影响下，相信大部分高校老师和学生对远程教学已经累积不少经验，这可能对协作学习、人工智能等理念的实现带来发展空间。[①] 因此，澳门高等院校在未来推行远程教学时须考虑如何确保网上教学质量，还可与粤港澳大湾区内的高校（如粤港澳高校联盟）商讨建立互联互通的远程教学信息分享平台，协调推动湾区内高校的远程教学合作发展，进而为打造粤港澳大湾区教育和人才高地作出应有贡献。

---

① 姚晓丹、陈禹同：《以抗疫为契机推进全球教育信息化》，中国社会科学网—中国社会科学报，[2020-04-02]，http：//ex.cssn.cn/hqxx/202004/t20200402_5109069.shtml。

粤港澳大湾区背景下的人力资源管理一流专业建设思考

刘 进[*]

(广东财经大学)

摘要：《粤港澳大湾区发展规划纲要》在2019年正式颁布，《纲要》指出要打造粤港澳大湾区教育和人才高地，推动教育合作发展，这为广东财经大学人力资源管理专业的发展带来了机遇，时代的发展对高等教育提出了与时俱进的新要求，同时，对新时期高等教育发展，以习近平总书记为核心的党中央审时度势做出了新的战略部署，在此背景下，一流专业建设应运而生，并成为各高校专业建设的奋斗目标。作为广东财经大学最早开设的专业之一的人力资源管理专业，如何顺应新时代发展的需要，围绕学科特点，凸显大湾区和专业特色，进行专业建设，培养符合粤港澳大湾区发展需要的人力资源管理人才，如何更好地实现粤港澳大湾区的协同育人，助力一流专业建设，成为了一个亟需探讨的问题。

关键词：粤港澳大湾区；人力资源管理；一流专业；协同育人

广东财经大学人力资源管理专业开设于2000年，是我校最早获批硕士点专业之一。2015年人力资源管理专业获批广东省综合改革试点专业立项；2018年、2020年教育部产学合作协同育人项目立项。2019年粤港澳大湾区创新竞争力研究院被省教育厅批准为广东省普通高校人文社会科学重点研究基地。2012年工商管理一级学科获批为省级优势重点学

---

[*] 刘进，广东财经大学工商管理学院人力资源管理系主任，副教授、博士，研究方向为人力资源管理和劳动经济学。

科。2020年获广东省一流专业建设点。目前在校四个年级13个班本科生人数为610人。人力资源管理专业如何围绕学科特点，顺应新文科、粤港澳大湾区时代潮流的需要，凸显大湾区和专业特色，助力"一流专业"建设，成为必须认真思考的问题。

一　广东财经大学人力资源管理专业发展现状

（一）专业定位

依据学校一流应用型本科院校的定位，立足广东，面向粤港澳，服务国内外，培养具有社会主义核心价值观，掌握经济学、管理学等基本理论与方法，具有社会责任感、担当意识、国际视野并在政府行政部门、事业单位、工商企业从事人力资源管理活动的创新型、应用型一流专业人才。

（二）专业建设的基本情况

1. 特色：一是借助教育部产学合作协同育人项目，同时与政府部门和企业建立政产学研用协同育人机制，培养复合型应用型人才；二是注重实践能力的培养，着力打造实验实践平台；三是适应粤港澳大湾区建设需求，培养服务粤港澳大湾区创新型人才。

2. 优势：（1）人才优势：专业学科建设思路已较成熟，科研、教学、学生培养等的综合水平较高，学历、职称和年龄等结构较为合理的教学研究团队。团队成员现有16人。其中教授6人、副教授5人、讲师5人，高级职称人数占68.8%；博士15人，硕、博学位老师占比100%。（2）平台优势：人力资源管理专业是省综合改革试点专业，同时也是教育部产学合作协同育人项目建设单位，此外还拥有国家级和省级大学生校内外实验实践基地、省人文社科重点研究基地，工商管理和应用经济学为省优势重点学科。（3）成才优势：截至目前，毕业学生2000余人，毕业生中涌现出一批创新创业的优秀校友，如周伟建、邹今友、林文章、刘裕兴、冯军、黄书胡、颜锦泉、杨立、王晟、蒋轩轩、卓海生等。

（三）毕业生培养质量的跟踪调查结果和外部评价

1. 就业领域广泛，就业率较高

毕业生就业地区大部分集中在广东省，这与我校"立足广东，面向社会，服务发展"的培养定位相契合。就业领域涉及政府部门、企事业单位、人才交流中心、职业中介机构、人才测评网站、咨询公司；本专业毕业生就业率较高，2017届为98.15%，2018届为98.06%，2019届为99.30%。

2. 用人单位满意度高，毕业生可持续发展能力强

学生在校期间积极参加各类专业竞赛，如"国际企业管理挑战赛"、"全国人力资源管理知识技能竞赛"、"双百工程"、"挑战杯"等。这为将来更好地就业和创业打下了基础。社会反馈毕业生基础理论功底扎实，动手能力强，同时具备良好的国际视野，学习能力、创新能力强，发展潜力与综合素质高。毕业生中涌现出一批创新创业的优秀校友。

广东财经大学毕业生培养数量中期评价报告（2018）

专业名称	月收入（元）	主要职务
法学	10621	普通员工层
统计学	10472	普通员工层
财务管理	10428	普通员工层
人力资源管理	10189	普通员工层
电子商务	10108	—
治安学	10071	—
经济学	9921	普通员工层
数学与应用数学（经济应用）	9862	普通员工层
工商管理（工商管理学院）	9782	普通员工层
旅游管理	9659	中管层
酒店管理	9409	中管层
新闻学（编辑出版）	9367	—
财政学	9176	—
资源环境与城乡规划管理	9011	中管层

图1　毕业生在毕业5年后月收入

Data by MyCOS

专业名称	校友推荐度(%)	校友关注度(%)	校友回馈度(%)	校友声誉上升比例(%)
人力资源管理	87	90	87	46
软件工程	78	89	83	44
社会工作	73	100	84	38
市场营销	78	87	83	57
数学与应用数学（经济应用）	67	90	90	74
税务	81	94	81	73
统计学	89	100	89	67
投资学	84	79	87	60
物流管理	59	70	67	44
新闻学	65	88	82	44
信息管理与信息系统	81	85	89	54
信息与计算科学	88	88	75	87
行政管理	79	93	86	71
英语(国际商务管理方向)	90	86	83	81
资源环境与城乡规划管理	71	71	86	63

注1：个别专业因样本较少没有包含在内。
注2：个别企业部分数据由于样本较少没有包括在内。

图 2　校友推荐度

3. 发展态势好，薪资较理想

2018 年的《广东财经大学毕业生培养质量中期报告》（麦可思公司），人力资源管理专业毕业生在毕业 5 年后，月收入平均 10189 元，校友推荐度达 87％；另据麦可思的《广东财经大学用人单位评价报告》，在总体满意度方面，用人单位对毕业生的满意度达 99％，同时，表示未来愿意继续招聘本校毕业生用人单位达到 99％。

二　广东财经大学人力资源管理专业深化专业综合改革的主要举措和成效

（一）教学理念与时俱进，创新人才培养目标

举措：坚持"以本为本"，抓住粤港澳大湾区发展带来的契机，进

一步优化人才培养方案。突出课程思政教育，以素质教育改革为方向，以现代教育技术为手段，以理论研究和社会实践为突破口，结合"新文科"建设的思想内容，重点以交叉与融合，带动以往文科的不断进步与更新，提升学生理论基础、综合能力和职业竞争力，达到"思政元素+交叉融合+数字经济"的创新人才培养目标。

成效：建有国家级实验基地和省人文社科重点研究基地，与省质量监督局建立政产学研用协同育人机制；2018年《工商管理人才创新实验区改革》获校级立项；同时在参加的四届（2018—2021）全国大学生人力资源管理知识技能大赛（第二赛区）均获得二等奖。

（二）加强课程建设、打造优质教学资源

举措：着力打造"五类"金课，建立更加完善的人力资源管理课程体系，通过教材与教学内容建设，结合新兴教学平台和手段（中国大学慕课、雨课堂等），打造优质教学资源。

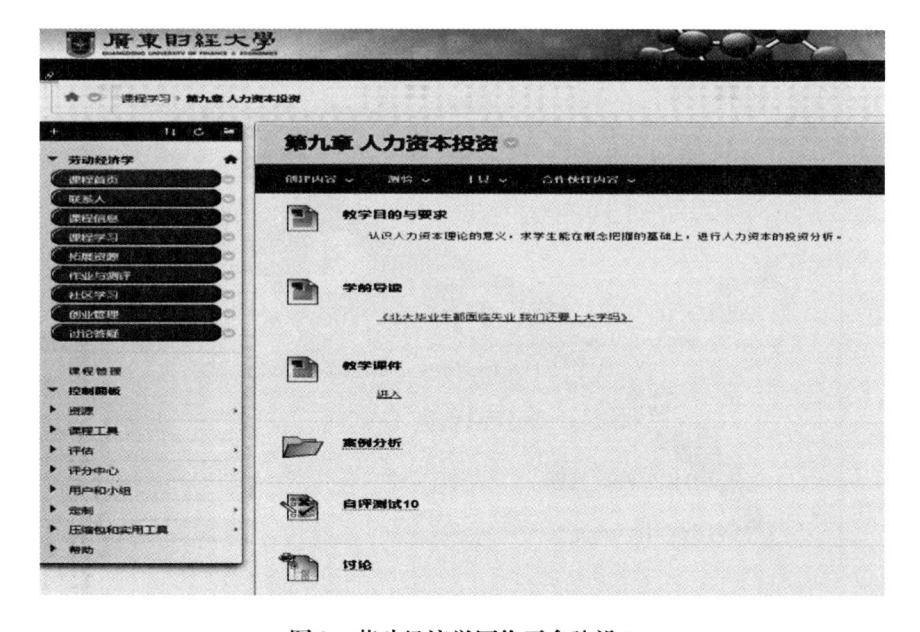

图3 劳动经济学网络平台建设1

图 4　劳动经济学网上网络平台建设 2

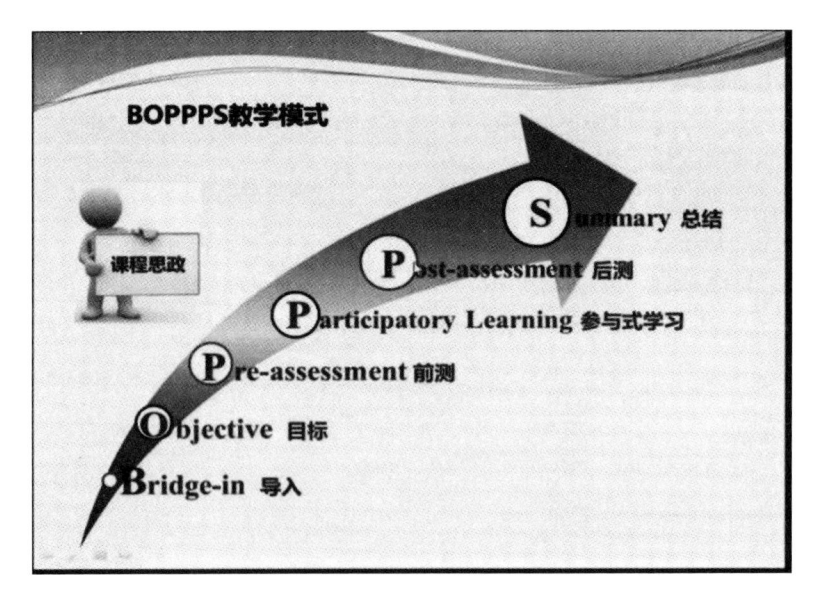

图 5　BOPPPS 教学模式的探讨 1

粤港澳大湾区背景下的人力资源管理一流专业建设思考　　327

图 6　BOPPPS 教学模式的探讨 2

图 7　BOPPPS 教学模式的探讨 3

成效：建成国家级精品课程 1 门，《校内仿真综合实习》由线下仿真升级为线上线下协同仿真的跨专业综合性实习课程；省级教学成果 7 项；开设了 1 门全英文课，《劳动经济学》和《人力资源管理专业创新实验教学体系构建》获得教研教改项目校级立项；新增专业实验课《人力资源管理沙盘》1 门。

（三）"以赛促学，以赛促教，赛教融合"，激发学生的学习动力

举措：发挥完全学分制优势，增加通识课与选修课学分，体现以学生为主导的教学理念；同时，积极倡导"以赛促学，以赛促教，赛教融合"的专业人才培养模式，此模式不但培养学生正确的学习方法和提升了学生的兴趣，而且调动了学生学习的主动性和积极性。

成效：2018 年学生主动报名参加"全国人力资源管理知识技能竞赛"培训的人数是 72 人，2019 年学生主动报名参加"全国人力资源管理知识技能竞赛"培训的学生是 121 人，2020 年更是超过了 250 人主动报名参加培训。目前已经成功举办了 3 届校内人力资源管理知识技能竞赛，同时参加了 4 届全国人力资源管理知识技能竞赛。

（四）加强校内研究基地、校外实践教学基地及协同育人平台建设

举措：在校内开展理论课的同时，以粤港澳大湾区创新竞争力研究院研究基地为契机，在《ERP 软件》、《企业行为模拟》、《仿真综合实习》等课程的基础上，积极强化校外实践教学基地及协同育人平台建设。

成效：目前有 4 个省级基地，分别是：沃尔玛—好又多、中国南方人才市场、颐和地产集团有限公司、东莞市北潢物流有限公司。12 个校级实习基地。此外，获得 2 项教育部产学合作协同育人项目的立项。

（五）加强师资队伍和基层教学组织建设的主要举措及成效

1. 加强师资队伍建设的主要举措及成效

举措：加大高层次人才引进力度，同时通过培养与引进相结合，不断优化教师队伍结构；教师通过指导学生参加各类竞赛，促进"双师素质"师资队伍的建设。

成效：形成 1 个国家级经管类跨专业综合实验教学团队，近三年，引入高水平博士 6 名，具有博士学位的教师占 93.3%。学生对教师评价均为 90 分以上；4 名老师具有海外研修背景，实验实践教学专家 4 名，广东财经大学最佳授课教师 1 名，广东财经大学青年教学名师 1 名。

2. 加强基层教学组织建设的主要举措及成效

举措：设置各类课程组（如组织行为学课程组、人力资源管理课程组等），积极开展课程建设、教学方法、教研教改等研究，打造优质教学、科研团队。

成效：学院举办"双周教学科研会议"推动基层教学组织建设；获得国家级经管类跨专业综合实验教学团队 1 个，获省级教研项目 7 项，获省级以上实践基地 4 个，发表教学改革论文 15 篇。学院领导、系主任每学期人均听课 6 节以上；由于注重师德师风建设，团队中产生优秀本科生导师 2 名，"三育人"先进个人 2 名，近三年，没有出现师德师风失范和学术不端行为。

（六）加强专业教学质量保障体系建设的主要举措和成效

1. 主要举措

一是学校对标教学质量标准出台了一系列教学质量保障文件，从教学的基本要求到人才培养方案的编制等全方位、全过程都进行了规范。

二是学院的教学质量保障体系是由学院教学办、教学督导组、各教研室组成，通过学生考勤、教学文件、考场纪律等形式进行教学质量监督，同时，通过试卷、论文等的专项检查、听课评课、学生网评等方式评价教学质量。为鼓励教师提升教学水平，安排观摩有经验的教师讲课，从中总结经验，帮助教师，特别是青年教师提高教学质量和水平。

三是对校内外的评价结果及时进行跟踪，有健全的毕业生持续跟踪反馈机制，人才培养质量持续改进和提高。

2. 主要成效

其一，定期修订专业人才培养方案，教学活动进一步规范，教材选用合规，目前《组织行为学》已经采用"马工程"教材；教师教学质量意识和教学水平得到加强。

其二，教学质量保障体系的构建，提高了教学质量和水平。在人才培养目标方面有完善的标准、在专业、课堂教学、课程建设、课程考核、实验与实践教学、毕业论文（设计）等方面都有相应的质量标准；

其三健全的教学评价奖励机制，推动了教学质量和水平的提高，教学评价前 10 名的教师受到学校和学院的奖励。同时通过建立 10 个微信年级群联系在校和毕业的学生，并对已毕业的校友进行定期回访，推动人才培养质量的不断提升。

三　下一步推进专业建设和改革的主要思路及举措

（一）主要思路

紧扣粤港澳大湾区国家发展战略和广东经济社会发展的主题，依托工商管理优势学科支撑，坚持"以本为本"、立德树人，"四个回归"的原则，对照教育部一流专业建设、新文科、新商科以及数字经济的要求，按照总布局、强优势、找短板、重突破、凝共识的总体思路，逐步推进各项教学工作改革，努力推动教学质量上水平、追卓越，打造高水平的人力资源管理专业。

（二）主要举措

1. 全面推进人力资源管理专业课程思政建设，落实立德树人的根本任务。人力资源管理专业不仅需要培养学生具备人力资源管理专业能力，还需要培养学生的社会责任感，社会主义核心价值观作为人力资源管理课程的指导思想。同时还需要与新文科、新商科结合、粤港澳大湾区结合；培养学生的数据思维、数据意识、大数据人力资源管理分析能力，以满足数字经济下对人才能力结构转型的需求。未来 3 年开设 1 门大数据人力资源管理课程，打造省级一流课程 1 门，力争建设出 2—3 门有鲜明特色及较大影响力的省级或国家级"金课"，建设在线开放课程 2 门、特色课程 1 门；进一步强化教研教改项目的研究，进一步加强教材建设，打造国家级和省级规划教材 1—2 本。

2. 进一步加强师资队伍建设，多种途径引进高水平教师。进一步加强教师师德建设，将习近平新时代中国特色社会主义思想融入教育教学全过程。加大国内外高层次人才引进与培养力度，力争引进国内外高层次人才 2—3 名，积极引导专业教师投入教学质量改革活动，每年鼓励 2—3 位教师出国访学提升自己教学科研水平，争取培养更多的"双师型"教师。

3. 加强实验平台和实践基地建设，强化协同育人专业特色。着力建设基于虚拟现实的人力资源管理智慧教学创新实验室，力争在实验教学方面达到全省乃至全国人力资源专业先进水平。积极与企业构建产学合作协同育人的人才培养模式，进一步开拓实践教学基地，争取建成 3—4 个具有优势特色的实习基地，推动实践教学改革以提升学生的专业技能。

4. 不断提升学生的专业化、国际化和继续深造水平。一是积极鼓励学生参加"全国人力资源管理知识技能竞赛"、"双百工程"、"挑战杯"等；二是积极引导学生继续参与国际交流活动和深造，争取海外交流达到 10%，继续深造比例达 30%。

图 8　课程思政建设 1

图 9　课程思政建设 2

5. 持续加大投入力度，着力建设高水平一流专业。其一是依托学校的优势，学院的支持，校友的帮助从人力和物力上加大投入力度，着力打造高水平的人力资源管理专业；其二是多方面筹措资金，持续加大资金投入力度，争取每年有较大的资金投入，力争达到国家一流专业建设标准。

参考文献

［1］薛献华：《地方高校人力资源管理专业人才培养模式改革》，《人才资源开发》2021 年第 1 期。

［2］王洪才、王务均、陈迎红：《"双万计划"专题笔谈》，《重庆高教研究》2020 年第 4 期。

［3］蒋宗礼：《走内涵式发展之路　建设一流专业》，《中国大学教学》2020 年

第 8 期。

［4］李薇、黑新宏：《学习成果监控与评价机制的探索与实践》，《高等工程教育研究》2020 年第 2 期。

［5］王志刚、杨令平：《应用型高校一流专业建设的路径选择》，《中国高校科技》2020 年第 2 期。

［6］教育部在线教育研究中心、全国高等学校教学研究中心、北京大学慕课工作组：《中国在线开放课程发展报告》，高等教育出版社 2019 年版。

［7］《教育部办公厅关于实施一流本科专业建设"双万计划"的通知》，［2019 - 04 - 02］，http：//www. moe. gov. cn/srcsite/A08/s7056/201904/t20190409_ 377216. html。

［8］王建华：《关于一流本科专业建设的思考：兼评"双万计划"》，《重庆高教研究》2019 年第 4 期。

［9］段炜华、李存林、胡玲：《双一流背景下人力资源专业国际化建设的思考》，《人力资源》2019 年第 6 期。

［10］陈宝生：《坚持"以本为本"推进"四个回归"建设中国特色、世界水平的一流本科教育》，《时事报告》2018 年第 5 期。

粤港澳大湾区背景下创新型法治人才培养探索

胡黎莉[*]

(惠州学院政法学院)

摘要：创新型法治人才是粤港澳大湾区的高质量发展的生力军。在粤港澳大湾区背景下，具备良好的法律职业伦理与道德素养、具备扎实的法学理论知识和法治思维能力、具有较强的应用实践能力、具有相应的创新能力、具有国际化视野是创新型法治人才的基本内容，文章以此为基础，提出注重德育教育、培养学生的法治思维、创新实践教学模式、强化学生的创新精神和能力、提升国际化视野等路径，以期为全面依法治国、建设创新型国家提供人才保障。

关键词：粤港澳大湾区；创新能力；法治思维；法律职业伦理；国际化

粤港澳大湾区是一国之下三个大区域（香港、澳门和广东省下9个城市）的紧密和有机合作，自从2017年3月国务院《政府工作报告》正式提出研究制定大湾区城市群发展规划以来，粤港澳大湾区建设已成为备受社会各界关注的国家战略。习近平总书记多次强调，发展是第一要务，人才是第一资源，创新是第一动力。强起来要靠创新，创新要靠人才。而我们谋求粤港澳大湾区长期发展必须法治先行，区域法治化是区域成功治理的必然要求。可以说，充分发挥大湾区的优势，实现大湾区建设的伟大计划，创新型法治人才是必不可少的重要保障。

---

[*] 胡黎莉，女，惠州学院政法学院讲师，研究方向：经济法、高等法学教育。

一 创新型法治人才是粤港澳大湾区的高质量发展的生力军

2019年2月,中共中央、国务院印发《粤港澳大湾区发展规划纲要》,《规划纲要》将"一国两制,依法办事"作为指导思想和基本原则,要求中央在推进大湾区建设过程中"尊崇法治,严格依照宪法和基本法办事",明确了中央应以法治路径推进大湾区建设的理念。

粤港澳大湾区的建设首先需要法治。法治不仅可以保障区域内各合作伙伴之间的公平竞争;更重要的是,法治可以完善产权制度,促进科技成果转化为生产力,最终促进区域经济、教育、交通、环保等规划的有效实施和总体目标的实现。为粤港澳大湾区创造法治化的市场环境,通过法治促进粤港澳大湾区的发展,是湾区城市群协调创新发展的现实选择。[1] 现在存在的问题是,粤港澳大湾区的11个城市拥有不同的法治发展水平,不同的城市在立法层面、执法层面、司法和法治文化层面存在差异,法治发展水平参差不齐。

与此同时,区域间法律冲突问题也是湾区发展中无法回避的障碍,势必会影响政府间、非政府组织间的合作与交流。俗话说"雨隔牛背,风俗隔河",尽管全球化大潮后浪推前浪,但在三种不同法律制度下,不仅有民商法律制度的私法冲突,也有行政法律制度的公法冲突,还包括大陆与香港、澳门在法律传统、法律渊源,法的部门、司法方法技术等方面的冲突。这在一定程度上阻碍了湾区城市群法治的协调发展,应努力加以改善。而当务之急,还是法治人才的培养,人才是第一资源,创新型法治人才是粤港澳大湾区的高质量发展的生力军。

二 粤港澳大湾区背景下创新型法治人才的基本内容

(一)具备良好的法律职业伦理与道德素养是前提

法学是经世致用之学,讲的是治国安邦之道、定分止争之术。法科

---

[1] 何天文:《凝聚法治共识推动粤港澳大湾区建设》,《法制日报》2017年12月6日第4版。

生通过"天下第一考"——法律职业资格考试后,将会在法院、检察院、政府机关、律师事务所等部门从事法律实务工作。这些职业接触到的是诸如损害与赔偿、杀人与刑罚、合法与非法等事项,关乎人的身家性命、财产安全和社稷天下,通常会比一般公众更接近权力,更容易影响和使用权力。因此,创新型法治人才首先应该有严格的职业道德和自律,有良好的政治素质和品行。学校不仅要引导学生自觉弘扬和践行社会主义核心价值观,不断增强"四个自信"和探索创新精神,还要培养学生强烈的社会责任感、正义感和人文关怀的理念,铸就"法治人才之魂"。

(二) 具备扎实的法学理论知识和法治思维能力是基础

作为一名法科生,大学四年将会系统的接受法律知识的学习和法治思维的训练,掌握好理论知识是以后从事法律实践的基石。如果学生们对基本的法律概念、法律规范和法律原则没有弄明白,在大脑里对法律体系没有清晰的认识,那么在法律实践中获得的知识也将会非常有限和肤浅。同时,学生不仅要知道具体的法律原则、法律制度和法律规范是什么、从哪里来,还要知道为什么、怎么用。当然,要真正理解和掌握法律知识和法学方法,具备运用法律知识解决实际问题的能力,法治思维的形成至关重要。法治思维以公平正义为核心,坚持程序正义,强调职权法定和权利义务的统一性。而法治思维的养成是一个长期的过程,是创新型法治人才的基本功。

(三) 具有较强的实践应用能力是关键

实践应用能力是创新性法治人才的核心能力。法学理论如果离开法律实践,就会失去生机,法律的生命并非逻辑,而是经验。法科生应该学会与社会现实进行"对话",在法律实践中丰富法律专业知识,进一步提高应用法律知识的能力。法学与其他人文学科的区别在于,法律是一门应用性极强的学科,社会生活的各个方面都离不开法律,法律是社会关系的调节器。仅仅学好书本上的法律是不够的,还需要能够运用法律去解决实际生活中的问题,将书本上的法律转化为现实生活中的法律,发挥法律应有的作用,建设法治国家。

(四) 具有相应的创新能力是重要内涵

古罗马法学家乌尔比安说："法学是神人之事，公正非公正之艺术"，因而法学充满着智慧。所谓智慧，指的是人们不拘泥于教条的辨析和创新能力，它具有因时空而异的历史流变性。法律是国家制定或认可的，调整社会关系的行为规范。进入 21 世纪后，国内国际社会出现的问题层出不穷、千变万化，法学理论和法学实践也处于不断更新、变化和发展的新阶段，这些变化和创新离不开法律框架下的大胆探索和改革。面对法律实践和社会管理实践中的各种问题，我们需要找到创造性的解决问题的方法，具有独到的法律理论见解，具有较强的开拓精神和创新能力，社会才能不断进步。培养创新精神和创新能力，是时代赋予我们法律人的使命。

(五) 具有国际化视野是保障

粤港澳大湾区建设面对的是"一国两制"、三个法域、9+2 个城市，香港属于英美法系，澳门属于大陆法系，而内地是社会主义法系。可以说，无论是实体法还是程序法都有很大的不同。作为创新型法治人才，具备熟练的英语交流能力，同时应当熟知香港、澳门法律的相关规定以及在实际操作中可能存在的具体问题，才能处理大湾区内日益增多的法律事务。比如说我们处理涉港的法律服务的时候，不能光是指望冲突法，你得知道香港法律的基础知识，澳门的法律基础知识，都要有所掌握。拥有国际视野、通晓国际法律规则、善于处理涉外法律事务国际性法治人才队伍是大湾区建设成为世界级城市群的重要保障。

三 粤港澳大湾区背景下创新型法治人才培养的路径

(一) 注重德育教育

首先，在课程设置上，开设法律职业伦理课程，并将其作为必修课置于培养方案中。而且职业伦理与道德教学要针对不同年级进行不同的课程设计，贯穿于法学本科四年教育体系的始终，大一和大二学习社会主义核心价值至社会主义法治理念，大三和大四学习社会主义法治人才的职业伦理，由浅入深、润物无声，最终在学生毕业之际实现将他们打造成德法兼修高素质法治人才的培养目标。

其次，教师要以身作则，带头践行社会主义核心价值观，以德立身、以德立学、以德施教。在教学过程中正确的引导学生，通过法律诊所、法律援助、模拟法庭等职业技能课的学习，将法律职业伦理融入课程实践，当面对诸如当事人利益与社会伦理、律师自身的利益与公平正义冲突等问题时，可选取社会上的热点事件，如"南京彭宇案"、"辱母杀人案"、"内蒙古鸿茅药酒案"等典型案例，让学生展开探讨，并启发学生思考，引导学生在情与法之间，金钱诱惑和职业操守之间发生冲突的时候，应如何恪守职业道德，如何权衡和选择，从而潜移默化地让学生得到精神洗礼和道德熏陶。

第三，充分发挥校园文化的育人功能，以"国家宪法日"、"消费者权益保护日"、"世界环境日"等活动为载体，通过开展法庭辩论赛、专题讲座、专题征文和学术沙龙等多种方式，加强学生的法治信仰、树立正确的人生观和价值观，培育学生自觉维护平等、公正、法治、诚信的社会担当意识，提高学生的思想道德素养。

（二）培养学生的法治思维

首先，在教学内容上注重体系化法律知识的传授和法治思维的训练，使学生具备法律人的逻辑以及评价法律问题的能力。例如，在进行公司法的教学过程中，一方面需要将域外具有代表性的制度规则、基本理论及司法经验加以引进并在比较法意义上进行一般原理化；另一方面，需要紧紧围绕我国公司立法规定与司法实践将我国公司法律制度讲清楚。在每一处制度上介绍域外法律规则、基本理论及司法经验后，都要落脚到我国公司法，本末不能倒置。同时，在讲授中，坚持专业法学语言风格，培养学生娴熟运用法言法语的能力，在潜移默化中感受法言法语所独有的严谨、凝练的语言氛围，非常有助于学生养成独特的法治思维方式与意识。

其次，在案例教学环节设计上进行优化，重点培养学生在事实认定与法律适用上的法治实践能力。案例教学一直是法学教育的重点，案例教学的效果不是为了得出简单的结论，而是让学生通过案例能够举一反三和融会贯通，进行法律解释和法律推理的追问。教师可先对案例背景进行介绍，然后提出引导性问题，启发学生思考，学生可分成若干小组进行讨论，接着由小组代表发言，老师总结点评，最后老师还要布置课后作业使学生在课堂上学到的知识能够得到巩固。通过一系列案例教学环节的设计，使学生认识法律规定背后的法学原理和法律规律，从而形成法治思维、研究、分析和解决实践问题。

（三）创新实践教学模式

首先，增加实践课的课时量，注重实践课程的教学。在培养方案中，除法学专业十六门核心课程外，可根据学校的不同情况增加若干实务课程，如企业法律实务、律师实务、法律文书写作、刑法实例分析等。同时可邀请有经验的律师、法官、仲裁员等实务专家开展嵌入式教学，让学生感受不一样的教学内容和模式，从而做到像法律职业人一样去思考。另外还可利用暑假寒假的时间，开展实践活动，让学生去参与真实的法律援助活动、诉前调解、收集证据、撰写简单的法律文书，来培养学生的实务操作能力。

其次，充分利用课堂中的四十五分钟，改革灌输式教学模式。学生在校期间获取知识主要是在课堂听老师传道、授业、解惑，课堂教学是学生实践能力培养的重要场地。老师应建立以学生为主体的实践教学模式，注重学生的深度参与和良好的师生互动，鼓励和引导学生对社会热点法律问题发表自己的见解，将实践教学的理念贯穿于理论教学之中。通过理论探讨、案例教学、课堂反转、创设情境的教学方式，教师由"主讲人"的角色，转向"组织引导者"的角色，引导学生自主思考，更好的体现教学相长。

（四）强化学生的创新精神和能力

首先，优化课程结构。在法学专业课程内容的设置中，根据创新型法治人才的基本要求，结合本区域对人才需要的实际和本校的人才培养定位，与时俱进调整课程内容体系。根据不同的需要增加专业拓展选修课，比如专利代理、法律英语、港澳基本法等，这是创新性法治人才适应粤港澳大湾区发展所不可或缺的。此外，可开设创新创业基础课程并纳入教学计划，增加创新创业实践课的比重，鼓励支持学生申报大学生创新创业项目。

其次，改革传统的考试方式。现行的法学专业考试多采用闭卷考试的方式，题型多以选择题、名词解释、问答题居多，考试的内容倾向于记忆性，死记硬背的成分较多，这不利于法律队伍精英化的选择方向。而且，学生的考试成绩以期末统一考试为准，不能完全反映学生对知识的掌握程度。故传统考试方式已不能适应创新型法治人才培养的要求，我们必须改革考试制度，尝试做一些探索，采取多种多样的考核方式。随着教学资源和教学平台的多样化，应注重过程考核，对在课堂上对老师的提问有独立见解和积极思考的学生，给予适当的奖励。另外注重对学生创新精神、创新意识、创新能力和实践能力的测评，对于课后积极参与实践活动的学生、课后作业认真完成的学生、参与校内外各种比赛获得奖项的学生，老师也可设立不同的奖励标准。同时，为强化学生的创新精神和能力，对考试的题型、内容、方式、方法、题量等进行科学合理的设计。

（五）提升国际化视野

首先，加强法学教育的合作。当前在粤港澳大湾区的发展过程中，粤港澳三地在经济、社会、基础设施等领域开展了紧密的合作，但在教育和科技领域的合作相对滞后。粤港澳大湾区内高校数量众多，其中有众多高水平大学的法学院，尤其是近年来广东省深入推进高等教育创新强校工程，全面实施高水平大学建设，广东省内大学的办学水平也实现了跃升。如果能有效推动粤港澳三地加强法学教育合作，积极探索创新涉外法治人才培养机制，加强跨法域基本法律知识的学习与培训，探索诸如专业项目的国际合作与法学双学位联合培养模式等多种国际合作与交流模式，引进国外先进的教学资源，必将全面提升法治人才国际化视野。

其次，建立多维度智慧学习环境。随着后大众化和信息技术教育的不断推进，传统教学模式越来越不能适应社会发展的要求，教师灌输式教、学生被动式学、师生交流少、会考试而能力弱等弊端暴露无遗。而实行慕课（MOOC）、翻转课堂、云课堂这样的合作式教学模式，以适应教育信息化与法治建设信息化的新形势，达到学生自主学习与教师导学相结合，法学专业教育与现代信息技术相结合。这样学生可以及时了解国际上的最新法律法学动态，看到在不同法律价值观和不同法系的国家里不同力量的互相推动、制衡和参与，开阔了眼界，对提高学生处理国际法律事务能力是大有裨益的。

参考文献

[1] 何天文：《凝聚法治共识推动粤港澳大湾区建设》，《法制日报》2017 年 12 月 6 日第 4 版。

粤港澳大湾区中的澳门职业
教育和培训发展研究

李梦洁　林海恩　陈建新　张苑儿
（广东财经大学粤商学院；
澳门大学社会科学学院政府与行政学系；
中国人民大学人力资源学系）

摘要：澳门产业单一、除博彩业外主要以中小企业为主，中壮年人士教育水平偏低，中等普通教育和职业教育发展不平衡。澳门职业教育和培训是在政府干预和市场主导互动作用下发展的。澳门引入"持续进修计划"、推出"一试两证"政策、设立"专业考试资源中心"来支持职业教育和培训发展。澳门政府成立人才发展委员会对职业培训进行有效地规划与推动。澳门现行的澳门职业教育和培训体系取得了一定的成效，但很难提供全面的职业教育和培训体系。在粤港澳大湾区联动发展的背景下，澳门应充分利用大湾区资源，理顺顶层设计，盘活要素流动，通过粤港澳大湾区平台，与湾区产业对接、政府对接、高校对接，紧密合作，让湾区的职业教育和培训充分服务湾区发展。

关键词：粤港澳大湾区；职业教育；人才发展

一 前言

在新冠肺炎疫情影响下，澳门 2020 年国民生产指数急降近六成①，澳门产业单一的问题再次凸显。澳门是微型经济体，缺乏土地和人力资源，在产业发展需求上，较依赖自身的人力资本和独特制度②。澳门除了博彩旅游业外，主要以中小企业为主，这导致中等普通教育和职业教育发展不平衡③，澳门中壮年人士的教育水平偏低，职业培训以扶助中壮年人士再就业（特别是结构性失业）为主要目的④。高等职业教育和培训偏向人文社会科学和商业管理⑤，以博彩旅游业为主⑥，未能为除博彩旅游业外的其他各行业提供足够的在职培训和培训标准。澳门拥有不少活跃的社会团体⑦，澳门职业教育和培训是在政府干预和市场主导互动下发展的⑧。

在此背景下，澳门特区政府出台了一系列人才发展措施：澳门特区政府于 2014 年成立"人才发展委员会"⑨，针对各行业进行市场需求调查，让职业培训可以更有效地进行规划与发展⑩；教育暨青年局（现为"教育及青年发展局"）于 2011 年起引入"持续进修计划"⑪，以类似现金券模式，来支持社会团体举办职业教育和培训以及鼓励澳门居民终生

---

① 澳门特别行政区政府统计暨普查局：《第三季本地生产总值》，[2020]，https://www.dsec.gov.mo/getAttachment/29b37cd6-cd86-4e06-86eb-1bc8c55c7f0c/C_PIB_FR_2020_Q3.aspx。
② 《努力建设"中国的澳门"与"世界的澳门"》，《澳门日报》2020 年 12 月 2 日。
③ 马早明：《澳门职业教育的结构特征》，《教育与职业》2000 年。
④ 李雁玲：《推动澳门职业培训新发展》，《中国培训》2005 年第 3 期。
⑤ 马早明：《澳门职业教育的结构特征》，《教育与职业》2000 年。
⑥ 吴帅：《澳门特区人力资源和社会保障管理体制研究》，《第一资源》2011 年。
⑦ 孙家雄、孔令彪、李谒伦：《立体化提升人力资源素质——澳门人力资源培训的回顾与展望》，《广东技术师范学院学报》（职业教育）2012 年第 1 期。
⑧ 林达蓉：《澳门成人教育发展特征及未来走向探析》，《比较教育研究》2011 年第 12 期（总第 263 期）。
⑨ 澳门特别行政区政府入口网站：《政府设立人才发展委员会》，[2014-01-28]，https://www.gov.mo/zh-hant/news/123096/。
⑩ 李雁玲：《推动澳门职业培训新发展》，《中国培训》2005 年第 3 期。
⑪ 孙家雄、孔令彪、李谒伦：《立体化提升人力资源素质——澳门人力资源培训的回顾与展望》，《广东技术师范学院学报》（职业教育）2012 年第 1 期。

学习；统计暨普查局于 2013 年起提供职业培训统计资料；为确立行业的培训标准，劳工事务局借鉴广东省开展国家职业资格证书制度方面的经验和技术，推出"一试两证"政策；生产力暨科技转移中心在 2006 年设立"专业考试资源中心"为澳门居民考取境外专业认证提供一站式服务[1]。

澳门的人才发展对激活澳门城市活力，拓展两地合作，拓宽澳门生产要素运用与流动的空间，成就粤港澳大湾区发展具有重大意义[2]。自回归后，澳门职业教育和培训紧扣经济社会转型需求[3]，在协助澳门经济转型升级中扮演重要角色，澳门职业教育和培训的发展值得重新检视。本文通过分析澳门特区政府的相关政策和数据，来探讨澳门职业培训的发展路径。

二　澳门职业教育与培训结构

澳门社会普遍认同人力资源开发的主要途径是加强劳动者职业培训，提升高等教育素质。而这方面的投资不能单靠政府、企业或个人任何一方[4]，所以澳门的职业教育和培训模式多样，不同种类培训由不同类型机构组织提供，可大致分为政府、政府直资组织和社会团体，三层架构。

（一）政府层面

劳工事务局下设职业培训厅来负责职业培训的相关事务，职业培训厅的职能包括提供职业培训课程以及制定证照的标准。不同的培训课程主要随着社会的发展以及劳动市场对于不同工种的需求而设立，并通过与不同机构的科技和信息的交流来调整培训课程[5]。所提供的职业培

---

[1] 孙家雄、孔令彪、李谒伦：《立体化提升人力资源素质——澳门人力资源培训的回顾与展望》，《广东技术师范学院学报》（职业教育）2012 年第 1 期。
[2] 李雁玲：《澳门产业结构与就业结构变动研究》，暨南大学出版社 2010 年版。
[3] 澳门工会联合总会：《澳门职业培训政策研究》，澳门工会联合总会，2012 年。
[4] 李雁玲：《澳门产业结构与就业结构变动研究》，暨南大学出版社 2010 年版。
[5] 澳门特别行政区政府劳工事务局：《职业培训厅》，[2021 - 01 - 25]，https：//www. dsal. gov. mo/zh_ tw/standard/train_ unit. html。

课程涉及多个范畴，包括职前培训、饭店及饮食业厨师培训、技能提升及就业培训以及带津培训等①。就"带津培训计划"而言，这是一个特区政府为舒缓市民受疫情影响所推出的经缓措施。"带津培训计划"中推出了"提升技能导向带津培训计划"和"就业导向带津培训计划"，为响应澳门居民的不同需求而设立。"提升技能导向带津培训计划"的提供以需要提高个人竞争力以及公司发展的在职澳门居民为主体；而"就业导向带津培训计划"包括"技能培训"及"就业转介"，是提供给通过带津培训后转介到相关工作的求职居民。

（二）政府直资组织

与德国和中国内地模式相同，澳门特区政府直接资助的组织（包括公立澳门学术机构）都扮演着重要角色，并积极地配合当地的产业发展，其中，以澳门生产力暨科技转移中心（为政府及民间合办的非牟利组织）便较具特色。澳门生产力暨科技转移中心于1996年成立，是一个以协助本澳企业提升企业产值及市场竞争力为目标；向员工提供专业培训、考试以及企业管理和技术咨询的综合性服务的。根据澳门生产力暨技术转移中心2015年至2019年年报数据，在2018年以前，政府年度拨款是组织经费的主要来源；自2018年开始，组织本身收入才超过政府年度拨款成为组织经费的主要来源。截至2019年，澳门生产力暨科技转移中心向外界提供了1242个培训项目，拥有24473名学员，共计20897学时。总体来说，学员人次及项目总数较过去四年皆有所提升。另外，中心自2015年起开办的机构委托培训课程数量超过公开培训课程数量，占总培训课程的比例持续上升。仅在2019年，中心负责的机构委托培训课程便有777个，参与机构委托培训的学员人次占整体学员人次的71.4%。不仅如此，数据还显示，中心负责的来自公共部门委托的培训项目也越来越多，从2016年的177个不断增长至2019年的372个。②

---

① 澳门特别行政区政府劳工事务局：《职业培训课程》，［2021 – 01 – 25］，https：//www.dsal. gov. mo/zh_ tw/standard/train_ unit. html。
② 澳门生产力暨科技转移中心：《生产力中心年报》，［2015 – 2019］，https：//www.cpttm. org. mo/about/annual-report/。

（三）社会团体层面

社会团体层面主要由众多社会团体提供，但是专业团体所占比例较少，当中以澳门工联较具有代表性。澳门工会联合总会设立"业余进修中心"，这是一所不牟利的综合性成人教育机构[1]，并已加入持续进修计划，重视并配合澳门政府的合作以及培训的相关政策，同时，亦非常重视培育本地人才。自1987年到目前为止，其一共开办了126期课程，每期课程一般为期三个月。课程种类涉及范畴众多并与本澳、香港和内地都有合作，课程包括中外语、计算机、艺术以及职业技术等。不仅如此，业余进修中心一直以来全力配合澳门政府，并与不同政府机构与部门紧密合作以推出相关课程。例如，与教育司和劳工事务局推出"公定会计与税务实务证书课程"；与社会保障基金推出《办公室实务》的课程和与澳门行政暨公职局合作等。[2]

由此可见，政府层面主要是应对结构性失业，所提供相关课程都是较为基本的；而政府直资组织层面则是引导澳门经济持续发展，而且较针对智识型产业方向，因此所提供相关课程倾向于以专业为导向；社会团体层面便较为贴近社会需要，但却受制于澳门市场狭小，而且主要以中、小型企业为主，特区政府便需要引入持续进修计划的现金券制度，来提升职业教育和培训的质素。澳门特区政府一直致力于通过多元途径和多方参与来构建职业教育和培训体系。

三 研究结果

澳门特区政府会就重要工作，对重点数据进行搜集，相关数据整合也在2013年开始发布，因此本文整理了从2013年开始的各方面数据。本研究团队先运用统计暨普查局数据对澳门人口数据进行疏理，并从澳门年鉴和劳工局获取相关信息并进行整合，进而对澳门职业教育培训状况进行研究与总结。教育及青年发展局（即前教育暨青年局）于2011

---

[1] 澳门工会联合总会：《业余进修中心》，[2021]，http://www.caep.edu.mo。
[2] 澳门工会联合总会：《业余进修中心》，[2021]，http://www.caep.edu.mo。

年引入"持续进修计划",借此鼓励澳门居民持续进修,让职业培训和职业教育得以市场化。特区政府已将持续进修计划引入中期评估,本研究便以中期评估报告作资料参考之一。此部分主要以官方统计资料来疏理澳门职业教育和培训的概况(参考表3-1)。

表 3-1　　　　　　　　　　　数据源

部分	部门/机构	数据源
澳门就业状况	澳门特区政府统计暨普查局	澳门年鉴(2012—2019)[1] 就业调查(2013—2019)[2]
澳门职业培训状况	统计暨普查局 劳工事务局	职业培训调查(2013—2019)[3] 职业培训统计资料(2013—2019)[4]
"持续进修计划"评价	教育及青年发展局	"持续进修发展计划"中期评估报告(2011—2019)[5]

(一)澳门就业状况

自从澳门开放博彩业的专营权后,澳门本地失业率基本维持在3%以下,虽然受新冠肺炎疫情影响,澳门本地失业率超过3%,但在2020年第四季已回落至3.8%[6],相较于欧美国家失业率均超6%[7]的现象,澳门特区政府保障本地居民就业的工作颇具成效。根据图3-1,从2013年开始,失业人士的学历处于小学或以下占比少于20%,而初中学历亦

---

[1] 澳门特别行政区政府新闻局:《澳门年鉴(经济)》,[2012-2019],https://yearbook.gcs.gov.mo/zh-hant/books。
[2] 澳门特别行政区政府统计暨普查局:《职业培训调查》,[2013-2019],https://www.dsec.gov.mo/zh-MO/Statistic? id=203。
[3] 澳门特别行政区政府统计暨普查局:《职业培训调查》,2013-2019],https://www.dsec.gov.mo/zh-MO/Statistic? id=203。
[4] 澳门劳工事务局:《职业培训统计数据》,[2013-2019],https://www.dsal.gov.mo/zh_tw/standard/download_statistics/folder/root.html。
[5] 澳门特别行政区政府教育及青年发展局:《"持续进修发展计划"中期评估报告》,[2013-2019],https://portal.dsedj.gov.mo/webdsejspace/internet/Inter_main_page.jsp? search_data="持續進修發展計劃"中期評估報告。
[6] 澳门特别行政区政府统计暨普查局:《第四季就业调查》,[2020],https://www.dsec.gov.mo/zh-MO/Statistic? id=301。
[7] OECD, "Unemployment rate",[Access on 21 Feb 2021], https://data.oecd.org/unemp/unemployment-rate.htm。

由 2012 年的 31% 下降至 2018 年的 20%,可见澳门在经济转型的过程中,并未对低学历人士带来较严重的结构性失业。

根据图 3-2,失业人士的就业行业主要是集中于文娱博彩及其他服

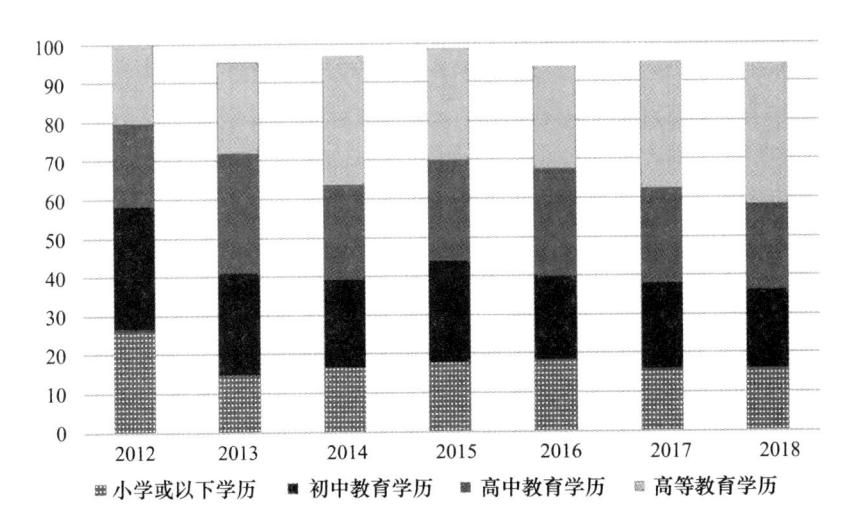

图 3-1 失业人士的学历分布

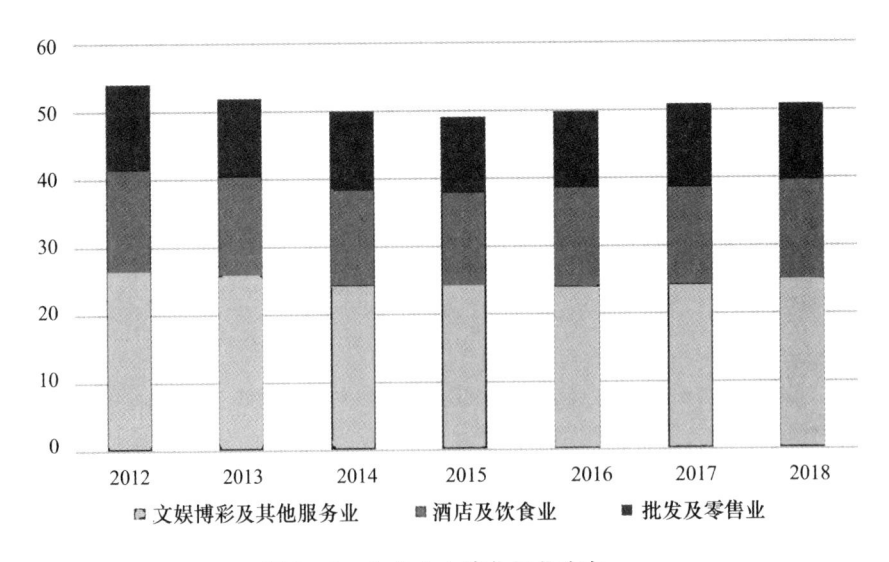

图 3-2 失业人士就业行业分布

务业、酒店及饮食业和批发及零售业,这三个行业的人数总和约占整体就业人口一半,在2018年的比例分别是25%、15%和11%。根据外地的职业培训的发展经验,职业培训多跟当地主流产业相关。

(二) 澳门职业培训现状

根据统计暨普查局的资料①(图3-3)显示,职业培训的开办机构和班次都在稳定上升,由2013年的30间机构和3234个班次,上升至2019年的66间机构和4404个班次,但是平均每间机构所提供的课程班次却由2013年的107.8班次下降至2019年的66.7班次。可见职业课程也朝着市场化方向,为职业培训市场提供更具针对性的培训课程。由于接受职业培训的人士多数会参与"持续进修计划",因此每期计划有三年时限。每完结一期,特区政府都会审视该计划成效,所以2014年和2017年的班次有所调整或许跟政府的定期审视有关②。

根据图3-4,学员人次也是稳定地由2013年的63248人升至2019年的81926人,课程完成率也保持在80%—90%,可见培训课程有一定需求。值得留意的是根据2019年数据显示,学员主要修读商业及管理课程,语言课程和师范培训课程分别排于第二位和第三位,而"旅游、博彩及会展"仅排于第四位。这或许反映了澳门居民也都开始意识到澳门需要产业转型,商业及管理课程有助于平台经济和商业发展,语言课程则有助于法律发展和增强跟其他国家(特别是葡语系国家)的联系,而师范培训则跟近年不少行业都朝向专业发展有关,课程的需求增加③可能是受自2018/2019学年生效的《教学人员专业发展活动时数的审核准则》影响所致。

除了通过私人市场提供的职业培训外,特区政府也有直接提供职业培训,尽管修读学员人次较私人机构低,但是政府课程比较容易配合国

---

① 澳门特别行政区政府统计暨普查局:《职业培训调查》,[2013-2019],https://www.dsec.gov.mo/zh-MO/Statistic? id=203。
② 澳门特别行政区审计署:《政府账目审计报告》,[2011-2020],https://www.ca.gov.mo/cn/download/access_ list.php? id=1。
③ 澳门特别行政区政府统计暨普查局:《2019年职业培训调查》,[2020-06-01],https://www.dsec.gov.mo/Statistic/Social/SurveyonVocationalTraining/2019年职业培训调查.aspx。

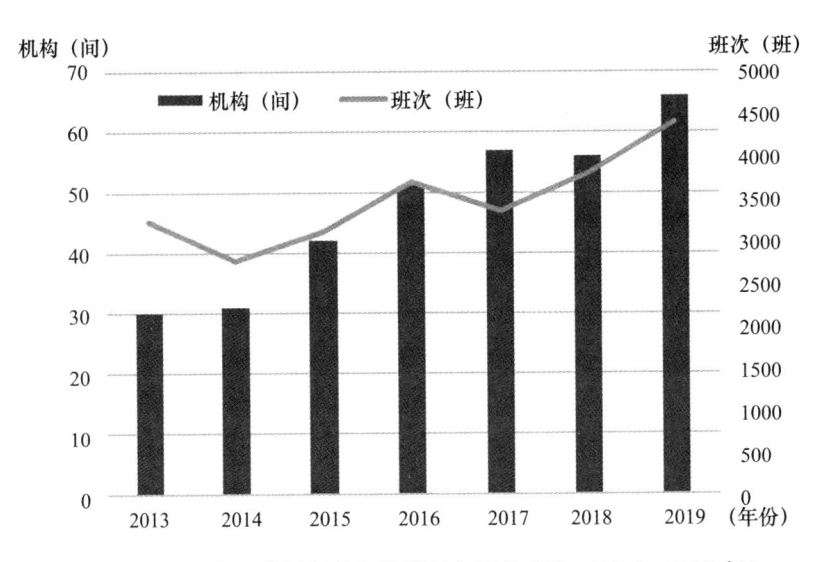

图 3-3 举办职业课程的机构数量和提供班次（2013—2019 年）

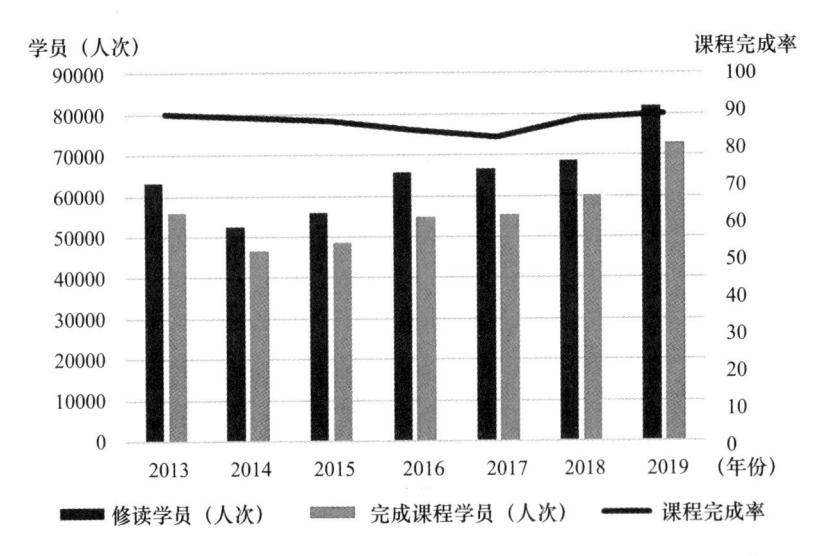

图 3-4 修读和完成课程学员（人次）和课程完成率（2013—2019 年）

家政策来推动职业培训，例如一试两证。收生比例在 2013—2019 年期间可维持在 50% 和 70% 之间，而完成课程比例亦能在 75%—90%，可见特区政府直接提供的职业培训也有一定需求。

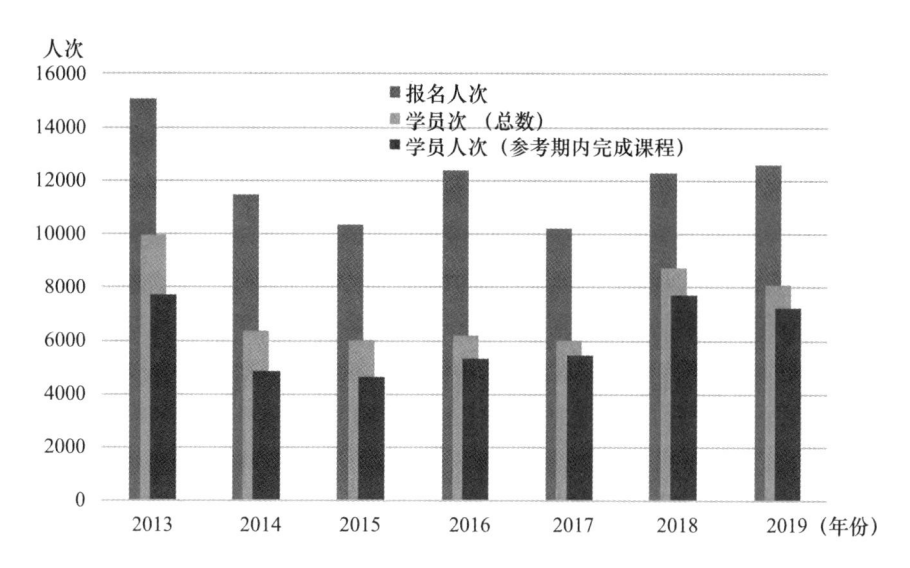

图 3-5　修读和完成课程学员（人次）和课程完成率（2013—2019 年）

在 2014—2019 年，平均获得职业技能的有 2500 人，但是获得职业技能比例却有较大的波动，由最低的 34%（2018 年）至最高的 61%（2016 年），这或许反映了相关职业技能证明水平仍未达成共识。而一试

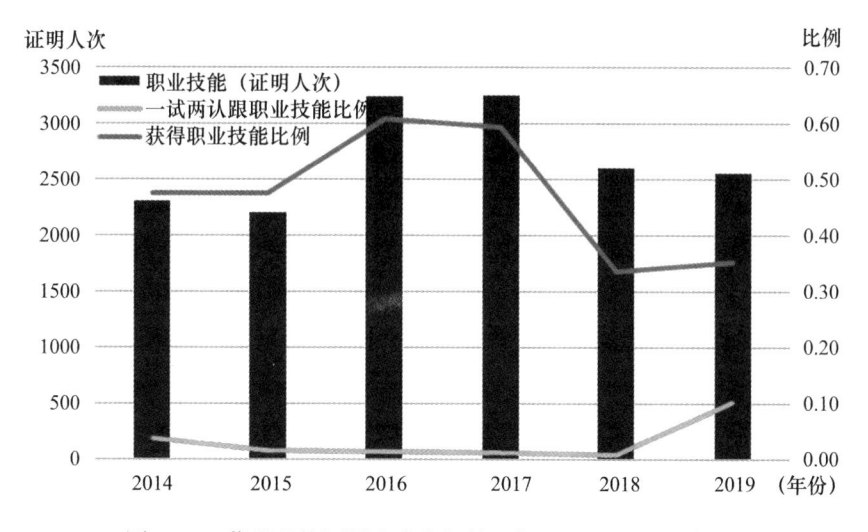

图 3-6　获得职能证明人次和相关比例（2014—2019 年）

两证跟职业技能证明在 2019 年前主要停留在 1%—4%，只于 2019 年取得较大进展，跃升至 10%。

（三）"持续进修计划"评价

根据表 3-1，这部分数据主要摘录自直接受惠于此计划、并以此计划进行相关培训和课程的本地项目学员。过去三期计划中，被访者对计划的支持超过 90%，并持续上升。不仅如此，计划对学员自身的正面影响也是持续上升的，例如"能够帮助到自己报读本身想报读的课程"、"希望从中提升个人素养和技能"、"掌握生活知识"和"提高持续进修终身学习的兴趣"。特别是"提高持续进修终身学习的兴趣"，由第一期的 32% 升至第三期的 90%。另外，计划对社会的正面影响评价也是不断地提升，在被访者对计划能提升居民的质素和竞争力方面的认同度，分别由第二期的 76% 和 60% 升至第三期的 87% 和 75%。此外，计划对职业培训的市场化也带来正面的影响，例如认为计划能增加院校/教育机构之间的竞争和课程及教学质素都由第二期的 52% 和 54%，分别提升至第三期的 67% 和 82%。被访者对自己所修读的计划课程的内容和教师质素的满意度都有所提升，分别由第二期的 85% 和 80%，提升至第三期的 92% 和 86%。

表 3-2 "持续进修计划"的中期报告结果归纳（受访本地项目学员）（第一期、第二期、第三期）

	第一期 2011—2013	第二期 2014—2016	第三期 2017—2019
对计划表示支持或十分支持	92.9%	94.7%	98.2%
教青局宣传是足够或十分足够	66.8%	71.9%	83.3%
从亲戚/朋友介绍而认识到计划	42.5%	45.0%	46.6%
教青局网站	39.1%	33.4%	54.9%
能够帮助到自己报读本身想报读的课程	39.9%	42.4%	57.8%
希望从中提升个人素养和技能	52.3%	54.5%	73.7%
掌握生活知识	34.5%	37.1%	52.3%
提高持续进修终身学习的兴趣	32.2%	36.3%	89.7%

续表

	第一期 2011—2013	第二期 2014—2016	第三期 2017—2019
能带动社会的学习及持续进修的风气	81.7%	82.5%	89.0%
能提升居民的质素	69.7%	75.8%	87.0%
能提升居民的竞争力	/	59.6%	75.4%
能增加院校/教育机构之间的竞争	/	51.8%	67.1%
能提升院校/教育机构的课程及教学质素	/	53.8%	81.9%
满意自己所修读的计划课程的内容	83.5%	85.0%	92.3%
满意自己所修读的计划课程的教师质素	79.2%	80.4%	86.4%

四 总结

以政府为主导，通过政策支持，企业与个人积极投入，三方共同发挥作用是加快人力资源开发的必由之路[①]。正好符合本研究结果，澳门特区政府透过"多层多方参与、现金券作引导、有效监管"确保澳门职业教育和培训有序发展，得以配合澳门实际需要（包括结构性失业和产业多元）。澳门是一个社团文化浓厚的地方，从印务局的登记社团数量来看，澳门社团数量已经超过一万个[②]，若以澳门人口数量为65万来看，社团数量与人口的比例是很高的。相对于商业机构，社团更容易接触社会不同阶层，更容易让职业教育和培训深入于各阶层。社团跟商业机构不同之处在于对行业发展状况的敏感度不高，而且专业性都会有所欠缺，因此，特区政府需要引入类似现金券的持续进修计划，来促使职业教育和培训得以向市场化方向发展。澳门以多层次体系来提供较全面的职业教育和培训体系，这也许参照了德国的职业教育经验，例如，特区政府（劳工事务局）提供基础职业教育和培训；生产力暨技术转移中

---

① 李雁玲：《澳门产业结构与就业结构变动研究》，暨南大学出版社2010年版。
② 澳门特别行政区政府印务局：《社团（全部）》，［2021-02-20］，https://www.io.gov.mo/cn/entities/priv/cat/allassoc。

心（拥有财政及技术自治权，以及本身财产是有社团性质的行政公益法人，并会接受特区的若干财政支持）以平衡政策和市场需要提供相关针对性服务；其他社团就着社会需要而提供相关服务；而持续进修计划则有助社团提供更具质量的课程或服务。正如内地已经不再停留于"入门"课程，而是有序地提供较全面的职业教育和培训课程。类似于医疗服务和医疗券的相似做法，现金券制度也需要相应的监管系统，从而防止此制度被滥用[1]，所以特区政府也会将持续进修计划引入中期评估调查和审计署的相关审计报告，以及统计暨普查局每年都会针对职业教育和培训进行数据收集。这些工作都有助于澳门职业教育和培训工作配合澳门发展。

五 建议

尽管现行澳门职业教育和培训体系是符合澳门需要的，但是澳门很难提供全面的职业教育和培训体系，因此，善用粤港澳大湾区的资源便显得非常重要。粤港澳大湾区跟其他世界湾区的不同之处在于：其存在一国两制框架下的三个关税区、三种货币和三种法律制度，因此制度之间的融合与对接对促使生产要素流动起到了很重要的作用[2]。在此基础下，本文提出两点建议，理顺顶层设计和盘活要素流动。

（一）理顺顶层设计

中国内地的职业教育和培训由部际机构去协调相关政府部门进行：国家专门设立了国务院职业教育工作部际联席会议，由教育、人力资源社会保障、发展改革、工业和信息化、财政、农业农村、国资、税务、扶贫等单位组成，国务院分管教育工作的副总理担任召集人。国务院教育行政部门负责职业教育工作的统筹规划、综合协调、宏观管理，国务院教育行政部门、人力资源社会保障行政部门和其他有关部门在职责范

---

[1] West, E. G., "Education Vouchers in Principle and Practice: A Survey", *The World Bank Research Observer*, 12 (1), 1997, pp. 83 – 103.

[2] 刘云中：《打造多层次合作发展平台促进粤港澳大湾区一体化建设》，《发展研究》2020年第9期。

围内，分别负责有关的职业教育工作。① 而澳门特区政府也有类似的行政措施，例如，引入人才发展委员会，负责制定、规划及协调特区人才培养的长远发展策略，并构思人才培养的短、中、长期措施和政策②。该委员会由行政长官作为主席，社会文化司司长为副主席，委员会成员包括劳工事务局局长、教育及青年发展局局长、政策研究和区域发展局局长、贸易投资促进局行政管理委员会主席、澳门基金会行政委员会主席，以及澳门的大专院校的负责人等③。澳门人才发展委员会类似于我国国务院职业教育工作部际联席会议的性质，主要负责统筹规划澳门人才发展及职业教育工作。该委员会制定应用人才促进计划，让政府与企业在职业培训及推动技能认证方面达成合作框架。"一试两证"就是在此合作框架下产生的。人才发展委员会可以通过粤港澳大湾区平台，对接相关政府部门机构或企业以提供相应的职业培训甚至实现技能认证互通，让澳门各行各业的职业教育和培训可以跟湾区充分交流、联动与对接起来。

（二）盘活要素流动

粤港澳大湾区发展的关键在于各种生产和生活要素是否可以在区域内便捷流动和优化配置④，而澳门则可借助湾区的各行各业的完整产业链来提供较全面的职业培训及发展机会。同时，澳门作为湾区中心城市，也应该利用自身的优势产业（例如旅游业和相关服务行业）联动湾区建立相关行业培训标准，并为湾区各城市提供旅游业和相关服务行业的实习机会，从而让各湾区内各城市的优势产业以点带面方式去提升各产业

---

① 《国务院关于印发国家职业教育改革实施方案的通知》，[2019 - 02 - 13]，http：//www. gov. cn/zhengce/content/2019-02/13/content_ 5365341. htm。
② 澳门特别行政区政府人才发展委员会：《委员会简介》，[2021 - 02 - 20]，澳门特别行政区政府人才发展委员会，https：//www. scdt. gov. mo/zh-hant/about-us/overview-of-the-committee/。
③ 澳门特别行政区政府人才发展委员会：《委员会成员》，[2021 - 02 - 20]，澳门特别行政区政府人才发展委员会，https：//www. scdt. gov. mo/zh-hant/about-us/committee-members/。
④ 澳门特别行政区行政长官办公室：《第40/2017 号行政长官公告——〈深化粤港澳合作推进大湾区建设框架协议〉》，[2017 - 07 - 19]，https：//bo. io. gov. mo/bo/ii/2017/31/aviso40_ cn. asp? printer = 1。

水平。在新冠肺炎疫情下，各城市的教育机构都累积了不少远程网络教学经验，澳门高校和政府部门也有跟外地机构合作提供课程的经验，湾区各高校都有不同层次的交流。若能通过顶层设计去理顺职业教育和培训的行政与技术障碍，让湾区内各城市可以联动合作，深化湾区内各级政府之间、高校之间的紧密合作，联合培养职业技术人才，促进湾区人才发展战略建设，更好地让湾区的职业教育和培训充分服务湾区发展。